2020 東京
オリンピック・パラリンピックを社会学する

日本のスポーツ文化は変わるのか

日本スポーツ社会学会編集企画委員会 編

創文企画

2020 東京オリンピック・パラリンピックを社会学する
日本のスポーツ文化は変わるのか

CONTENTS

日本人にとってオリンピックとは
：その物語を読み解く

杉本厚夫

1. 1964 年の東京オリンピックの記憶

「オリンピックって何や？」

「運動会の大きいやつや」

「だれが参加すんねん？」

「世界のいろいろな国から来るねん。オリンピックは参加することに意義があるんやで」

「ほうか、そんなら僕も玉入れに出るわ」

「そんなあほな」

1963 年の小学校の修学旅行で私が友人と演じた漫才である。

このように、大阪に住む私にはとっては、1964 年の東京オリンピック（以下、1964 東京五輪）は遠い存在であった。いや、オリンピックが開催される東京に在住する人にとっても、それほど関心が高くなかったことは、NHK 放送世論調査所の調査でも明らかになっている[1]。

ただ、当時のオリンピックの理念が「参加することに意義がある」ということについては、ある程度知っていた。さらに、オリンピックは「平和の祭典」であることも認識していた。これらのことは、開会式当日の朝日新聞の社説「オリンピックの開会を迎えて」で次のように記されている［1964 年 10 月 10 日, 朝刊][2]。

　　五つの大陸の、東から、西から、九十カ国を越え、八千人に及ぶ精鋭が、アジアの地に初めて開く民族の祭典に、人種や宗教や政治のきずなから離れて、

一つの友情をあたため合う。その壮観は、想像するだけでも胸の高鳴るのを覚えさせる。

このように、東京五輪の参加国、参加者の意義について述べる。さらに、それが平和の祭典であることを次のようにいう。

　戦争の惨禍を身に染みて味わい、心の底から平和を願う日本の国民が、敗戦十九年目にその理想をオリンピックの開催に託したとすれば、東京大会開催の意義は極めて大きいものと言える。

開会式では、平和の象徴であるハトが舞い、自衛隊のブルーインパルスが青空に五輪の輪を描く。「もはや戦後ではない」(経済白書、1956年版)というメッセージと同時に、自衛隊が戦争のための軍隊ではなく、平和を維持するための存在であることを印象づけた。そして、1945年8月6日の原子爆弾が投下された日に、広島県三次市に生まれた坂井義則が最終の聖火ランナーとして、聖火台に点火したことも平和を印象づける。とりわけ、閉会式は各国が乱れて入場するという驚きと同時に、「平和の行進」と呼ばれたように平和へのメッセージがあふれていた。これについて、朝日新聞は「平和への祈り」というタイトルで次のように報道した[1964年10月25日，朝刊]。

　陽気に肩を組んで閉会式のフィールドに集まった選手たち。手を振り、オジギをし、踊り出し、歓声を上げ—九十四カ国の大集会は、われわれに「平和」というものの現実の姿をみせてくれたような気がする。それはもはや、地球儀を前にして思う空疎な「平和」の理念ではない。この人たちとウマクやっていけるだろう、といういつわりのない実感だ。

開会式がその国の歴史や文化を紹介するショーになってしまっている現在、平和のメッセージはどれだけあるのだろうか。また、現代のオリンピックの理念である「Excellence, Friendship, Respect」をどれだけの人が知っているだろうか。もはや、オリンピックは我々にとって、単なる複合種目型の国際試合に過ぎないのではないだろうか。石坂友司が言うように、オリンピックの理念は意味を持たないほどパワーゲームやコマーシャルゲームと化している[石坂，2018]。その

点で、オリンピックの存在意義が問われているのである。

このオリンピックの存在意義は、オリンピックが何を残したか、いわゆるレガシー（遺産）の問題に収斂されると考えている。本書は、2020年の東京オリンピック・パラリンピック大会（以下、東京2020オリパラ大会）が、どのようなオリンピック・レガシー（第1章参照）を残せるのかについて、社会学の視点から明らかにすることを目的として編集された。

そこで、本章では、私の体験をもとに、1964東京五輪のレガシーとして、日本人がオリンピックを好きになるという物語は、どのように紡がれたかについて読み解いてみたいと思う。ただ、本章は、あくまで本書を理解していただくためのチャートにしかすぎず、東京2020オリパラ大会の具体的な事象についての社会学からのアプローチは各章で展開される。なお、各章に関連する内容については、（参照）という形で提示した。

2. 国際化の物語

1961年に我が家は、それまでの京風町屋づくりの玄関を応接間に改装した。そこには、シャンデリアがあり、マントルピース[3]があり、ステレオが置かれていた。これが、当時の庶民が憧れた家である。さらに、1964年のオリンピックの年には、ダイニング（食堂）はちゃぶ台からテーブルとイスに変わり、朝食はごはんとみそ汁からパンとミルクに変わった。まさに、アメリカ生活への憧憬からライフスタイルが大きく変わったのである。

その背景には、アメリカのホームドラマ「パパは何でも知っている」（1958～1964年、現日本テレビ系列放送）の視聴がある。子ども3人の中流家庭の何気ない日常を描いたこのドラマは、アメリカ生活への憧れを掻き立てた。そして、アメリカナイズされることへの心地良さがあったのだ。1960年代のテレビ欄には、外国テレビ映画として、「逃亡者」（1964～1967年、現TBS系列放送）、「ベン・ケーシー」（1962～1964年、現TBS系列放送）、「ララミー牧場」、（1960～1963年、現テレビ朝日系列放送）、「サンセット77」（1960～1963年、現TBS系列放送）、「ローハイド」（1959～1965年、現テレビ朝日系列放送）といった今でいう連続ドラマ番組がひしめき合っていた。ただ、外国テレビ映画と言いつつも、これらはすべてアメリカの制作であり、われわれが外国と言えば、それはアメリカをイメージしていたのである。

このようなアメリカナイズされつつある社会にあって、三波春夫が歌う「オリンピック音頭」には、非常に違和感を持った。いくら日本らしい歌であるとしても、近代化の中で、世界から後進国とみられるのではないかと思うぐらい、明治以降続けられてきた欧米化が身体化されていたのである。

それを一変させたのが、1964 東京五輪である。世界 94 カ国からの参加ということへの驚きは、名前も知らない国があるということだけではなく、それだけ多くの国が、日本という国を知ることになるという驚きでもあった。アメリカの傘の中から飛び出し、世界に視野が広がったといっても過言ではない。当時、私が世界の国を知る手立ては、「兼高かおる世界の旅」(1959 ～ 1990 年、現 TBS 系列放送) のテレビ番組で紹介される異なった文化を実感なく見ていただけだった。それが、実際に生で見ることができたり、接することができるのだと思うと興奮したのを覚えている (第 4 章参照)。

とりわけ、開会式での選手入場は、フランスやイタリアなどの洗練されたファッションから、ガーナ、カメルーン、チャド、ニジェールなどのアフリカ諸国の民族衣装、ブラジルのサンバを思わせるような陽気な行進、そこで展開されているのは、「兼高かおる世界の旅」で見た光景そのものであり、世界の文化を肌で感じる機会となったのである。

この開会式の入場行進を見た石川達三は、涙を禁じ得なかった光景を朝日新聞で次のように述べている [1964 年 10 月 11 日, 朝刊]。

> ボリビアの選手は旗手を兼ね、役員を兼ねていた。前にも後にも、誰もいない彼はその孤独に耐えて、母国の栄誉を守ろうとしている。オリンピックの場においてのみ、彼は米国やソ連と対等であり得る。アルジェリア、ギアナ、モナコ、カメルーン、リビア、ニジェール、リベリア、みんな選手は一人きりだ。そしてその大部分は新興独立国である。彼らはメダルをねらっているのではない。彼らにおいてこそ本当に、〈参加すること〉に意義があったに違いない。私はこの孤独な選手たちに最大の拍手を送りたいと思った。

このような世界の国々に思いをはせるのだが、実際に訪れることができるかというと、当時は非常に難しい状況にあった。何しろ、1964 年 4 月 1 日に観光目的のパスポートの発行が開始され、海外への観光旅行が自由になったところだったのである。しかも、当時、1 ドルが 360 円の時代であったから、海外旅行

は高嶺の花であった。視聴者参加型クイズ番組「アップダウンクイズ」（1963 ～
1985 年、毎日放送）で、司会者の小池清が、「ハワイへのご招待。10 問正解して、
さあ夢のハワイへ行きましょう！」というように、ハワイに行くのが夢であった
のだ。ただ、1964 東京五輪を契機として、アメリカ以外に行ってみたい国がで
きたことは、国際的視野が芽生えた証でもある。

　一方、海外から人を迎えることで、社会の公共性を意識したのも 1964 東京五
輪がきっかけであった。当時、ゴミはゴミ箱に捨てること、痰を吐いたり、立小
便をしないように呼びかけるパンフレットが、東京都内の各家庭に配布された。
そのために、街頭にはゴミ箱が、電車のプラットホームには痰壺が設置され、立
小便は取り締まるようになった。また、人々が列車に我先にと乗車する混乱を避
けるために、並んで乗るというマナーが出来上がったのである。

　このような海外の異文化を受け入れる経験ができたからこそ、1966 年に来日
したビートルズを受け入れることができたのだ。そして、その後に続くグループ
サウンズなどの海外の音楽文化や、コーラやヨーグルトなどの食文化といった異
文化が抵抗なく輸入され、拡がっていったのである。

　さらに、そのことは、われわれの視点を世界の問題へと拡げていった。1964
東京五輪に南ベトナムは参加したが、北ベトナムが参加しなかったことによって、
われわれはベトナム戦争に注目するようになった。そして、1966 年に結成され
た「ベトナムに平和を市民連合（べ平連）」の市民による反戦運動は、平和を標
榜したオリンピックがきっかけであったと言っても過言ではない。

　では現代の国際的な問題は何だろうか。それは地球温暖化とパンデミック対策
の国際協力であろう。この人類の生存に関わる問題に、東京 2020 オリパラ大会
からどのようなメッセージを送ることができるのかが問われている。

3.　経済成長の物語

　1960 年代にヒットしていた歌謡曲は、「見上げてごらん夜空の星を」（1960年、
坂本九）、「上を向いて歩こう」（1961年、坂本九）、「いつでも夢を」（1962年、橋幸
夫と吉永小百合）、「明日があるさ」（1963年、坂本九）と、明るい未来に向かって
生きようとする歌である。また、NHK バラエティ番組のタイトルは「夢で逢い
ましょう」（1961 ～ 1966 年放送）で、夢を持てた時代であった。さらに、昭和

33 年（1958 年）の東京の暮らしを描いた「ALWAYS 三丁目の夕日」のパンフレットには、「今ほど便利でも、裕福でもなかったけれど、人々は、来たるべき 21 世紀を夢見ながら、ひたすら前に突き進んで生きていました」と書かれている。

そして、1964 東京五輪後、学校から映画鑑賞で行った『東京オリンピック』（1965 年、市川崑監督）のオープニングでの鉄球が壁を壊すシーンは、わくわくするような時代の転換を予見させるものであった。

当時の総理大臣池田勇人（1960 〜 1964 年在任）が「所得倍増」を掲げ、国を挙げて経済成長に突き進んでいった時期である。そして、電気洗濯機、電気冷蔵庫といった家電を持つことが、生活の豊かさの指標となり、そのために勤勉に働くというのが、当時の労働者のモチベーションになっていた。しかし、当時の新聞広告には「グロンサン」（中外製薬）、「アリナミン」（タケダ薬品）、「チオクタン」（藤沢薬品）など、疲労回復のための薬の広告が多く見られ、その労働が如何に過酷であったかを物語っている。

このような内需拡大と同時に、外貨獲得に向けて世界進出をもくろんでいた製造業は、1964 東京五輪に製品を提供するサプライヤーとして、そのきっかけを掴んでいった。

松下電器は朝日新聞の一面広告で「聖火が、しずかに消え、五輪の旗は、おろされたけれど…」というキャッチコピーとともに、1964 東京五輪の成果とレガシーについて次のように語っている［1964 年 10 月 25 日，朝刊］。

　　東京オリンピックは大成功をおさめ、深い感動のうちに聖火は消えました。スポーツの祭典・東京オリンピックは、科学の祭典ともいわれ、競技種目ごとに、世界最新の設備や機器が開発され、通信衛星によってオリンピックの状況が海外に中継され、大きな成果をあげましたが、同時に、日本の都市文明にも大きな転機をもたらしました。

　　〈中略〉

　　松下電器も、〈電子式自動審判装置〉などの電子機器・照明・音響装置の分野で長年たくわえてきた研究や、高度な技術力をぞんぶんに発揮できるチャンスを与えられ、大きなよろこびをもって、科学の祭典に参加させていただきました。

　　聖火の消えた今もみごとな各施設が日本の富となって残っています。そして、この祭典の貴重な技術経験は、日本に永遠に生きつづけることでしょう。

　また、東京五輪の公式競技時計としての役割を果たした「SEIKO」が「聖火は消えても成果は残る」と題して広告を載せている［1964年10月25日，朝刊］。

　SEIKOの5文字は、この活躍ぶりとともに多くの方々に認めていただけたことでしょう。しかし、技術の進歩にはゴールはありません。さらに、技術をみがき、飛躍するセイコーにご期待ください。

　このように、サプライヤーとして日本の製品を提供することによって、「ものづくり日本」（Made in Japan）を世界にアピールすることができたのである。その意味で、1964東京五輪は、日本の製造業が自信を取り戻し、世界的な評価を得て、世界に進出するきっかけとなったのである。
　では、なぜサプライヤーの企業だけが宣伝できたのかというと、そこには、「アマチュアリズム」というオリンピックと経済活動を分断する壁があったからである。
　もともと、オリンピックにおいて、その倫理的な意味合いを持っていたアマチュアリズムが、単なるスポーツによる経済的活動の排除として捉えられるようになり、アマチュア規定によってその参加資格が制限されていた。当時ミスターアマチュアと言われたIOCのブランデージ会長はアマチュアリズムを厳守しており、企業からの金銭的授受は一切できなかった。しかし、ソ連のように国家公務員としてスポーツに専念するステート・アマチュアや、日本のように企業に雇用されて、スポーツをする時間を優遇されたりするカンパニー・アマチュアの出現によって、次第にアマチュアリズムの基盤は崩れていく。
　そして、ついに1974年にIOCは報酬が所属団体に入ることを条件に、オリンピック選手の広告出演を認めることになる。これをきっかけとして、経済との間に一線を画していたアマチュアリズムは崩壊し始め、それに代わってスポーツの世界を商業主義（Commercialism）が席巻するようになる。そして、1982年には、ついにオリンピック憲章から「Amateur（アマチュア）」の文字が消え、「Athlete（競技者）」という表現に変わったのである。
　これを加速化させたのが、1984ロサンゼルス五輪であった。これまで、都市や国に財政依存していたオリンピックを、ピーター・ユベロス率いる民間団体のロサンゼルス・オリンピック組織委員会（LAOOC）が民営化を行い、放送権料

とスポンサー料によって、国からの援助なしで2億ドル（約400億円）の黒字を計上したのである。[杉本，2005]

　このようにして、もはやオリンピックは単なる平和の祭典ではなく、企業がしのぎを削るビッグマーケットとなり、オリンピックは「コマーシャルゲーム」と化したのである。

　このようになると、スポーツ選手は経済システムに取り込まれるようになり、スポンサーは勝利によるコマーシャル効果を見返りとして求めるようになる。そうなると、自己の身体資本の価値を安易に高めようとする選手は、ドーピングという逸脱行動に向かうのである。そのことは、スポーツ文化自体を破壊することにもつながる。

　かつて、ルネッサンス期に文化を育てたのは、見返りを求めないパトロンであった。つまり、寄付行為が文化を育てたのである。実は、1964東京五輪では寄付金つき郵便切手、10円募金、記念メダルなど、国民みんなからの募金活動を行っていたのだ。今、日本にはパトロンは存在しないが、寄付文化は東日本大震災を契機として確実に育ちつつある。実際に、サッカーJリーグのガンバ大阪のホームスタジアムはファンの寄付によって建てられたものである。今、拡がりつつあるクラウドファンディングという寄付文化によって、ファンが支えるスポーツ文化の在り方を、東京2020オリパラ大会のレガシーとして残すことはできないだろうか。

4. メディアによるオリンピック神話の形成

　「第18回近代オリンピアードを祝い、ここにオリンピック東京大会の開催を宣言します」。1964東京五輪の開会式での昭和天皇の開会宣言である。その独特の抑揚のある言い回しに驚くと同時に、初めて天皇の肉声（正確にはテレビから流れてくる音声だが）を聞いたことに、テレビというメディアのすごさを感じたものである。

　この時の印象を中学3年生だった内田隆三は、「私はこの宣言の瞬間の不思議な印象を今も覚えている。天皇という存在を初めて〈はるか遠くに、だがどこか間近に〉見たという感じがしたからである。翌週には、クラスの誰かがこの開会宣言を上手に真似るのを見たりしたが、天皇はなにか言語に表しがたい、不思議

な存在のように思えた」と述べている［内田，2018：176］。

　学校では、象徴天皇ということは習っていても、いまひとつ、その意味がよく分からなかったが、内田が言うように不思議な存在として映り、それを真似ることが許されることに、戦前の天皇の存在に思いをはせることになる。当時のテレビの普及率は 90％を超えており、開会式の視聴率は 84.7％であったことから、多くの国民がこの宣言を視聴したことになり、世代によってその受け取り方は、多様であったと思われる。

　いずれにせよ、このショッキングな状況は、テレビからの情報を信じるというテレビ神話を生み出したのである。

　ゲームのテレビ視聴の面で言えば、日本対ソ連の女子バレーボールの決勝は視聴率が 85％に達した。しかも、金メダルを獲得するという快挙は、国民の大国に対するコンプレックスを払拭し、世界進出に自信を取り戻したとも言われている。しかも、この優勝した時のシーンは、ことあるごとに再生され、われわれの記憶に刻み込まれている（第 2 章参照）。

　しかしソ連には、すでに 1962 年にモスクワで開催された世界選手権で勝って優勝しているのだ。そこで、日本代表であった日紡貝塚チームはバーンアウトし、監督だった大松博文は退き、選手は引退し、チームは解散している。ところが、オリンピックに女子バレーボールが正式種目として加わったことによって、再び大松監督が指揮を執り、チームを再結成し、1964 東京五輪に臨んだのだ。つまり、世界選手権で優勝することと、オリンピックで優勝することの価値が違うのである[4]。ここに、メディアによるオリンピック神話の形成を見ることができる。

　さらに、この優勝について、メディアは厳しい練習に耐えてこそという報道を行い、いわゆる「根性」とスポーツが結び付けて語られるようになった。ちなみに、開会式でブランデージ IOC 会長が日本語でスピーチしたことを「根性で覚えた日本語」というタイトルで朝日新聞は報じており［1964 年 10 月 11 日，朝刊］、「根性」という言葉が一般化していることがうかがえる。

　開会式の後の女子バレーボールチームの様子を、「式後も猛練習：日本女子バレー」と題して、朝日新聞は次のように伝えている［1964 年、10 月 11 日，朝刊］。

　　女子バレーチームは 10 日も猛練習を欠かさなかった。大松監督に「最近、練習を休んだのはいつ頃ですか」と聞くと「さあ、あれはたしか今年の正月…」という返事。選手たちも「開会式に出てつかれたけど、監督さんのムリには慣

れていますから」という。コートをいっぱいに使って変化球サーブの練習をいつまでも続けていた。

　本当は、非常に科学的な練習を行っていたにもかかわらず、このように猛練習に耐えてこそ、また監督の理不尽とも思える命令に従うことによってこそ、勝利はあるのだということをわれわれに印象づける。そして、このことは、学校運動部の在り方（第3章参照）や学校体育（第11章参照）の学習指導要領にもおおきな影響力を持った。つまり、目標を達成するためには、指導者の指示に従って、禁欲的に練習することが必要であるということである。このことが、社会的に受け入れられたのは、当時の日本の企業が生産性を高めるためには、会社等の組織において、上司に従順であり、身を粉にして働くことであるという論理にすり替えられて語られるようになったからである。したがって、学校体育と運動部は、日本の産業社会を支える人材の養成につながると考えられたのである。
　このようにして、労働と対局にある遊びとしてのスポーツが、オリンピックによってその社会的価値を高め、日本の産業社会に有益だという認識を国民が共有することで、堂々とスポーツをする大義名分ができたのである。
　また、1964 東京五輪の日本の競技成績は、金メダルが 16 個、銀メダルが 5 個、銅メダルが 8 個で、金メダルでは、アメリカ、ソ連に次いで世界第 3 位であることが報じられると、戦争に負けたことによる戦勝国に対するコンプレックスは払拭され、世界進出の自信につながったことは確かだろう。しかし、その一方で、人々は勝利することがスポーツの価値を高めると幻想を抱くようになり、極端に何が何でも勝たなければ意味がないという結果だけで判断する勝利至上主義を生み出すこととなった [5]。
　このスポーツの価値は、子どもたちがスポーツをする学校運動部に定着し、そのスポーツを楽しむよりも、試合に勝つことに楽しみを得る活動となり、そのために、しごきや体罰が容認されるという結果となったのである。このような勝利を追求するスポーツの価値を人々はメディアによって刷り込まれ、そのスポーツのプレイの面白さで評価するのではなく、勝ったかどうかで評価するようになる。
　さらに、日本女子バレーボールチームの優勝で、バレーボール人気は高まり、家庭婦人による 9 人制バレーボール、いわゆる「ママさんバレー」の全国大会も開催されるようになった。しかし、この勝利の価値が逆に市民スポーツ（第9章参照）を後退させてしまった。なぜなら、この全国大会に出場するために、勝つ

ことが目的になってしまい、下手な人が排除され、次第にママさんバレーの人口は減ってしまったのである。

　このように、テレビというメディアによって、われわれは知らず知らずのうちに、勝敗によってスポーツの価値を判断するという一面的な見方しかできなくなってしまったのである。

　東京 2020 オリパラ大会では、日本のチームをただ応援するだけの解説だったり、勝った負けただけの報道ではなく、スポーツの魅力を伝える報道はできないものだろうか。2019 年のラグビーワールドカップで、ルールは分からなくてもそのプレイに興奮し、その魅力を身体で感じ取った経験は、スポーツのプレイが、勝敗をはるかに超えたものとなっていることの証である。こんな身体でプレイの魅力を感じられる報道の在り方がレガシーとして残ることが望まれる。

5.　政治介入の物語

　　父上様 母上様 三日とろろ美味しゅうございました
　　干し柿、もちも美味しゅうございました
　　〈中略〉
　　ゆき江ちゃん、光江ちゃん、彰君、芳幸君、恵子ちゃん
　　幸栄君、裕ちゃん、キーちゃん、正嗣君
　　立派な人になって下さい
　　父上様母上様、幸吉は、もうすっかり疲れ切ってしまって走れません
　　何卒お許し下さい
　　気が安まる事なく、御苦労、御心配をお掛け致し申し訳ありません
　　幸吉は父母上様の側で暮らしとうございました

　このような遺書を残して、1968 年 1 月 9 日、メキシコ五輪の年に、1964 東京五輪のマラソン銅メダリストの円谷幸吉は自殺した。彼は、日本のためにメダルを取ることができないという、いわゆるナショナリズムによって自殺に追い込まれたといわれている。このナショナリズムの背景には、オリンピックが政治という「パワーゲーム」に飲み込まれつつある状況があった。

　1964 東京五輪を誘致し、開催に尽力した中心人物である田畑政治は、閉会翌

日の朝日新聞に次の記事を掲載している［1964 年 10 月 25 日，朝刊］。

　私は東京大会の準備を始めるに際し、二本の柱を立てた。一つはアジア全体のオリンピックであって、東京はその選手として、開催地たる光栄を担うということ、いま一つは原爆唯一の被害国として、政治的、思想的の問題を離れ、原爆のない世界平和への祈り、この二つを如何にあらわすかにあった。

　彼は、1962 年にインドネシアのジャカルタで行なわれた第 4 回アジア競技大会で、日本人に対する政治的バッシングを受け、大会への参加が危ぶまれたが、それを乗り越えて参加したことが強く印象に残っていて、オリンピックへの政治介入について強い憤りを感じていた。それゆえに、一番にアジア全体のオリンピックであると言ったのである。その点において、この 1964 東京五輪で中国、北朝鮮、インドネシアが政治的理由によって不参加であったことは、彼にとっては忸怩たる思いがあったに違いない。それゆえ、被爆国として世界平和へのメッセージをおくるという日本の政治にはできないことを主張する。

　マリオ姿で、2016 リオデジャネイロ五輪に登場した安倍晋三首相とはちがって、当時の池田勇人首相はほとんど出てこない。開会式に「池田首相も出席」と朝日新聞の小さな記事で、「ロイヤルボックスの前から 3 列目に、黒いスーツ、グレーのネクタイをしめて出席」と書かれているだけである［1964 年 10 月 10 日、夕刊］。その意味では、1964 東京五輪では政治的な介入を表面的には抑えていたことがうかがえる。

　しかし、これまでのオリンピックの歴史は政治と切り離して考えられない。
　1916 ベルリン五輪は第一次世界大戦によって、1940 東京五輪、1944 ロンドン五輪は、第二次世界大戦によって開催が中止になっている。また、1936 ベルリン五輪はナチス政権の主導によるドイツの政治的プロパガンダのための大会であるといわれている。さらに、1960 ローマ五輪、1964 東京五輪、1972 ミュンヘン五輪は、第二次世界大戦の敗戦国で行われ、再び世界に復帰するという政治的意図が背景にある。
　政治的理由によって参加を拒否する、いわゆるボイコットも起きている。オリンピック史上で最も大きなボイコットは、1980 モスクワ五輪で起きた。その契機となったのは、アフガニスタンにソ連が侵略したことで、アメリカや日本といった西側諸国がボイコットした。この時の日本代表であった柔道の山下泰裕らが

モスクワ五輪参加を懇願したが、国がビザを発行しないということで不参加が決定的なものとなった。ちなみに、政治的介入を嫌うイギリスは参加している。それは、BOA（イギリスオリンピック委員会）は、国から援助を受けず自立しているので、国が口をはさむことはなかったからである。

このように、オリンピックが政治に取り込まれパワーゲームと化すのは、競技が国対抗であるという点から、そこにスポーツとナショナリズムの関係を見ておく必要がある。

石坂友司は、「スポーツに見られるナショナリズムを、一般社会の中で生起するナショナリズムや排外主義的現象と安易に重ね合わせることには、慎重でなければならない」としたうえで、「スポーツが現代社会を可視化する鏡となり、ネイションを強化しようとする政治的主張やアイデンティティを増幅する装置として機能していることは紛れもない事実である」としている。そして、そこで問題にすべきことは、「スポーツの世界はナショナリズムを必要とし、ネイションはナショナリズムを高めるスポーツを必要とする。この共犯関係こそが問われるべき現代的特徴なのである」という［石坂，2015：71-72］。

国立競技場（元明治神宮外苑競技場）が、かつて出陣学徒壮行会が行われた場所であることを知る人は、開会式の入場行進に国威発揚や大衆動員といった形で単純化されて語られるナショナリズムの臭いを感じた人もいたようであるが、むしろ逆に、ナショナリズムが霧散する情景でもあった。そのことについて、朝日新聞には次のように書かれている［1964年10月11日，朝刊］。

　　いま眼前に見る入場行進の集団は違う。大きくまとまりながら、そのなかで個性は息づいている。ブレザーの色がとりどりということだけではない。足並みをそろえつつ、よくみれば選手団の歩みにはそれぞれ特徴がよく出ている。
　　胸をはり、歩調をとるように踏み出す若い国々。場なれした感じで、自然に足を運ぶ大きな選手団。それが全体として、乱れのない行進の調和をつくり出すところに、見ていてあきないこの集団の美しさがあった。

また、入場してくる全ての国に、恥じらいながらも（手を振ることはできなかったが）、応援のエールを送っている観客の中に、ナショナリズムを越えたものがあった。また、統一ドイツがそこに実現していることに、スポーツに政治を超える力があることを実感したのだった。

そのことは、2002 年の日韓サッカーワールドカップでの国を超えた応援に、そのレガシーを見ることができる。日本人が、他の国のユニフォームのレプリカを着て、ペインティングをして、そのチームを応援するという行為は、海外ではあまり見かけない光景である。また、2019 年のラグビーワールドカップでも、それぞれの国歌を日本人の観衆が歌うというホスピタリティを発揮した。たとえそれが、ゲームが終了してしまえば忘れ去られる「ぷちナショナリズム症候群」[香山, 2002] であったとしても、スポーツが国際政治を超えた存在であることを示すには十分である。

そこで、もう一度、原点に立ち返って「参加することに意義がある」という価値を再考してみてはどうだろうか。それは、1964 東京五輪の時のいわゆる開発途上国の参加ということではなく、多様な参加形態を包含するような大会であって欲しい（第 5 章参照）。オリンピックとパラリンピックを分けてするのではなく、共存するユニバーサルデザインは考えられないだろうか（第 7 章参照）。また、まだまだ社会的には問題となっているジェンダーの課題解決の手がかりをオリンピックで提案できないだろうか（第 6 章参照）。さらに、オリンピックへの参加は、「する」アスリート、「みる」観客に加えて、「支える」ボランティア（第 8 章参照）がいる。この多様な参加形態がスポーツだけにとどまらず、未来の社会の在り方としてのレガシーを残せる東京 2020 オリパラ大会であって欲しい。

6. 都市開発の物語

1964 年 9 月 7 日、ギリシャのアテネで採火された聖火は空輸で沖縄に到着した。当時、アメリカの占領下にあった沖縄にとっては大きな出来事であった。ただ、聖火が来たのはこれが初めではなく、1958 年の第 3 回アジア競技大会のときに、フィリピンで採火された聖火が、沖縄を経由して東京へ運ばれた。しかし、この時は、沿道で日本国旗を振ることは米軍によって禁止されていた。1961 年には法定の祝祭日に限ってようやく公共建物にも日本国旗掲揚が認められた。聖火リレーの日は「法定休日」ではなく、日本国旗掲揚が許される日ではなかったが、「聖火を日の丸で迎えよう運動」が活発になり、聖火リレーの沿道、中継地点や学校前、あらゆる建物を日の丸で埋め尽くそうとした [沖縄県公文書館, 展示会「1964年沖縄をかけぬけた聖火リレー」]。つまり、日本復帰を熱望する沖縄の人たちの

思いが、日の丸を振るという行為で表明した出来事であった。この後、聖火は鹿児島、宮崎、千歳が起点となり、4コースに分かれて、全国を聖火リレーで結び、10月7日から9日にかけて東京都庁に集められた。

このように聖火リレーは、「すべての道はローマに通じる」を彷彿させ、東京が中心であり、そこへ向かうことが成功の証のように思わされ、東京の一極集中化が図られたのである。

3,800億円[6]をかけて、夢の超特急と呼ばれた東海道新幹線が設置されたことは、東京に人を集める大きなきっかけになった。東京—新大阪間を当時4時間で結ぶので、日帰り出張が可能となり、そのことによって、東京に本社を置く企業が増え、ますます東京に富が集中するのである。

一方、都市問題として、東京は増加する自動車に対応する道路整備が遅れていたため、各所で渋滞が起きていた。それを解決するために、首都高速が1964東京五輪をきっかけにつくられ［松林秀樹，2018］、その費用は1,752億7,900万円であった。また、地上の交通渋滞を回避するため地下鉄整備も行われ、その費用は1,894億9,200万円であった。さらに、羽田空港から浜松町までの新しい交通システムとしての「モノレール」は、未来都市をイメージさせた。このように、東京の都市整備（第10章参照）の大義名分として、オリンピックは使われたのである。

さらに、東京に無秩序に立てられる近代的な建築物は、ある面エネルギーを感じるものである。高層化する建物が近代化を感じさせ、若者を東京へと誘う。そのきっかけを作ったのが、オリンピックの競技施設である。なかでも丹下健三が設計した代々木競技場は、そのユニークなデザインゆえに、これから躍進する日本の象徴的な建築物となったのである。

このようにして、1964東京五輪をターニングポイントとして、東京は近代都市の最先端として憧れの場所となっていく。そして、東京へ人口と企業が集中されることによって、東京への一極集中化が出来上がったのである。その一方で、地方の力が低下した。とりわけ、大阪は都市としての機能が凋落した。そのために1970年に大阪万国博覧会を開催した。高岡裕之によれば「大阪万博関連事業は、64年大会（1964東京五輪）関連事業の強い影響のもとで、構想・実施された『第二のオリンピック関連事業』だったといえるだろう」という［高岡，2018：229］。つまり、東京と同じようにビッグイベントによって都市を整備しようとしたのである。

一方、オリンピックは主に一つの都市で行われるが、サッカーワールドカップやラグビーワールドカップは各地方都市で行われる。

　2002年の日韓サッカーワールドカップで、とりわけ有名になったのは、カメルーンのキャンプ地となった大分県の中津江村と、イングランドのキャンプ地である淡路島の津名町である。中津江村は、カメルーンの到着が5日も遅れたにも関わらず、村をあげてのホスピタリティを発揮し、全国的に一躍有名となった。また、津名町はふるさと創生1億円の金塊を担保に、グランドを新設するなど受け入れ態勢を整え、当時のスターであるベッカムを擁するイングランドを誘致したことで注目された［杉本厚夫, 2003］。

　また、2019年のラグビーワールドカップでは、津波で被災をした釜石市に「釜石鵜住居復興スタジアム」を東日本大震災からの復興のシンボルとして設置した（第12章参照）。ここで、フィジー対ウルグアイの試合が行われ、観客はラグビーの熱戦に興奮すると同時に、観戦できる日常性のありがたさを感じ、この場を用意した釜石市に対するアイデンティティを形成するのである。また、ナミビア対カナダの試合は台風のため中止されたが、1次リーグ敗退が決まっていたカナダ代表は、台風によって被害を受けた釜石市に残り、土砂や泥を撤去するボランティアを行った。

　このようにして、地方はスポーツを通して都市としてのアイデンティティを形成し、国際化していくのである。

　東京2020オリパラ大会は、東京近県だけで行われるのではなく、宮城（サッカー）、福島（野球・ソフトボール）、札幌（マラソンと競歩）が競技会場となっている。このように首都圏にこだわることなく、地方創生に貢献できるオリンピックの在り方を模索してもらいたいものである。

7.　望まれるオリンピックレガシー

　2024年の次期オリンピックに立候補した都市は、パリとロサンゼルスだけであったので、2024パリ五輪、2028ロサンゼルス五輪と決まった。これで、オリンピックの使命が終わってしまうという人もいるが、この事実をどのように受け止めればいいのだろうか。つまり、パワーゲームとして、コマーシャルゲームとしての役割を終えたオリンピックは、いよいよその存在意義が問われる状況にあ

るということである。

　東京 2020 オリパラ大会でのマラソンと競歩のコースが大会開催の 1 年を切ったところで東京から札幌に変わった。IOC の要求を組織委員会が受け入れた形となったが、そもそも、さまざまな条件を加味して決めたことが、いとも簡単に覆される現状をみて、組織の脆弱さを感じたのは私だけだろうか。今回の東京 2020 オリパラ大会は、ドタキャン・オリンピックと言っても良いかもしれない。新国立競技場のデザインに始まって、エンブレムの盗用疑惑、競技会場の決定や東京都以外の地域での開催など、一度決定されたことがドタキャンされることが多い。このことの背景には、何のためにオリンピックを開催するのかという「理念」の欠如があるのではないだろうか。とりわけ、レガシーについての理念が全く見えてこない。それが証拠に、未だに新国立競技場の後利用については明確になってはいない。

　その東京 2020 オリパラ大会のためにリニューアルされた新国立競技場のオープニングイベントに参加した。復興五輪を謳っているので、「東北絆祭り」と銘打って、各県のお祭りの実演で始まった。しかし、それは前座にすぎず、このイベントのメインはドリカムと嵐のミュージックライブであった。それが証拠に、そのライブが終わると帰りだす人が続出した。これは、新国立競技場をいっぱいにするのは、スポーツではなくコンサートだという認識なのだろうか。新国立競技場はスポーツ施設だという考え方はもはやそこにはなく、施設を維持するために、どれだけの経済的効果がのぞめるかで、スポーツ文化が評価されるというこの国の文化に対する考え方の貧しさを感じた。

　スポーツはカズ（三浦知良）と、2019 年のラグビーワールドカップで活躍した日本代表のリーチ・マイケルらが登場し、インタビューに応えるが、残念ながら、そこには日本のスポーツ文化の未来について語るメッセージは発信されない。極めつけは、ONE RACE（ワンレース）という障害のあるなしや国境を超えたリレーに登場したウサイン・ボルトが、200M をながして走っている姿である。

　スポーツの価値を貶めるこのイベントをみて、この国には「スポーツ文化へのリスペクト」が必要だとつくづく思った。あとに続く各章で、スポーツ文化の何をリスペクトすべきか、そして、東京 2020 オリパラ大会のレガシーとして何を残すべきかの議論が展開されているので、ぜひ読んでいただきたい。

【注】
1) 日本放送協会放送世論調査所「東京オリンピックにたいする意見と行動調査」『東京オリンピック』1967 年では、オリンピックへの関心が生活に関する項目に比べて低いという結果であった。
2) 朝日新聞は表記がない限り、東京版を使用した。
3) マントルピース（mantelpiece）とはブリタニカ国際大百科事典によれば、居間やホールの壁につくりつけられた暖炉のまわりに行う装飾のことだが、その暖炉は薪をくべて煙突があるものではなく、当時、暖炉風の囲いの中にガスストーブが置かれていた。
4) 私が審査員として関わっている A 市のスポーツ賞の受賞資格では、オリンピックでの入賞と国際大会での優勝は、同格の賞なのである。
5) 1996 アトランタ五輪で、金メダル 3、銀メダル 6、銅メダル 5 と成績が振るわなかったとき、NHK で「なぜ弱い　日本のスポーツ」（BS 討論、1996 年 10 月 12 日放送）という番組が放送され、私も出演したが、ここでの議論はメダル数だけでスポーツ価値をはかる日本のスポーツ文化の在り方についてであった。
6) ここであげているオリンピック開催に際しての関連事業の経費については、日本オリンピック委員会「東京オリンピック 1964」コラムに記載されているものである。
https://www.joc.or.jp/sp/past_games/tokyo1964/story/vol03_04.html

【文献】
石坂友司，2018，『現代オリンピックの発展と危機 1940-2020―二度目の東京が目指すもの―』，人文書院.
石坂友司，2015，「スポーツ・ナショナリズムの現代的特徴―商業主義・グローバル化時代の 3 つのメガイベント―」，石坂友司・小澤考人編『オリンピックが生み出す愛国心―スポーツ・ナショナリズムへの視点―』，かもがわ出版，43-74.
香山リカ，2002，『ぷちナショナリズム症候群―若者たちのニッポン主義―』，中公新書ラクレ.
松林秀樹，2018，「オリンピックに向けた道路整備―64 年大会が残したもの―」，石坂友司・松林秀樹編『一九六四年東京オリンピックは何を生んだのか』，青弓社，172-188.
沖縄県公文書館，2020，「展示会　1964 年沖縄をかけぬけた聖火リレー」. 2020 年 1 月 20 日取得，https://www.archives.pref.okinawa.jp/event_information/past_exhibitions/929
杉本厚夫，2005，『映画に学ぶスポーツ社会学』，世界思想社.
杉本厚夫，2003，「漂白されたナショナリズム―ジャパニーズ・フーリガンの誕生―」，黄順姫編『日韓ワールドカップサッカーの熱狂と遺産―2002 年日韓ワールドカップを巡って―』，世界思想社，66-82.
高岡裕之，2018，「大阪万国博覧会と地域整備―万博関連事業の成立と展開―」，石坂友司・松林秀樹編『一九六四年東京オリンピックは何を生んだのか』，青弓社，210-232.
内田隆三，2018，「成長の時代の幻像―精神史としての東京オリンピック―」，小路田泰直・井上洋一・石坂友司編『〈ニッポン〉のオリンピック―日本はオリンピズムとどう向き合ってきたのか―』，青弓社，164-191.

第１部

オリンピック・パラリンピックが変える社会

オリンピック・レガシー研究の隘路と可能性

：ポスト・オリンピック研究に向けて

石坂友司

　東京 2020 オリパラ大会の開催は、開催都市の東京はもちろんのこと、日本に
おけるスポーツ、文化、社会、経済的状況にさまざまな変化をもたらすことにな
る。そこで生み出されるものを遺産としてみたとき、それがポジティブ／ネガ
ティブどちらの評価を受けとることになるのかが重要な問いとして横たわってい
る。近年のオリンピックではこの遺産を特にレガシーと呼び、すべての領域に適
用できる概念として拡張してきた。その結果、学術的研究においてもレガシーの
分類枠組みをもとに、地域や都市に与えられるインパクトを検証する試みが続
けられている [1]。日本社会にオリンピックが何をもたらすのかについて考えるこ
とはすなわち、レガシーを探求することと同義になりつつある。本章では、IOC
が定義づけを行ったレガシーが、概念的拡張を続けている状況を読みときながら、
スポーツ社会学の領域からレガシー概念の相対化を試みるものである。レガシー
を語りながら、レガシーの陥穽にはまらないように思考することが本章の課題で
ある。

1. レガシーの誕生

　レガシーとはオリンピックが生み出す遺産を表す言葉である。かつては世界遺
産などと同じように Heritage という言葉で説明されてきたが、2012 ロンドン五
輪以降、レガシーが意図的に使われるようになった。レガシーの使用は、オリン
ピックのブランド価値を高めようとする IOC の戦略によって創り出されたもの

である。

　1984 ロサンゼルス五輪を契機として、オリンピックにおける商業主義的価値が前面に押し出されるようになってきた［石坂，2018］。それ以降の大会では、テレビ放映権料やスポンサーシップを中心としたビジネスモデルの構築が進められていったが、その過程でオリンピックは自らの価値を高め、都市の（再）開発に利用されながら、開催経費（直接経費と間接経費がある）を大きく膨らませていくことになる。肥大化とそれによる経費増が近年の大会開催の最大の課題になっている。

　オリンピックは大会規模、公的資金－民間資金拠出の割合をめぐって類型化することが可能である［Preuss, 2004; 白井，2015］。例えば、商業主義に傾く前の 1972 ミュンヘン五輪、1976 モントリオール五輪などは、大会に拠出される公的資金の割合が 100％に近く、逆に、ロサンゼルス五輪や 1996 アトランタ五輪など、商業主義化された以降の大会は民間資金の割合が 100％に近い。1988 ソウル五輪、1992 バルセロナ五輪、2000 シドニー五輪などがその中間に位置する。また、白井宏昌が示した競技施設の配置を集中型／分散型で示す分類に照らすと、民間資金を用いて開催されたロサンゼルス、アトランタ五輪が分散型をとるのに対して、ミュンヘン、モントリオール五輪は集中型をとる［白井，2015］。

　アトランタ五輪は都市開発の経費を増大させたバルセロナ五輪とは違い、民間資金を活用し、既存の競技施設を再利用することで分散型の大会開催を行った。このことは経費削減につながったものの、競技施設がオリンピック・ビレッジから遠く、交通渋滞を招くなど運営上の支障を来したほか、便乗商法（アンブッシュ・マーケティング）が横行し、IOC が苦慮したとされる。シドニー五輪以後顕在化する、オリンピックの持続可能性の追求が商業主義を呼び込む問題、すなわち大会後の持続性を優先するという観点で考えれば、不必要な施設を建設することは抑制される一方で、民間の市場に大きく依存した大会運営が求められ、IOC にとっては期待通りの大会が生み出せないというジレンマを招くのである［Coaffee, 2011］。

　アトランタ五輪がオリンピックの価値を毀損したと考えた IOC は、ブランド戦略を見直し、民間資金を利用した過度に商業主義化した大会開催を防止するためにレガシーという概念を導入することになる［Whitelegg, 2000; Poynter and Roberts, 2009］。

　IOC は Olympic Games Study Commission ［OGSC, 2002］による提案を受け、

2003 年に、オリンピック憲章へ「ポジティブなレガシーを推進する」ことを求めたレガシー項目を追加し、招致立候補都市に一定レベルの競技施設、運営の組織化を求めるとともに、このレガシーの評価を招致の可否に連動させる仕組み（質問票の改訂）を導入した。この質問票は、ロンドンで開催された 2012 年大会の招致過程で、「オリンピックゲームのコンセプトとレガシー」（テーマ 1）から始まるものに改訂され、以降の大会に適用されている。従って、ロンドンはレガシーの積極的位置づけがなされた最初の大会といえる。

　また、立候補都市が IOC に提出する立候補ファイルには、都市や政府の保証が得られていることの裏付けが必要となり、オリンピック開催とレガシーをどのように自らの都市計画とともに位置づけているのかが招致成功の目安となったのである［Kassens-Noor, 2012］。

2.　レガシー概念の拡張

　IOC が 2002 年に主催したレガシーをめぐるシンポジウムでは、建築、都市計画やスポーツ・インフラといった、いわゆる〈ハードレガシー〉から、観念や文化的価値、経験、大衆的記憶、ボランタリズムなど、いわゆる〈ソフトレガシー〉にいたるまで、より多くのものがレガシーととらえられていて［Moragas et al.(eds.), 2003］、IOC にとって都合の良い、ポジティブな価値を創造するものとしてレガシーが拡散していったことがうかがえる。その方向性はロンドン五輪で一つのかたちをみせ、レガシーを通じたオリンピックのブランディング戦略が展開されることになる。

　現在 IOC が唱えるオリンピック・レガシーについては、第 1 に、スポーツ・レガシー（競技会場の建設・改築、スポーツへの興味や参加向上）、第 2 に、社会的レガシー（文化・教育の場所、オリンピック価値の伝達、包摂と協働）、第 3 に、環境レガシー（持続可能性、都市の再生、環境に優しい公共交通機関や再生可能エネルギーの導入）、第 4 に、都市レガシー（都市の再生・美化、新しい都市建設、交通インフラの構築）、第 5 に、経済的レガシー（経済活動の活性化、雇用機会の創出、観光の促進）の 5 つが類型化されている［IOC, 2012］[2]。招致に向けて立候補都市によって組み立てられたレガシーは、開催都市の決定とともに、評価枠組みへと転換される。IOC はレガシーの検証を義務づけた Olympic Games Impact Study（OGI）を組織し、開催前後 12 年間の検証を義務づけている。

　これらのレガシー創出と検証の枠組みは東京 2020 オリパラ大会にも適用されている。組織委員会は「アクション＆レガシープラン」として、スポーツ・健康、文化・教育、復興・オールジャパン・世界への発信、街づくり・持続可能性、経済・テクノロジーの 5 つを柱にすえている［東京オリンピック・パラリンピック競技大会組織委員会，2016］。計画内容をみて気づくのは、非常に抽象的な柱と、細かな計画の羅列にとどまっており、レガシーとは何かについてのとらえどころがない[3]。

　また、開催都市である東京都が策定した「東京都長期ビジョン」では、東京都にとってのレガシーが以下のように整理されている［東京都，2014］。すなわち、スポーツと健康（スポーツで心も体も皆健康）、文化・教育（社会貢献の精神が隅々まで浸透）、街づくり（少子高齢社会に対応した活気ある未来都市）、サステイナビリティ（環境配慮と都市機能強化の未来に渡る両立）、経済・テクノロジー（世界中からヒト・モノ・カネが集まる観光・ビジネス都市）、全国の発展・世界に向けた発信（国内外の各都市とともに発展）である。

　このように、レガシー概念は IOC を中心として、開催（立候補）都市、組織委員会によって拡張され、多様なバージョンを生み出している。ロンドン五輪で顕著に行われたように、レガシーの強調は、推進力を得ることが難しい都市（再）開発を正当化することに積極的に利用され始めている[4]。ヴァシル・ギルギノフが指摘するように、仮にオリンピックに関わったすべてのものをレガシーとみなすならば、「何もしないこと」すらもレガシーとみなされる可能性がある［Girginov, 2018］。このようにレガシー概念の拡張には、オリンピックが生み出した重要なものとは何かという問いを無効化する陥穽が潜んでいる。

3.　レガシー研究の社会学的インプリケーション

　スポーツ社会学の領域ではこのレガシーをどのようにとらえることができるのだろうか。近年、レガシー研究として展開され始めたオリンピックの遺産をめぐる検証は、これまではメガイベント研究の文脈で行われてきた。メガイベント[5]（Hallmark Event: 優良イベント）研究は、万国博覧会や世界の文化的・宗教イベントを中心に行われており［Ritchie, 1984; Hall, 1989］、オリンピックをはじめとして、FIFA・W 杯、ラグビー W 杯など、大規模なスポーツ・メガイベントにも対象を拡大してきた[6]。そこでは経済的、商業的、物理的、社会・文

化的、心理的、政治的インパクトなどが検証されるべきとされながら［Ritchie, 1984］、主にツーリズムと余暇を対象にしてきたために、ほとんどの分析が経済的インパクトに焦点化し、イベントの複雑性、重要性をとらえ損ねてきた［Hiller, 2006］。これに対して、モーリス・ロッチェの研究は、メガイベントを社会－文化的広がりの中で把握すること、すなわち、都市ツーリズムや地域の経済発展といった政策的コンテクストと、ミクロ／マクロな近代化の過程における構造的コンテクストに再定位することをうながした［Roche, 2000］。

　この後論じるオリンピックの文脈では、メガイベントは開催地に大きな経済的負担を強いながら、都市（再）開発への過剰な期待を発生させ、開催国、都市、地域に多様なインパクトをもたらしていることが明らかになり、その視点（インパクト研究）からの研究蓄積が始まっている[7]。一方で、オラブ・スピリングが指摘するように、メガイベント研究は包括的な概念枠組みを発展させてきたものの、長期にわたるインパクトに関する知見が蓄積されていないという課題を抱える［Spilling, 1998］。

　オリンピックはレガシー概念の誕生により、他のメガイベントやスポーツ・メガイベントと比較して特殊なイベントとして発展してきた。その特殊性とは、多種目の競技施設とインフラの集中的整備を短期間に必要とするメガプロジェクトとしての性格に加え［Gold and Gold, 2008］、クーベルタンが掲げた平和思想を代表として、IOCが創り出してきたいくつかの理念的柱（環境の持続可能性やレガシーを含む）が、都市（再）開発の野心を覆い隠し、社会的に好ましいイベントとしてとらえられていることである［石坂, 2018］。加えて、町村敬志が指摘するように、2000年以降のグローバリゼーション段階において、例えば「都市のランクを表示する象徴的な機会」を提供することによって、特にオリンピックはグローバルな大都市が自己のアイデンティティを再定義する最も有効な手段の一つとして注目されるようになってきた［町村, 2008：10］。

　さて、以上の動向を踏まえて、IOCが創り出したレガシーが何にでも適用されながら拡張していくことをどのように考えればいいのだろうか。レガシー研究をめぐっては、多少の分類・整理を行いながら、IOCや組織委員会、開催都市などの掲げる枠組みをそのまま検証していくというスタンスをとる論者たちもいれば［Horne and Houlihan, 2014］、それに異を唱える論者もいる［Cohen and Watt(eds.), 2017］。

　レガシーという概念自体に潜む問題としては、IOCが開催都市に定義させた

ポジティブに展開される遺産のみを指していて、そこに生み出されるネガティブな遺産（借金や無駄な施設など）を必ずしも対象にできないということがあげられる。すなわち、レガシーが肯定的評価に埋め尽くされていくのである［Hiller, 2003 ; Cashman, 2006］。加えて、レガシーについての議論を展開すればするほど、IOC のレガシー戦略を補強してしまうという側面も出てくるのである［石坂, 2018］。

　そこで、上記の問題性を踏まえ、それを審級的にとらえ返すメタ概念としての〈レガシー〉を置くことが必要となる。例えば、ホルジャー・プレウスは、次の 3 軸からなる立方体、すなわちレガシー・キューブを提唱し、レガシーの分類・評価を行おうとする［Preuss, 2007 ; Gratton and Preuss, 2008］。第 1 に、意図（計画的／計画外、すなわち、意図的なものか—偶然生み出されたものなのか）の軸、第 2 に、評価（正／負、すなわち、プラス—マイナス、ポジティブ—ネガティブ）の軸、第 3 に、有形性（有形／無形、すなわちハード—ソフト）の軸である。

　この分類法は単純明快で議論の整理としては効果的だが、実際に検証していくと、それは誰にとってのレガシーかを考えることで揺れ動き、二分法では論じられない奥行きを持つことでしばしば効力を失う。例えば、競技場について考えてみると、これらは計画的に建設され、有形の遺産であることは疑いないものの、評価の軸については、スポーツ界にとってはポジティブな遺産でありながら、住民にとっては維持管理に税金を費やすネガティブな存在になりうる。また、紛糾した新国立競技場の建設案に対して議論がなされたように、神宮外苑が歴史的に創り出してきた風致（空間性）を考え合わせるとき、有形／無形の間を揺れ動くという事態も起こりうる。加えて、共時的にみれば一定のポジションに位置づくレガシーも、通時的にみればその評価が変更される場合も想定されるのである。

　前述したように、これまでのメガイベント研究は長期的な検証を不得意とし、主に開催までの短い期間を対象にしてきた。これに対してハリー・ヒラーは、オリンピックが将来的な都市のニーズに合致しない恐れのある特殊な建物の建設やインフラ整備に莫大な資本コストを必要とするにもかかわらず、大会後の施設やインフラ利用の問題を十分に検証してこなかったとして、ポスト・オリンピックの研究が重要であると指摘する［Hiller, 2006］。すなわち、ここには開催前／開催時／開催後という時間軸を入れて、都市や地域への影響を検証する方法が必要となるのである［石坂, 2013b ; 石坂・松林編, 2013 ; Cohen, 2013 など］。

　その後プレウスは、レガシーの定義を含む先行研究の検討[8] を通して、レガ

シーの分析枠組みの精緻化を進めている [Preuss, 2015]。また、レガシー・キューブの意図、評価、有形性の3軸に加えて、時間（イベント後に変化した場所要因によって生じる）、新しいイニシアティブ（活動から新しい機会を創出する）、空間（都市を越えてグローバルに広がりうる）などの軸を定義に含めるように提案し、そこから以下の4つの問いを導き出す。第1に、何がイベントに関連する変化を構成するのか、第2に、その変化によって誰が影響を受けるのか、第3に、どのようにしてレガシーは特定のステークホルダーに影響を与えるのか、第4に、いつレガシーは生じ、どの程度続くのか、そして時間の経過とともにどの程度変化するのか、である。

この枠組みに対して異議をとなえるのがギルギノフで、プレウスの枠組みには3つの限界があることを指摘する [Girginov, 2018]。すなわち、第1に、回顧的であること、第2に、構造主義的アプローチであること、第3に、誰が、いつ、どのように影響を受けるのかを問いながら、レガシーがどのように生まれるのかを問うていないというものである。ギルギノフは、さまざまなアクターが追求するレガシー・ビジョンが存在し、IOCもその一つにしか過ぎないとして、オリンピック・ムーブメントを推進する立場から、スポーツと教育という二つの主要な領域に集中してIOCのレガシーを検証すべきと論じる。また、彼はレガシーの評価枠組みをキャパシティ・ビルディング（capacity building）として再定義することを主張している。

メガイベントと地域や都市、社会との関係性を探究する社会学的関心からすれば、オリンピック・ムーブメントに限定化するギルギノフの議論にあまり魅力はないが、どのようなアクターがレガシーを生じさせているのか、その生成過程を描くことのないプレウスの枠組みに対して重要な指摘を加えているといえる。

4.　ポスト・オリンピック研究へ

IOCや開催都市、組織委員会のレガシー定義をそのまま採用するか、あらたな審級的な定義を採用するかの違いはあれ、多くの研究は、オリンピックが地域や都市、文化や教育などに影響を与える触媒として機能していたことを報告している [Horne and Houlihan, 2014; Preuss, 2015]。大会前後の検証が行われているロンドン五輪の事例をみると、オリンピックが地域や都市に何をもたらしたのかについての多様な見解が報告されている。このようなインパクト研究は、大会

がもたらした影響（効果）を前提とするため、オリンピックに絶対的な権能を与えてしまうことが問題となる。実際のところ、例えば都市に起きた変化とされるものが、大会によって引き起こされたもの（＝いわゆる、オリンピック効果）なのか、それとも通常の都市開発によっても起きえたものなのかを判別するのは難しい［石坂・松林編, 2013］。

これに対して、フィル・コーエンはレガシーを触媒的効果としてみなすべきではないとし、インパクト研究（OGI）の問題点は、ホスト・コミュニティ自身がどのように変わったのかというより、大会がどのようにコミュニティを変えたのかといった考え方を引き受けていることにあるとし、行為者を単なる人形として、そしてコミュニティを政府の目標や目的の実現に対して受動的な支持者か反対者に縮減してしまう問題点を指摘している［Cohen, 2013: 237-238］。

すでに述べたように、多くのメガイベント研究は大会のインパクトに焦点化する傾向があり、大会が押しつけるコンテクストを超えて開催都市が存在しないかのような白紙状態、すなわち、マスタープランがそのまま刻み込まれる存在として都市を扱ってきた。そのような短期間の評価は、オフィシャルなゲームの評価に言明しているに過ぎないとして、コーエンらは「ポスト・オリンピックの都市研究」へのパラダイムシフトを提案している［Cohen and Watt(eds.), 2017: 19］。

ここでコーエンが前提としているのは、大会前から大会後へと移り変わる都市における、特定地域のミクロな歴史の描出を通した、都市再生プロジェクトの転移をエスノグラフィカルに分析することである。そのような研究手法は、OGIによってオフィシャルに行われている調査の外に私たち研究者が出ていくことを要請する[9]。すなわち、コーエンはレガシー評価を行うにあたって、ハード／ソフトの二分法を否定し、プロジェクトの「自己創造的」（Auto-poetic）／「他者創造的」（Allo-poetic）側面の違いを踏まえることの必要性を説く（Cohen, 2013: 233-235）。前者はOGIのような指標を用いた量的評価によって測定され、後者はエスノグラフィカルな観察に基づく質的調査を通した、解釈学的な言説の中に組み込まれる評価によって示される[10]。これに加え、「表面にあらわれたレガシー」（可視的）／「隠れたレガシー」（無形）との間の差異も重要な論点になる。これらのレガシーの再分類によって代替的な評価枠組みを展開する余地が生じるとするのである。

同様の視点でイアイン・リンゼイは、いわゆる「オリンピックの結果」を検証してきた研究が、大会を開催することの利益／誤りについて描き出しながら、人

をみない「大会前−後」の地理学的分析に終始してきたことを批判する［Lindsay, 2014: 150］。リンゼイはロンドン五輪の会場であるニューハムを 3 つの地域に区分し、それらを横断する 4 つのコミュニティセンターに拠点を置いて調査を展開した。彼はエスノグラフィーの手法を用いながら、客観的概念としての空間ではなく、人びとや、彼らが住まう場所の主観的経験について、そして生活が営まれるオリンピックに関係した場所の転換についての現実と、大会を開催することが非常に大きな利益を生むとするオリンピック・レトリックとを分けることが必要と述べる。地元の人びとは、イギリスの他の地域に住む人びととは違ったかたちで大会を経験していて、彼らはその混乱を通して生活しなければならないのであり、そのことを描くことでオリンピックの複雑性をとらえることが可能になるのである［Lindsay, 2014: 156］。

5.　レガシー研究の可能性

　本章では、オリンピックとレガシーの関係性を視野に入れながら、スポーツ・メガイベント研究からレガシー研究への移行、そしてポスト・オリンピック研究の必要性を説明してきた。IOC のブランディング戦略によって登場したレガシーを無批判に受け入れ、分析枠組みとすることの政治性を批判的に問い返しながら、レガシーと名指される遺産が、どのようなアクターによって、どのように創り出されていくのかを明らかにしていくことが必要であることを述べてきた。加えて、オリンピックに関係するさまざまな領域を遺産として分析することは、オリンピックのインパクトをポジティブにのみとらえるレガシーの枠組みに取り込まれる危険性と隣り合わせであることも示してきた。

　そのうえで、インパクト研究が発展させてきたような、オリンピックが地域や都市を変化させるという単純な視点に留まるのではなく、既存の社会構造を前提にしながら、都市や地域、さまざまなアクターが大会と出会い、変化が生み出される側面を描き出す方法論を模索する必要がある。本章がたどりついたように、地域の歴史性、空間性とともに、そこに住まう人びとの生活を抽象的なレガシー概念に埋め戻していくことは、スポーツ社会学的研究が目指すほんのひとつの方向性に過ぎない。さまざまな領域におけるポスト・オリンピック研究を展開しながら、これまで日本で行われてきたいくつかのオリンピックと比較検討すること、他国で開催されたオリンピック大会や他のメガイベントの研究と比較検討し、対

話を行っていくことにもレガシー研究は開かれなければならない。

　東京 2020 オリパラ大会が IOC の定義するレガシーや大会のレガシープランを
はるかに超え出た、歴史的、社会的、文化的意味において、どのような遺産を生
み出すことになるのかは以後の各章が探求していくことになるだろう。それを明
らかにしていくことこそがスポーツ社会学的研究に課された使命でもある。

【注】

1)　本章で明らかにするように、レガシー概念はさまざまなものに適用され、拡張を続けて
　　いる。それはオリンピックと一体化して開催されることになったパラリンピックにも
　　みられ、パラリンピック独自のレガシーも生み出されている［Brittain, 2018; Misener
　　et al., 2019 など］。本章では研究蓄積が多いオリンピック、特に言語的制約から、ロン
　　ドン大会における先行研究を主に対象としてレガシー概念の検討を行う。

2)　IOC は多種多様なレガシーの定義が存在することを認めていて、さしあたって「オリ
　　ンピック・レガシーはビジョンの結果である。レガシーは人びと、都市／地域、オリ
　　ンピック・ムーブメントにとってすべての有形／無形の長期にわたる恩恵を含み、オ
　　リンピックやスポーツイベントを開催することで始められ、あるいは促進されるもの
　　である」とする定義をまとめている［IOC, 2017］。

3)　2018 年に会計検査院の指摘で判明した、8,000 億円にものぼるという関連予算が国に
　　よって支出されていた問題は、レガシーというブラックボックスに予算を放り込んだ
　　ものともいえる。

4)　1990 年代以降、メガイベントを介したグローバル・シティと国家の再連携が図られる
　　ことについては、町村敬志が 4 つの仮説を提示している［町村，2007］。

5)　万博とオリンピックを対象に研究した Maurice Roche の「ドラマチックな特性を備え、
　　大衆を引きつけ、国際的な重要性をもつ大規模な文化的イベント（商業的イベントや
　　スポーツイベントを含む）」というメガイベントの定義はあまりにも有名である［Roche,
　　2000: 1］。

6)　スポーツ社会学におけるメガイベント研究はナショナリズムやジェンダーといった「表
　　象の政治」に焦点をあてたものが多い。その中で、都市やスポーツ組織への影響（イ
　　ンパクト）を視野に入れたものには、FIFA・W 杯を対象にした Manzenreiter and
　　Horn(eds.)［2004］や松村編［2007］、鈴木［2013］、北米スポーツ社会学会の研究動向
　　を整理した大沼［2007］、マーケティングやメディアとの関係性に言及した高橋［2006］
　　の他、ラグビー W 杯招致段階の地方都市について論じた向山［2019］、多種のイベン
　　ト分析を含む Horne and Manzenreiter(eds.)［2006］、Grix(ed.)［2014］などがある。メ
　　ガイベントとしてのオリンピック研究の動向については石坂・松林［2013］のほか、
　　本文でまとめる。

7)　その観点から筆者らが行ったメガイベントの再定義については石坂・松林［2013：10］
　　を参照。

8)　レガシーをめぐる先行研究は、経済、インフラ、社会、スポーツ、文化レガシーの分
　　析を主題として採用する傾向にあるとされる。このほか、レガシーとそのインパクト
　　が結びつく関連領域の研究動向を整理したものにアラン・トムリンソン［Tomlinson,
　　2016］、スポーツ・メガイベントと非スポーツ・メガイベント研究の傾向性について整
　　理したジェイソン・ボカロ［Bocarro et.al., 2018］らの研究がある。

9) コーエンは都市の一時的な浮き沈みではなく、そこにあらわれる空間的転換に興味を
　　もつ。そして、若者のスポーツ参加率などではなく、駅とオリンピック・パークを結
　　ぶ通路にできたパフォーマンス空間にこそ、オリンピック後の都市が潜在的にもつ創
　　造性が表現されていると述べるのである［Cohen, 2017: 174］。

10) 我田引水ながら、筆者らが展開している長野大会後の地域変容に焦点をあてた共同研
　　究は［石坂・松林編、2013］、開催地の大会前後の変化をさまざまな指標や、量的調査
　　を用いた住民の評価によって検証しながら、フィールドワークによるエスノグラフィ
　　カルな分析［石坂、2013a；高尾、2013；Takao, 2018］と融合させた試みである。

【文献】

Bocarro, J., Byers, T. and Libby, C., 2018, "Legacy of Sporting and Non-sporting Mega Event Research: What next?," in Brittain, I., Bocarro, J., Byers, T. and Swart, K.(eds.), *Legacies and Mega Events: Fact or Fairy Tales?*, Routledge, 7-24.

Brittain, I., 2018, "Legacy of Sporting Mega Events for People with Disabilities: The Paralympic Games," in Brittain, I., Bocarro, J., Byers, T. and Swart K.(eds.), *Legacies and Mega Events: Fact or Fairy Tales?*, Routledge, 99-115.

Cashman, R., 2006, *The Bitter-sweet Awakening: The Legacy of the Sydney 2000 Olympic Games*, Walla Walla Press.

Coaffee, J., 2011, "Urban Regeneration and Renewal," in Gold, J. R. and Gold M. M.(eds.), *Olympic Cities*, 2nd ed., Routledge, 180-193.

Cohen, P., 2013, *On the Wrong Side of the Track?: East London and the Post-Olympics*, Lawrence and Wishart.

Cohen, P., 2017, "A Place beyond Belief: Hysterical Materialism and the Making of East 20," in Cohen, P. and Watt, P.(eds.), *London 2012 and the Post-Olympics City: A Hollow Legacy?*, Palgrave Macmillan, 139-177.

Cohen, P. and Watt, P.(eds.), 2017, *London 2012 and the Post-Olympics City: A Hollow Legacy?*, Palgrave Macmillan.

ESRC, 2010, *Olympic Games Impact Study: London 2012 Pre-Games Report*.

Girginov, V., 2018, *Rethinking Olympic Legacy*, Routledge.

Gold, J.R. and Gold, M. M., 2008, "Olympic Cities: Regeneration, City Rebranding and Changing Urban Agendas," *Geography Compass*, 2(1), 300-318.

Gold, J. R. and Gold M. M.(eds.), 2011, *Olympic Cities: City Agendas, Planning, and the World's Games, 1896-2016*, 2nd ed., Routledge.

Gratton, C. and Preuss, H., 2008, "Maximizing Olympic Impacts by Building Up Legacies," *The International Journal of the History of Sport*, 25(14), 1922-1938.

Grix, J.(ed.), 2014, *Leveraging Legacies from Sports Mega-events: Concepts and Cases*, Palgrave Macmillan.

Hall, C. M., 1989, "The Definition and Analysis of Hallmark Tourist Events," *GeoJournal*, 19(3), 263-268.

Hiller, H., 2003, "Toward a Science of Olympic Outcomes: The Urban Legacy," in Moragas, M. de, Kennett, C. and Puig, N.(eds.), *The Legacy of the Olympic Games 1984-2000: International Symposium Lausanne, 2002*, IOC, 102-109.

Hiller, H., 2006, "Post-event Outcomes and the Post-modern Turn: The Olympics and Urban Transformations," *European Sport Management Quarterly*, 6(4), 317-332.

Horne, J. and Houlihan, B., 2014, "London 2012," in Grix J.(ed.), *Leveraging Legacies from Sports Mega-events*, Palgrave Macmillan, 107-117.

Horne, J. and Manzenreiter, W. (eds.), 2006, *Sports Mega-events: Social Scientific Analyses of a Global Phenomenon*, Blackwell Publishing.

Imrie, R., Lees, L. and Raco, M.(eds.), 2009, *Regenerating London: Governance, Sustainability and Community in a Global City*, Routledge.

石坂友司，2013a，「カーリングネットワークの創出と展開—カーリングの聖地・軽井沢／御代田の取り組み—」，石坂友司・松林秀樹編『〈オリンピックの遺産〉の社会学—長野オリンピックとその後の十年—』，青弓社，168-189.

石坂友司，2013b，「長野オリンピックとその後の 10 年—メガ・スポーツイベントが残した遺産—」，日本スポーツ社会学会編『21 世紀のスポーツ社会学』，創文企画，159-173.

石坂友司, 2014,「オリンピックレガシーの発明と拡散—ロンドン 2012 から東京 2020 へ—」，小澤考人編『ロンドンオリンピックの「レガシー」に関する社会学的研究—都市・スポーツ・観光政策との関わりを中心として—』，東海大学観光学部研究報告書，1-14.

石坂友司，2018，『現代オリンピックの発展と危機 1940-2020 —二度目の東京が目指すもの—』，人文書院.

石坂友司・松林秀樹，2013，「オリンピックとスポーツ・メガイベントの社会学」，石坂友司・松林秀樹編『〈オリンピックの遺産〉の社会学—長野オリンピックとその後の十年—』，青弓社，7-32.

石坂友司・松林秀樹編，2013，『〈オリンピックの遺産〉の社会学—長野オリンピックとその後の十年—』，青弓社.

IOC, 2012, *Olympic Legacy*, IOC.

IOC, 2017, *Legacy Strategic Approach: Moving Forward*, IOC.

Kassens-Noor, E., 2012, *Planning Olympic Legacies: Transport Dreams and Urban Realities*, Routledge.

Lindsay, I., 2014, *Living with London's Olympics: An Ethnography*, Palgrave Macmillan.

町村敬志，2007，「メガ・イベントと都市空間—第二ラウンドの『東京オリンピック』の歴史的意味を考える—」，『スポーツ社会学研究』，15，3-16.

町村敬志，2008，「メガ・イベントと都市開発—『時代遅れ』か『時代先取り』か—」，都市問題研究会編『都市問題研究』，60（11），3-17.

Mangan, J.A. and Dyreson, M.(eds.), 2010, *Olympic Legacies: Intended and Unintended: Political, Cultural, Economic and Educational*, Routledge.

Manzenreiter, W. and Horne, J. (eds.), 2004, *Football Goes East: Business, Culture and the People's Game in China, Japan and South Korea*, Routledge.

松村和則編，2007，『メガ・スポーツイベントの社会学—白いスタジアムのある風景—　増訂版』，南窓社.

Misener, L., Mcpherson, G., McGillivray, D. and Legg, D., 2019, "Organizational Management Perspectives and Opportunities," in Misener, L., Mcpherson, G., McGillivray, D. and Legg, D. (eds.), *Leveraging Disability Sport Events: Impacts, Promises, and Possibilities*, Routledge, 89-106.

Moragas, M. de, Kennett, C. and Puig, N.(eds.), 2003, *The Legacy of the Olympic Games 1984-2000: International Symposium Lausanne, 2002*, IOC.

向山昌利，2019，「震災復興途上におけるスポーツ・メガイベント招致—地方小都市釜石の挑戦—」，『スポーツ社会学研究』，27（1），41-58.

大沼義彦, 2007,「都市とメガ・スポーツイベント研究の視角—都市の社会構造とスポーツに着目して—」，松村和則編『メガ・スポーツイベントの社会学 増訂版』，南窓社，20-40.

Olympic Games Study Commission, 2002, *Interim Report to the 114th IOC Session*, IOC, Retrieved August 31, 2019, http://www.olympic.org/Documents/Reports/EN/en_report_581.pdf

小澤考人，2017，「オリンピックというイベントと観光・ツーリズムの可能性―2012 年ロンドン大会のレガシー戦略から 2020 年東京大会への視点を探る―」，岸真清・島和俊・浅野清彦・立原繁・片岡勲人・服部泰・小澤考人『基本観光学』，東海大学出版部，151-182.

Poynter, G. and Roberts, E., 2009, "Atlanta(1996): The Centennial Games," in Poynter G. and MacRury I.(eds.), *Olympic Cities: 2012 and the Remaking of London*, Ashgate, 121-131.

Preuss, H., 2004, *The Economics of Staging the Olympics: A Comparison of the Games 1972-2008*, Edward Elgar Publishing.

Preuss, H., 2007, "The Conceptualisation and Measurement of Mega Sport Event Legacies," *Journal of Sport & Tourism*, 12(3-4), 207-227.

Preuss, H., 2015, "A Framework for Identifying the Legacies of a Mega Sport Event," *Leisure Studies*, 34(6), 643-664.

Ritchie, J.R.B.,1984, "Assessing the Impact of Hallmark Events: Conceptual and Research Issues," *Journal of Travel Research*, 23(1), 2-11.

Roche, M., 2000, *Mega-events Modernity: Olympics and Expos in the Growth of Global Culture*, Routledge.

白井宏昌，2015，「五輪は都市をどう変えてきたか」，『Planets ―東京 2020 オルタナティブ・オリンピック・プロジェクト―』，9，106-111.

Short, J.R., 2018, *Hosting the Olympic Games: The Real Costs for Cities*, Routledge.

Spilling, O. R., 1998, "Beyond Intermezzo? On the Long-term Industrial Impacts of Mega-events: The Case of Lillehammer 1994," *Festival Management & Event Tourism*, 5, 101-122.

鈴木直文，2013，「FIFA ワールドカップと開発― 2010 年南アフリカ大会が示唆するもの―」，日本スポーツ社会学会編『21 世紀のスポーツ社会学』，創文企画，140-158.

高橋豪仁，2006，「メガ・イベントの諸問題」，菊幸一・清水諭・仲澤眞・松村和則編『現代スポーツのパースペクティブ』，大修館書店，40-57.

高尾将幸，2013，「『遺産』をめぐる葛藤と活用―白馬村の観光産業を中心に―」，石坂友司・松林秀樹編『〈オリンピックの遺産〉の社会学―長野オリンピックとその後の十年―』，青弓社，150-167.

Takao, M., 2018, "The 'Legacy' of the Olympic Games for Local Communities: A Case Study of the Nagano 1998 Winter Olympic Games," in Brittain, I., Bocarro, J., Byers, T. and Swart, K.(eds.), *Legacies and Mega Events: Fact or Fairy Tales?*, Routledge, 189-198.

東京都，2014，『東京都長期ビジョン―「世界一の都市・東京」の実現を目指して―』，東京都. 2019 年 8 月 31 日取得，https://www.seisakukikaku.metro.tokyo.jp/tokyo_vision/vision_index/index.html

東京オリンピック・パラリンピック競技大会組織委員会，2016，『東京 2020 アクション＆レガシープラン 2016 ―東京 2020 大会に参画しよう。そして、未来につなげよう。―』東京オリンピック・パラリンピック競技大会組織委員会. 2019 年 8 月 31 日取得，https://tokyo2020.org/jp/games/legacy/items/legacy-report.pdf

Tomlinson, A., 2016, "Olympic Legacies: Recurrent Rhetoric and Harsh Realities," in Tomlinson, A.(ed.), *The Olympic Legacy: Social Scientific Explorations*, Routledge, 1-22.

Whitelegg, D., 2000, "Going for Gold: Atlanta's Bid for Fame," *International Journal of Urban and Regional Research*, 24(4), 801-817.

メディア・イベントとしてのオリンピック・パラリンピックの歩みとこれから

浜田幸絵

1. オリンピック・パラリンピックとメディア

　オリンピックとメディアは、切っても切り離せない関係にある。新聞社や放送局といったマス・メディアは、日々「報道対象」となる出来事を選択し、「生の出来事」を加工して「ニュース」や「スポーツ番組」として再構成している。マス・メディアがオリンピックを大規模な報道や中継の対象とすることは、今日の日本においては当たり前のことであり「慣習」となっているが、マス・メディアがオリンピックを大きく報道してこなければ、オリンピックが現在のような社会的影響力をもつことはなかった。オリンピックを神聖で特別なイベントとして意味づけてきたのも、メディアである。このことは、本章で試みるように、もう一つのスポーツの祭典であるパラリンピックとメディアの歴史を遡ることによっても確認できる。日本のメディアがパラリンピックを積極的に報道し、パラリンピックやその出場選手の認知度が高まってきたのは、比較的最近である。

　オリンピックというイベントは、マス・メディアが介在することによって空間的にも時間的にも拡張・移転してきた。多くの人々は、オリンピックを競技場で直接体験するのではなく、メディアを介して間接的に体験している。メディアを介して体験されるオリンピックは「生のオリンピック」とは別物である。また人々はメディアの報道内容をそのまま素直に受容しているのではなく、メディア・テ

クストの解釈の仕方には幅がある。個々人のオリンピック体験は、場所や属性、環境などによって一様ではない。だが、オリンピックが地球規模で同時に体験される巨大イベントであることは確かであり、それゆえ、開催国の文化的イメージを伝達する場として機能してきた。オリンピックで誕生した英雄が後の時代まで語り継がれていく現象も多くみられる。インターネット、テレビ、新聞の報道だけでなく、「炎のランナー」（1924 パリ五輪が舞台となった映画、1981 年公開）、「栄光のランナー」（1936 ベルリン五輪で活躍したジェシー・オーエンスが主人公の映画、2016 年公開）のように過去のオリンピックに関する映画が制作されることもある。

　一方で、メディアの側からみても、「オリンピックなくしてメディアの発展なし」といえるほど、メディアの新技術の開発・導入においてオリンピックは重要な役割を果たしてきた。大陸横断の中継、写真の配信、カラーやスローモーション映像など、オリンピックのたびにメディアは技術革新を成し遂げてきた。

　本章では、こうしたオリンピックとメディアの不可分な関係について確認しながら、日本のメディアはオリンピックやパラリンピックの何をどのように伝えてきたのか、東京 2020 オリパラ大会でこれらのメディア・イベントとしてのあり方がどのように変わるのかについて論じる。

2.　メディア・イベントとしてのオリンピック

　オリンピックとメディアについて考えるうえで重要であるのが、「メディア・イベント」概念である。まずはこの概念について確認しておこう。

　吉見俊哉の整理によると、「メディア・イベント」は、理論上、三層に区分できる。第一に、新聞社や放送局といった企業としてのマス・メディアが主催（企画、演出）するイベント、第二に、マス・メディアによって大規模に中継・報道されるイベント、第三に、マス・メディアによってイベント化された社会的事件を指す［吉見，1996］。

　第一の意味でメディア・イベントを捉えるならば、日本の新聞社や放送局が、明治末期以降現在に至るまで、オリンピックに関して様々な事業活動を展開してきたことが挙げられる。オリンピックは、企業としてのマス・メディアが主催しているわけではないが、マス・メディアは、オリンピック予選会を開催したり、オリンピックに関する展覧会・講演会、映画上映などを行ったりしてきた。

これまで蓄積されてきた日本の新聞社事業活動に関する歴史的研究［津金澤編，1996，2002；津金澤・有山編，1998］と関連づけてオリンピックを捉えていくことが可能である。

　第二の意味でのメディア・イベント概念は、ダニエル・ダヤーンとエリユ・カッツの議論を踏まえたものである。ダヤーンらは、マス・メディアの中でも特にテレビの生中継が媒介することによって大規模に受容されていく世俗的儀礼のことを「メディア・イベント」と呼び、研究した。彼らは、メディア・イベントを三類型（アポロの月面着陸などの「制覇型」、オリンピックやワールドカップや大統領候補の討論会などの「競技型」、王室の結婚式や要人の葬儀などの「戴冠型」）に区分するなどして、イベントがテレビ画面の中に再構成されていく方法や、通常のテレビ番組とは異なる祝祭的なテレビ視聴のあり方の形式的特徴を抽出した［Dayan and Katz, 1992=1996］。

　オリンピックは、テレビ中継が大規模に行われるようになった時代のグローバルな祝祭として捉えることができ、それは社会にとって中心的な価値観にスポットライトがあたるイベントである。リアルは、ダヤーンらの議論を発展させ、オリンピックの神話は、(1) 世界についての認識枠組みを提供する、(2) 模倣すべき英雄的モデルを提示する、(3) 文化間・文化内の葛藤を象徴的に媒介し、代理戦争の舞台としても機能する、(4) 歴史をわかりやすく示し、特定の歴史的感覚を形成する、と論じた［Real, 1989: 224-228］。マス・メディアのイベントとしてのオリンピックが現代社会の儀礼であると考えるならば、その儀礼は、国民国家の儀礼なのか、それとも人類という世界共同体の儀礼なのか、といった論点が生じるだろう。マス・メディアのオリンピック報道は、たとえ同じ映像を用いていても、各国語でアナウンスや解説を加え、メディア単位で編集を行っている。また、多くのマス・メディアは、「国民」をオーディエンスとして想定している。

　第三の意味でのメディア・イベント概念は、メディア・イベントが日常から切断された次元に存在しているとするダヤーンらの捉え方を疑問視し、マス・メディアが現実の構成に日常的に関わっていることを問題とする。ダヤーンらは、オリンピック放送のもつ祝祭（非日常）性に注目していたが、「テレビ」は日常的メディアである。オリンピックの例を持ち出すまでもなく、私たちが生きている日常世界にメディアは深くかかわっていて、私たちの現実についての認識にメディアは全体的に作用している。その日常化・偏在化したメディアでの、非日常な体験をどのように捉えるか、という視点は、インターネットやモバイル・メディ

アが普及した現在においては、より重要になってきている。最近のメディア・イベント研究は、パブリック・ビューイングや、インターネットとモバイル・メディアの普及が可能とした大規模なオンライン視聴も射程に入れている［飯田・立石編，2017］。オリンピックのメディア体験は、メディア環境の新しい変化の影響を常に受けていて、パブリック・ビューイングやオンラインでの視聴は、東京2020オリパラ大会でこれまで以上に活用されることが見込まれている。

　最早、オリンピックというコンテンツ自体から祝祭（非日常）性が失われているという見方もできるだろう。今日のマス・メディアは、スポーツ・イベントや国際的出来事を多く報じるようになっていて、国際スポーツの話題も特別ではなくなってきている。また、現在の日本のようにオリンピック開催を控えた国では、オリンピックに関係する大小様々な出来事がメディアによって演出され、オリンピック関連のニュースが連日のように報じられている。オリンピックの「特別さ」や「神聖さ」は、伝統的儀礼とは異なり、どこか希薄で真正性に欠けるもの、日常の延長線上にあるものになっている。それでも、オリンピック・パラリンピックが特別な祝祭として捉えられ、その社会的影響への注目が集まるとすれば、それはマス・メディアの時代に築かれた歴史的遺産だといえるのではないだろうか。今日のオリンピック・パラリンピックにおけるメディアの役割を捉えていくためには、メディアとこれらのイベントとの関係の歴史的変遷を確認しておく必要があるだろう。

3.　戦前日本のメディアとオリンピック

　近代オリンピックは、第1回の1896アテネ五輪の時からメディアの報道対象となっていた［MacAloon, 1981：訳書478-503］。しかし、選手が参加していなかった日本では情報は少なく、オリンピックやクーベルタンを紹介する記事が、雑誌『少年世界』や『世界之日本』、『読売新聞』にわずかに掲載されるだけであった［浜田，2018：24］。日本がオリンピックに初めて参加したのは、1912ストックホルム五輪である。この時には日本の新聞社数社が、オリンピック取材のために近隣のヨーロッパの都市からストックホルムへと記者を派遣した。ただ、記者を派遣した新聞であっても、オリンピックが、今日のようにトップニュース扱いになることはなく、紙面にはオリンピック関連の記事は控えめに掲載されているだけであった。勝敗の結果だけを端的に表現した記事が圧倒的に多く、勝敗が

決まるまでの途中経過、選手の感情や観客の興奮ぶりを描写した記事は、ほとんど見当たらない［浜田，2016：30-31］。現在では、ストックホルム五輪の開会式で入場行進する日本選手団の写真を見ることもできるが、こうした写真が当時の新聞に掲載されることもなかった［浜田，2018：23］。

　しかしオリンピックの報道は次第に充実していく。新聞社の取材体制は強化され、記事の内容も、単なる勝敗や記録だけを伝える報道から、競技の状況や選手のコメントを伝える報道、選手団の出発から帰国までを一つながりのストーリーとして物語る報道へと変化していく。1928 アムステルダム五輪では、日本選手として初めて 2 人の選手がオリンピックで優勝するが、この頃には、オリンピック報道は紙面の目立つ位置に大きな見出しとともに掲載されるようになっている［浜田，2018：32-33］。

　オリンピックがメディアによって大々的に報じられ、また報道内容に質的な転換もみられるのは、1932 ロサンゼルス五輪である。有力新聞社はこれまでになく多くの特派員を現地に派遣し、写真やニュース映画の入手と輸送をめぐって激しい競争を繰り広げた［浜田，2016：38-42］。この時には、「実感放送」（アナウンサーが競技場で見たものを記録して原稿におこし、スタジオで、あたかも眼前で展開する競技の模様を実況しているかのように読み上げる放送）という形式であったが、日本向けのラジオ放送も初めて実施された。オリンピックは、ただ紙面で文字を読むものから、目で見たり耳で聴いたりして体験するものへと変化していったのである。

　1936 ベルリン五輪では電送写真が活用され、全国各地の新聞に大会の写真がほぼ時間差なく掲載された。主要新聞社は、有名作家を現地ベルリンに派遣して観戦記を送らせたほか、国際電話によるインタビュー記事も掲載した［浜田，2016：46-50］。ラジオでは実況中継が行われた。熱狂的な応援実況として後々まで語り継がれるのが、女子 200m 平泳ぎ決勝の「前畑がんばれ」である。開催国ドイツに目を移せば、ベルリン五輪では、映像技術の進歩も際立っていた。この大会では、ベルリン市内に設けられた 25 の会場だけであったが、オリンピック史上初めてテレビでオリンピックを観ることが可能となった。レニ・リーフェンシュタールの記録映画（「民族の祭典」「美の祭典」）も、宣伝省の支援を受け、競技中の選手を間近で捉える映像や高所からの映像を撮影するための新たな技術的工夫を多く取り入れながら、制作された［瀬川，2001：204-208］。これらは、オリンピックを成功に導くうえでメディアの活用が必須であるとナチス・ドイツ

が認識していたことのあらわれでもあった。

　ベルリン五輪の開幕前には、1940年大会の東京開催が決定していた。1940東京五輪に向けて日本もテレビジョンの開発を加速させた。日本放送協会の技術研究所では、当時のテレビジョン研究の第一人者、浜松高等工業学校の高柳健次郎を嘱託として招聘、190名以上の技術者を動員して開発を進め、結果的に、戦後のテレビ放送発展の基盤が形成された［浜田，2018：88］。高柳らによって作られたテレビジョン中継放送用自動車は、戦後のテレビ本放送開始前に全国を巡回実験して回った「テレビカー」の原型になった［飯田，2016：337］。

4.　テレビが伝えるオリンピック

　第二次世界大戦後のオリンピックで重要なメディアとなるのは、テレビである。日本のテレビ放送は1953年2月に始まった。開始当初のテレビ受像機は高額で、人々は街頭テレビでテレビ放送に接した。街頭テレビで人気を集めたのが、プロレス、野球、相撲などのスポーツの中継で、これらが初期の日本におけるテレビ放送の発展を支えた。やがてオリンピックでもテレビが活用される時代が到来する。

　オリンピックでは、1936ベルリン五輪に続き1948ロンドン五輪でも、イギリス国内（主にロンドン）だけという限定こそあれテレビ中継が行われていた［The Organising Committee for the XIV Olympiad London 1948, 1951: 120-122］。だが、衛星中継の技術が確立されるまでは、オリンピックをテレビで見ることができた人々は限られていたし、オリンピックの側もテレビに多大な期待をすることはなかった。

　例えば1960ローマ五輪では、21ヵ国（ヨーロッパの18ヵ国とアメリカ合衆国、カナダ、日本）でテレビ放送が行われたにすぎなかった［The Organizing Committee of the Games of the XVII Olympiad, 1960: 382-383］。日本では、ビデオテープやフィルムを空輸して放送が行われ、放送時間は計15時間35分であった［日本放送協会編，1961：26］。短波を使ってコマ撮りフィルムを中継するという試験的試みもあったが、1時間かけてわずか15秒の画像しか送ることができなかった［日本放送協会編，1977a：605］[1]。

　しかし、1964東京五輪では、「テレビ・オリンピック」といわれるほどになった。開催国日本では、多くの人々がテレビを通してオリンピックを見た。大会期間中

にテレビで東京五輪を視聴した人は、国民の 97.3 パーセントに達し、最も視聴率の高かった女子バレーボール日本対ソ連の視聴率は、85.0 パーセントを記録した［日本放送協会放送世論調査所，1967：232-233］。大会期間中の放送時間は、NHK のテレビ中継だけでも計 146 時間 20 分、一日平均 10 時間に及んでいた［日本放送協会編，1965：22］。映像の中身をみても、一部の競技でカラー放送を実施、スローモーション映像、接話マイクロフォンなどが駆使された。マラソンでは、ヘリコプターや防振装置つきの移動中継車を用いて完全テレビ中継も実現した。

　東京五輪では国外向け放送も、ローマ五輪以上の規模で行われた。1957 年 10 月にソ連が人工衛星スプートニク 1 号の打ち上げに成功したことにより、米ソの宇宙開発競争は過熱し、人工衛星を活用した情報通信技術の開発も進んだ。1962 年 7 月には、アメリカがテルスター 1 号を打ち上げ、アメリカからヨーロッパへのテレビ中継が実現、1963 年 11 月には、翌年の東京五輪を見据えて、日米間でリレー 1 号による実験が行われた。リレー 1 号による実験時にケネディ大統領が暗殺され、このニュースが家庭のテレビに鮮明に映し出された。1964 年 8 月には、東京五輪の衛星中継（当時は「宇宙中継」と呼ばれた）を行うためにシンコム 3 号が打ち上げられ、これを使って、東京五輪の模様は全米へ、さらにはカナダやヨーロッパへと届けられた。この衛星中継を行ったのは 23 ヵ国である。東京五輪では、空輸による放送やフィルムサマリーによる放送を入れると、計 70 ヵ国 104 放送機関でテレビ放送が実施された。オリンピックは、開催国が自国の技術レベルの高さを対外的に発信していく機会であった。そうしたオリンピックの位置づけは、ナチスが威信をかけて放送や通信に関する設備を整えた 1936 ベルリン五輪で決定的となり、その後も引き継がれていた。日本もまた、オリンピックが技術開発の目標となることを、1964 東京五輪で改めて意識したといえるだろう。

　日本におけるオリンピックのテレビ放送を重視する姿勢は、東京五輪後も変わらなかった。代々木に建設されたオリンピック放送センターが恒久的な NHK 放送センターとなったことに象徴的に示されているように、東京五輪放送の経験は日本の放送界の遺産となった。1968 メキシコ五輪で NHK は、EBU（ヨーロッパ放送連合）、TSM（メキシコテレビ放送網）、ABC（アメリカ放送株式会社）とともに国際映像の制作に参加、陸上、体操、水泳、バレーボールの中継を担当した［日本放送協会編，1969：58-60］。1976 モントリオール五輪以降は、1980 モスクワ五輪を除き、NHK と民放との混成チームを結成して、日本向けオリン

ピック放送が共同で制作されるようになった（当初は「ジャパンプール」、後に「ジャパンコンソーシアム」）［日本放送協会編，1977b：101-102；NHK放送文化研究所編，1997：103］。放送権交渉から番組制作までを共同で行うのには高額化する放送権料への対応という側面もあったが、これは、オリンピックが、民放各局にとっても魅力的なコンテンツとして定着していたことの証しである。冬季大会では、1972札幌冬季五輪で、オリンピック史上初のオールカラー放送が行われた。東京五輪時と同様に、NHKが中心となってテレビ放送権交渉、テレビ・ラジオ放送設備の整備、国際映像の制作が行われた［札幌オリンピック冬季大会組織委員会編，1972：296-305］。

　オリンピック放送の充実に伴い、放送権料も高騰していった。テレビ放送の実施に放送権料が発生することがオリンピック憲章で定められたのは1958年のことである。放送権料は、1964東京五輪で160万ドル程度であったが、1968メキシコ五輪では980万ドル、1976モントリオール五輪では3490万ドル、1984ロサンゼルス五輪では2億8690万ドルになった［IOC, 2019: 27］。オリンピックを商業的に成功させたといわれるロサンゼルス五輪では、聖火リレーの販売、一業種一社に限定してオリンピックに関する独占的マーケティング権を与えるスポンサー契約（ただし、この時はアメリカ国内のみ）が行われた。この大会では、テレビ放送権料も重要な収入源とみなされ、アメリカの放送局ABCが、これまでになく巨額の放送権料（2億2500万ドル）を支払って、放送契約を締結した［日本放送協会総合放送文化研究所放送史編修部編，1981：7］[2]。放送番組のセールスを含め、日本国内のオリンピック関連のビジネスに電通が独占的に関わるようになったのも、ロサンゼルス五輪である［電通100年史編集委員会編，2001：325-327；日本民間放送連盟編，2001：83］。

　ロサンゼルス五輪後も放送権料は高騰し続け、2016リオ五輪では28億6800万ドルとなっている。2013年から2016年にかけてのIOCの収入のうち73％が放送権料で、現在のIOCは放送権料に大きく依存している［IOC, 2019: 6］。中でもアメリカの放送局の動向は極めて重要で、1988ソウル五輪は3大ネットワークが競争したのちにNBCが獲得、これ以降も、夏季大会ではNBCが連続して放送権を獲得している[3]。NBCは2000年代に入ると複数大会を同時に契約し、大会運営により大きな影響力を行使するようになった。NBCは2014年段階で、2032年までの全大会の放送権料を獲得している［IOC, 2014］。

　放送権料がIOCの重要な収入源となるにつれ、オリンピック種目には、メデ

ィア映えすることや、高い視聴率を稼ぎだすことが求められるようになった。バレーボールでは、テレビで見やすくなるよう、試合時間の短縮と得点方式の簡素化が行われた。陸上では、競技時間の短縮と CM 挿入の固定化を求めるテレビ業界の要望に応じて、フライングを各選手1回まで認めるルールが、フライングが認められるのは全体で1回だけで2度目のスタートでフライングした選手は失格とするルールへと改正された。柔道着のカラー化も進んだ。競技日程も、1988 ソウル五輪以降は、多額の放送権料を支払うアメリカのプライムタイムにあわせて変更が行われるようになった［須田，2002：118-140］。メディア向けにスポーツが変わり、しかも午前中や深夜に決勝を行うなど選手のコンディションが無視される事態が生じてきたのである。東京 2020 オリパラ大会が酷暑の中の開催となるのも、アメリカをはじめとするテレビ局の希望に配慮してのことである。

　ここまで見てきたような「テレビが伝えるオリンピック」には、どのような特徴があるだろうか。オリンピック報道は、テレビ登場以前の 1932 ロサンゼルス五輪の頃から、日本選手のことを「我が選手」と呼び、「日の丸」や「君が代」を強調するなど、次第に人々の国民意識に働きかけるものへと変化していった。そうしたオリンピック報道のナショナリスティックな論調は、その後もほぼ変わっていない。ただ、メディアの形式面は大きく変化した。このロサンゼルス五輪では、ラジオ放送が行われたとはいえ、まだ鮮明な音が聴き取れたとは言い難く、聴取できた地域も限定的であったと考えられる。オリンピックのラジオ放送は、聴覚的な経験をつくりだしたが、初期段階ではラジオ放送を書き起こしたものが雑誌に掲載されることも少なくなく、ラジオと活字メディアとは相互補完関係にあった。テレビの時代になると、ナショナルな物語は、紙面で語られるだけではなく、映像が映し出す選手や観客の表情やアナウンスの抑揚など、様々な要素が肉付けされて語られるようになった。また録画技術の発達とともに、特定の映像が繰り返し流され、それが各大会や各時代の集合的記憶として継承されていくことも多くなっている。

　「想像の共同体」という点でいうと、新聞以上の同時性がラジオ放送によってもたらされ、さらにテレビが、同時に見るという体験を創り出した。テレビを介して人々が同時にオリンピックの生中継を観戦する、そのことによって「日本という国民国家」が想像されていく、といった状況は、1964 東京五輪の頃に新しく生じたものである。一方で、オリンピックのテレビ放送では「国際映像」が作

られていて、映像自体には普遍性が求められ、人々は自ら帰属する国家がどこであるかとは関係なく、同じ映像を目にした。内容面でのナショナリズムを鼓舞するような表現（これらはアナウンス・解説や編集の仕方で生み出される）とは別に、こうした形式（メディアが媒介する人と人とのつながり）にも、注目しておく必要がある。また、既に述べた通り、オリンピックのテレビ放送の技術開発や準備の原動力にはナショナリスティックな意識や思惑があることも多い。

5.　オリンピックとインターネット

　テレビがオリンピックを伝える最も重要なメディアであることは、今日においても変わらない。だが、近年のメディア環境の急激な変化を考えると、オリンピックの中でインターネットがいかなる役割を果たしているかも重要な検討課題である。

　オリンピックで競技のネット中継や SNS による情報配信が本格的に行われるようになったのは、2012 ロンドン五輪からである。もっとも試み自体はそれ以前からあり、競技のネット配信が始まったのは 2008 北京五輪で、中国の CCTV やアメリカの NBC は、テレビでの放送時間を超過する量の試合をネットで配信した［IOC, 2009］。日本でも生中継ではなかったものの北京五輪の競技映像は動画配信され、2010 バンクーバー冬季五輪からはライブストリーミングが始まった（計 58 本、総再生時間 130 時間超）［『朝日新聞』2008.8.14；石川・小山, 2010］。2012 ロンドン五輪では、大幅に拡大して 1100 時間を超えるライブ中継が配信されたが、オリンピックをネットで見た人は少数派で 1 割にもみたなかった［笹川スポーツ財団, 2014：207-208；深田, 2012］。2016 リオ五輪ではネット配信量はさらに増加したが、オリンピックにおけるネット活用は今なお試行錯誤の段階にある。

　一般的にみて、人々のスポーツへの関わり方は、インターネットによって大きく変化してきた。スポーツは、インターネットの発達前までは、新聞・テレビなどのマス・メディアや競技別に特化した雑誌で語られ伝達されていくものであった。マス・メディアは競技結果を伝えるのに加え、スポーツに関して種々の物語を創り出し、それを発信してきた。選手の言葉もまた、マス・メディアを介してしか、ファンに伝わらなかった。そうした状況は、選手個人のホームページやブログ開設によって少しずつ変化していたが、SNS の登場で、さらに大きな変革

がもたらされた。テレビを視聴しながら SNS で試合結果や感想をつぶやき、離れた場所にいる人たちと思いを分かち合う光景も日常的にみられる。より手軽な方法で、選手とファンとの日常的な結びつきが生まれ、誰もがスポーツ情報の送り手となることが可能になったのである。

　SNSの登場と普及は、オリンピックにもインパクトを与えている。IOC は、選手や大会関係者がSNSを用いてオリンピック体験を発信し、友人・家族やファンと共有することを奨励する一方で、SNS がオリンピックの商業利用につながることを強く警戒している［IOC, 2015；2017］。公式スポンサーの権利を保護するためとして、大会期間中、公式スポンサー以外の企業が自社の支援するオリンピック出場選手を SNS 上で応援することや、大会に関する選手の SNS 上の発言をリツイートすることも、2016 リオ五輪や 2018 平昌冬季五輪では禁止されていた［BBC, 2016］。これらはアンブッシュ・マーケティング（便乗商法）であるというのである。放送権にも配慮して、選手や大会関係者が SNS 上に、試合会場等で撮影した動画や音声をアップすることも、禁止されたり規制が加えられたりしている。もちろんオリンピックマークや大会エンブレムの利用も認められない。IOC の二大収入源である放送権収入とスポンサー収入を守るため、SNS の利用方法をコントロールせざるをえないというのが、現在の IOC のスタンスである。

　インターネット時代には情報の内容や流れをコントロールしにくくなっていることも、オリンピックの主催者たちにとっては脅威であろう。マス・メディアと競技団体等との関係は非常に密接であるため、スポーツ・イベントの運営に関する利害対立、競技団体による選手の不当な取り扱いなどは、これまで表面化しにくかった。マス・メディアのゲートキーピング機能で報道対象にならない事柄が多くあったのである。報道機関と報道対象との癒着が見られるのはスポーツに限ったことではないが、「娯楽」のジャンルに位置づけられるスポーツではとりわけ両者の馴れ合いが黙認されてきたと考えられる。最近、スポーツ報道の中で、感動を創り出し消費するタイプの報道ではないもの——いわゆる「評論」「論説」「批判」に分類できる言説——も多くみられるようになっているのには、SNS の発達によってスポーツの競技結果以外の様々な側面が浮き彫りとなり人々の間で容易に共有されるようになっていることも影響しているだろう。マスメディアも、ネット上で飛び交う一般の人々や選手の意見を無視できなくなっている。先述したアンブッシュ・マーケティング規制に関しても、イギリスの陸上選手ケリー・サザートンが、薬物使用を野放しにする一方でスポンサーとの関係を過度に問題

視する IOC をツイッター上で批判し、それが、各国メディアで拾い上げられている［BBC, 2016］。

　一方、競技のネット中継は、オリンピックを携帯電話やタブレット端末で移動しながら視聴することを可能にしている。また多数の動画が配信されることにより、人によって各時間にどの競技をみるかが選択できるようになった。日本ではネット配信の前段階として、1988 年（カルガリー冬季五輪、ソウル夏季五輪）から始まった衛星放送が、オリンピック放送の時間と対象競技を増加させていた。1964 東京五輪後に研究開発が検討され始めたという衛星放送とハイビジョン放送は、1980 年代や 90 年代のオリンピックで実用化し、多チャンネル時代のスポーツ視聴のあり方を決定づけたといっても過言ではない［日本放送協会編、2001：202-229］[4]。高性能のテレビで海外の様々なスポーツの試合を視聴することが、スポーツの一つの楽しみ方として定着していった。そしてその状況を再び変えているのがインターネットによる動画配信で、世界中の各種スポーツをネット配信するダゾーン（DAZN）のサービスが日本でもスポーツファンに定着しつつある［小柳、2019］。

　現時点ではオリンピックの場合、ネット配信の競技動画には、音声（アナウンスと解説）がないものもある。そうした映像を視聴者が見続けることができるかという疑問はあるが、試合がこうした形式で配信されることによって映像が映し出しているものについての解釈がより開かれたものとなっている。人々の関心は、テレビの時代の時よりも拡散している。

6.　パラリンピックの報道

　最後に日本のメディアはパラリンピックをどのように伝えてきたのかを確認しよう。現在ではオリンピックとパラリンピックを可能な限り同等に扱うべきだという意識が根付いてきているが、パラリンピックが軽視される時代は長らく続いていた。

　パラリンピックは、1948 ロンドン五輪にあわせて、ロンドン郊外のストーク・マンデビル病院で開催された脊髄損傷者のリハビリテーションを目的とした運動会が起源となっている。その後ストーク・マンデビル大会は毎年開催され、1952 年大会からは国際大会へと成長、1960 ローマ五輪の終了後にローマで開催された国際ストーク・マンデビル大会が、今では第 1 回パラリンピック大会とみ

なされている。パラリンピックは、最初の 2 大会（ローマ、東京）はオリンピックと同都市で開催されたが、その後の 5 大会はオリンピックとは別の場所で開催され、1988 年のソウル大会から再びオリンピックと同都市開催になった。1976年からは冬季大会も始まった。

　日本が国際ストーク・マンデビル大会に出場したのは 1962 年からである。選手派遣を進めたのは、ストーク・マンデビル病院への留学経験のある医師、中村裕で、派遣された 2 選手も中村の勤める病院の患者であった。この時 NHK は、NHK 厚生事業団が選手派遣を支援したこともあってか、日本代表の出発などをニュースで報じた［崎田，2015］。新聞でも、出場選手が帰国後に皇太子夫妻と卓球の試合をしたと報じられている。第 1 回パラリンピック（1960 年ローマ）については、朝日・読売・毎日といった主要全国紙での報道はない。1962 年のストーク・マンデビル大会への日本選手初参加が、障がい者スポーツが社会的に認識されるきっかけとなっていたと推測できる。

　1964 年、東京五輪閉幕後にパラリンピックが開催されると、日本のマス・メディアは障がい者スポーツを初めて真正面から取り上げた。新聞社は、大会の資金不足を紙面で報じ、パラリンピック開催のための寄付金を集めることにも一役買った［寺田，1965］。パラリンピック報道は、社会復帰が遅れている日本の障がい者の状況を浮き彫りにした。新聞記事は、外国選手が自立して社会生活を送っていることを強調していて、これには啓蒙的な意味合いがあった。一方で当時の報道は、開会式などのセレモニー、選手の職業、外国の福祉政策などを伝えるだけで、スポーツとして競技を捉えて種目や記録を解説することはほとんどなかった。テレビでは、NHK が「開会式中継」「車いすバスケットボール中継」「車椅子競走録画」を各 30 分放送し、これらは障がい者スポーツの映像を視聴者に届けるという点で意義があったが、一連の放送を全体としてみれば、障がい者の社会復帰という側面が強調されていたようである［崎田，2015］。

　こうしたスポーツ面の軽視が、以後のパラリンピックのメディアにおける位置づけに反映されていく。開催地が日本の国外に移ると、パラリンピックへの関心は消滅した。藤田紀昭によると、パラリンピック期間中の関連新聞記事数は、1964 年東京大会後は、1998 年長野大会の前まで、かなり少なく、1994 年リレハンメル大会までの間はスポーツ面での記事掲載はほぼ皆無であった［藤田，2013：54-56］。筆者が朝日・読売・毎日をみた範囲でも、例えば、東京大会の次の 1968 年テルアビブ大会はほとんど報じられていない。1996 年アトラ

ンタ大会でも、1人で金メダルを5つ獲得した成田真由美選手が1面で取り上げられたり、「アトランタまだ五輪」と車いす競技の接戦の模様をとらえた写真が特別に掲載されたりしてはいるものの［『朝日新聞』1996.8.25；『毎日新聞』1996.8.20］、大半はベタ記事で扱いは極めて小さい。アトランタ大会では、日本からは81選手が参加し、計37個のメダルを獲得したにもかかわらず、である。

　日本におけるパラリンピックの位置づけが再び変化する転換点となったのが、1998年長野大会である。長野大会では報道量がかなり増え、2000年シドニー大会以降は、記事がスポーツ面で扱われることが最も多くなっている（長野大会以前は社会面に掲載されることが多かった）［藤田，2013：55］。

　放送に関しても、NHKのパラリンピック放送は、長野大会以降に本格的なものになった。アトランタ大会では、パラリンピックの番組企画を通すのも難しかったようであるが［『朝日新聞』1996.8.16］、シドニー大会では、NHKによる放送時間は長野大会の約1.5倍（ラジオも含めて計45時間）となり、総合テレビでの日々のハイライトも、長野大会の15分から、50分へと拡充された［NHK放送文化研究所編，2001：7］。

　長野大会は、インターネットの普及初期と重なっていたことも重要である。長野大会では、インターネットで5競技27種目の中継が行われ、放映時間は延べ82時間、世界からのアクセス数は2万1094件となった。これは、パラリンピックでは放送権が開放されていたから実現したことであった［吉井，1998］。オリンピックに比べて、一般の関心が低く主流メディアに乗ることが極めて少なかった当時のパラリンピックの場合は、インターネットというメディアの力を借りてこそ、競技の映像を配信しその存在をアピールすることができた。

7.　東京2020オリンピック・パラリンピックに向けて

　2013年9月、東京2020オリパラ大会の開催が決定した。日本で2度目の夏季五輪を首都東京で開催するのは既定路線であったわけではなく、一つ前の2016年大会も含めれば福岡、札幌、広島、長崎でも招致の動きがあった。開催理念が曖昧な東京に対し、特に広島・長崎の立候補については、「平和」を訴えるのに最適であるという評価もあった。結果的に、東日本大震災を経て、東京大会の意義は「震災復興」と絡めて語られるようになり招致成功へとつながっていった。大会開催の目的や大会をめぐる人々の態度についてのイメージ形成には、マス・

メディアが関与している⁵⁾。開幕まで 1 年を切った現在においても、2020 大会をめぐって社会的合意が形成されず、「何のためのオリンピックか」という意見がくすぶっているのだとすれば、それは、マス・メディアの言説上において東京五輪の理念や意義に関して説得力のある説明がなされてこなかったということである。

　一方で、東京 2020 オリパラ大会に向けて、日本を代表する新聞社は、次々と同大会のスポンサーとなっていった。現在までに、読売新聞社、朝日新聞社、日本経済新聞社、毎日新聞社、産業経済新聞社、北海道新聞社の計 6 社がスポンサー契約を締結した。これは、スポーツ・イベントが、メディアの事業活動として発展してきたという日本のメディアとスポーツとの蜜月関係の延長線上にある動きであった。日本の新聞社はテレビ局とも提携関係にあることから、大会運営に対する批判や大会に不都合な事柄は、大手マス・メディアでは取り上げられにくくなっている。報道面では公正な活動を行っていくと宣言した新聞社も多いが、このスポンサー契約が存在することの影響は無視できない。招致成功後も、予算規模、競技場、エンブレム、招致をめぐる贈賄疑惑などを巡って様々な問題が噴出してきた。とりわけ大会招致の根幹にかかわる贈賄疑惑は、報道対象とはなっても、組織や個人の説明責任を問いただすにとどまり、外国メディアが指摘していた電通の関与も日本のメディアではあまり取り上げられなかった。オリンピックを真っ向から否定することや日本のマス・メディアを取り巻く根本的な仕組みを暴露することにつながる「論点化」は巧妙に避けられてきたといえる。

　インターネット時代の今日、日頃からマス・メディアへの不信感を募らせている市民は多い。オリンピックに関してジャーナリズムが批判的視点を捨て去ることは、マス・メディア不信の高まりにさらなる拍車をかけることにつながりかねない。復興五輪といいながら被災地を軽視している、オリンピックのボランティアは「やりがい搾取」である、といった批判も、既存マス・メディアを介さない情報回路が生まれていることから盛り上がっていった。オリンピック大会全体としてみても、IOC や組織委員会の公認ではないジャーナリストがデジタルメディアの普及とともに増加し、こうしたジャーナリストの存在と、ソーシャルメディアを活用した市民主導のジャーナリズムの存在は、近年の大会では無視できなくなってきている [Miah, 2017：訳書 242-264, 336-359]。メディア・イベントとしてのオリンピックの変容・変革という観点から 2020 オリパラ大会をみると、これまで放送局や新聞社が独占してきたスポーツをめぐる権益がインターネット

の登場と普及、とりわけ SNS の台頭により揺るがされていることは明らかである。

　インターネットは、オリンピックをめぐる世論形成だけではなく、新たなスポーツ体験にも関わっている。日本では、リオ五輪の競技の中継・ハイライトの配信が、NHK のサイトと日本民間放送連盟が運営するサイトで、それぞれ 2000 時間を超えて行われ、ロンドンの時と比べると 4 倍に増えた（笹川スポーツ財団、2017：217）。2020 年 3 月からは NHK がネットで放送の常時同時配信を開始する予定であり、東京大会ではリオ大会以上にスマートフォンやタブレット端末で競技を見る人が多くなるだろう。これは、テレビとネットの垣根が崩壊していく昨今のメディア環境の反映でもある。また、オリンピックの最上位スポンサーのインテル社は、東京五輪開幕に先立ち e スポーツの大会を開催する計画を発表している。ここからスポーツの行われる場所のあり方やスポーツの定義そのものが問い直されるかもしれない。

　インターネットと結合したオリンピックは、メディア・イベントとしての性格を維持しつつ、その求心力を強める方向に発展するのか、それとも市民からの様々な批判によって綻びをみせ衰退するのか、東京 2020 大会を前に岐路に立っている。一方、パラリンピックは、自国開催となる東京 2020 大会が再度の転機となって、メディア・イベントとしての側面を強めるだろう[6]。共生社会を掲げ商業主義的イメージも薄まるパラリンピックは、オリンピックと比べて批判の対象にはなりにくい。2020 年のパラリンピック報道は、障がい者を取り巻く社会環境を好ましい方向へ変える可能性がある。だが、オリンピックのたどった歴史からいってメディア露出の増加がやがて過剰な商業化へつながっていくことにも留意したい。

【注】
1)　日本初のテレビのオリンピック放送は 1956 メルボルン五輪で行われている。15 分程度のオリンピックニュースの中で、テロップで結果を放送した後に現地取材フィルムを用いるといった簡単なものであった［日本放送協会編、1957：27］。
2)　アメリカでの放送権料高騰のあおりをうけて日本側が支払う放送権料も 1850 万ドルと高騰した［『朝日新聞』1983.1.27］。
3)　冬季大会は、1998 長野冬季五輪までの 3 大会は CBS が獲得、NBC が放送権を持つようになったのは 2002 ソルトレークシティ冬季五輪からである。
4)　ハイビジョンでオリンピックが初めて収録されたのは、1984 ロサンゼルス五輪であった。1988 年のカルガリー冬季五輪、ソウル夏季五輪では、衛星第 1 で長時間中継が行われ、衛星放送受信世帯を増加させた。1990 年代の大会では、大会ごとにハイビジョ

ン放送の放送時間が増加していった。
5)　マス・メディアは、オリンピックを推進する言説のみならず、オリンピックを批判する言説の形成にも関わっている。招致決定直後のテレビ報道を分析した水出幸輝によると、テレビでは、東京の人はオリンピックに当然賛成だが被災地・福島の人々は東京大会に否定的であるといったイメージが作られていったが、これらは世論調査の明らかにしている実態（東京にもオリンピック反対の市民は多く、東北にもオリンピック賛成派はそれなりにいた）とは明らかに異なるという［水出，2016］。
6)　NHK のリオ大会放送時間は、総放送時間量は約 133 時間で、ロンドンまでの 4 大会と比べると 3 倍だった［山田，2017：12］。スカパー！は、2008 年北京大会頃から障がい者スポーツの放送に取り組んでいたが、ソチ冬季大会では、初めて 24 時間専門チャンネルを設け、パブリック・ビューイングや SNS も駆使して様々な展開を行った。この傾向は東京大会へと引き継がれるはずである［古山，2014］。

【参考文献】

BBC, 2016, "Rio Olympics 2016: Athletes Could Face Sanctions over Controversial Rule 40", BBC. Retrieved August 22, 2019, https://www.bbc.com/sport/olympics/36909409

Dayan, D. and Katz, E., 1992, *Media Events: the Live Broadcasting of History*, Harvard University Press.（浅見克彦訳，1996，『メディア・イベント―歴史をつくるメディア・セレモニー―』，青弓社）

電通 100 年史編集委員会編，2001，『電通 100 年史』，電通.

藤田紀昭，2013，『障害者スポーツの環境と可能性』，創文企画.

深田晃司，2012，「ロンドンオリンピック視聴時におけるメディア利用について」『放送研究と調査』62(12)，22-31.

古山智恵，2014，「スカパー！編成部長 国武氏に聞く　24 時間専門チャンネルで伝えた ソチ冬季パラリンピック完全放送の挑戦」『New media』32(7)，8-10.

浜田幸絵，2018，『〈東京オリンピック〉の誕生―1940 年から 2020 年へ―』，吉川弘文館.

浜田幸絵，2016，『日本におけるメディア・オリンピックの誕生―ロサンゼルス・ベルリン・東京―』，ミネルヴァ書房.

飯田豊，2016，『テレビが見世物だったころ―初期テレビジョンの考古学―』，青弓社.

飯田豊・立石祥子編，2017，『現代メディア・イベント論―パブリック・ビューイングからゲーム実況まで―』，勁草書房.

IOC, 2009, *Global Television and Online Media Report: Games of the XXIX Olympiad, Beijing 2008*, IOC.

IOC, 2014, "IOC Awards Olympic Games Broadcast Rights to NBCUniversal through to 2032", IOC.

IOC, 2015, *IOC Social and Digital Media Guidelines for Persons Accredited to the Games of the XXXI Olympiad Rio 2016*, IOC.

IOC, 2017, *IOC Social and Digital Media Guidelines for Persons Accredited to the XXIII Olympic Winter Games PyeongChang 2018*, IOC.

IOC, 2019, *Olympic Marketing Fact File 2019 Edition*, IOC.

石川佳寿・小山智史，2010，「バンクーバー・冬季オリンピックライブストリーミングの実施について」『映像情報メディア学会誌―映像情報メディア―』64(5)，718-720.

小柳暁子，2019，「映画より深く、テレビより速く―有料動画配信サービスの第 2 の波―」『AERA』32(35)，34-38.

MacAloon, J., 1981, *This Great Symbol: Pierre de Coubertin and the Origins of the Modern Olympic*

　　Games, University Chicago Press.（柴田元幸・菅原克也訳，1988，『オリンピックと近代─評伝クーベルタン─』，平凡社）

Miah, A., 2017, *Sport 2.0: Transforming Sports for a Digital World*, The MIT Press.（田総恵子訳，2018，『Sport 2.0 ─進化する e スポーツ，変容するオリンピック─』，NTT 出版）

水出幸輝，2016，「2020 年東京オリンピック・パラリンピック開催決定と他者─テレビ報道を事例に─」『スポーツ社会学研究』24(1)，79-92.

NHK 放送文化研究所編，1997，『NHK 年鑑 1997 年版』，NHK 出版.

NHK 放送文化研究所編，2001，『NHK 年鑑 2001 年版』，NHK 出版.

日本放送協会編，1957，『NHK 年鑑 1958 年版』，日本放送出版協会.

日本放送協会編，1961，『NHK 年鑑 1962 年版第 1』，日本放送出版協会.

日本放送協会編，1965，『第 18 回オリンピック東京大会放送実施報告書』，日本放送協会.

日本放送協会編，1969，『NHK 年鑑 1969 年版』，日本放送協会.

日本放送協会編，1977a，『放送五十年史』，日本放送出版協会.

日本放送協会編，1977b，『NHK 年鑑 1977 年版』，日本放送出版協会.

日本放送協会編，2001，『20 世紀放送史（下）』日本放送出版協会.

日本放送協会放送世論調査所，1967，『東京オリンピック』，日本放送協会放送世論調査所.

日本放送協会総合放送文化研究所放送史編修部編，1981，『NHK 年鑑 1981 年版』，日本放送出版協会.

日本民間放送連盟編，2001，『民間放送 50 年史』，日本民間放送連盟.

Real, M., 1989, *Super Media: A Cultural Studies Approach*, Sage.

崎田嘉寛，2015，「東京パラリンピック大会（1964）に関するテレビ放送─NHK でテレビ放送された映像に着目して─」『スポーツ史研究』28，71-83.

札幌オリンピック冬季大会組織委員会編，1972，『第 11 回オリンピック冬季大会公式報告書』，札幌オリンピック冬季大会組織委員会.

笹川スポーツ財団，2014，『スポーツ白書 2014』，笹川スポーツ財団.

笹川スポーツ財団，2017，『スポーツ白書 2017』，笹川スポーツ財団.

瀬川裕司，2001，『美の魔力─レーニ・リーフェンシュタールの真実─』，現代書館.

須田泰明，2002，『37 億人のテレビピック─巨額放映権と巨大五輪の真実─』，創文企画.

寺田宗義，1965，「パラリンピックこぼれ話」，『厚生』20(1)，36-38.

The Organising Committee for the XIV Olympiad London 1948, 1951, *The Official Report of the Organising Committee for the XIV Olympiad*, The Organising Committee for the XIV Olympiad London 1948.

The Organizing Committee of the Games of the XVII Olympiad, 1960, *The Games of the XVII Olympiad Rome 1960: the Official Report of the Organizing Committee*, Volume1, The Organizing Committee of the Games of the XVII Olympiad.

津金澤聰廣編，1996，『近代日本のメディア・イベント』，同文舘.

津金澤聰廣編，2002，『戦後日本のメディア・イベント─1945-1960 年─』，世界思想社.

津金澤聰廣・有山輝雄編，1998，『戦時期日本のメディア・イベント』，世界思想社.

山田潔，2017，「NHK 文研フォーラム 2017 シンポジウム『パラリンピックと放送の役割─ロンドン・リオから東京 2020 に向けて』」『放送研究と調査』67(10)，4-27.

吉井勇，1998，「インターネット・ライブ中継が初の公式メディアとなった長野パラリンピック冬季大会」『New Media』16(6)，82-83.

吉見俊哉，1996，「メディア・イベント概念の諸相」，津金澤聰廣編『近代日本のメディア・イベント』，同文舘，3-30.

日本のユーススポーツ
：これからの運動部活動をどう構想するか

中澤篤史

1. 問われる運動部活動のあり方

　本章では、スポーツ文化の普及や発展にとって重要な役割を担っている、ユーススポーツを考える。

　取り上げる対象は、日本のユーススポーツの代表的な場である「運動部活動」だ。そしてテーマを、本書全体の趣旨に引きつけて、ポスト東京 2020 オリパラ大会の運動部活動をどう構想するか、に絞りたい[1]。いま、運動部活動のあり方を考えることが、日本のスポーツ文化のこれからにとって重要だと思われるからだ。

　筆者がそう思う理由は大きく 2 つある。1 つは運動部活動が、長らく日本のスポーツ文化を育み支えてきた土台であり、そのあり方を考えることはスポーツ文化の将来にとって重要だからである。この点は多くの読者がすぐに理解してくれるだろう。

　もう 1 つは、その運動部活動が東京 2020 オリパラ大会の招致が決定した 2013 年以降、大きく変化するように期待されているからである。望ましい運動部活動の姿を構想する、という古くからの課題が、いまだからこそ問うべきアクチュアルなテーマになっている。以下では、この点を説明したい。

　まず、東京 2020 オリパラ大会の招致が決まった 2013 年は、運動部活動の歴史を考える上で非常に重要な時期区分点となっている。戦前に誕生し、戦後に拡大してきた運動部活動は、近年、負の側面に注目が集まり、「ブラック部活」[2]

と呼ばれることにもなった。その画期となったのが2013年だった。

　2012年の年末、大阪市立桜宮高校バスケットボール部でキャプテンの生徒が、顧問教師からの体罰・暴力に苦しみ自殺した。ショッキングな報道で世間がそれを知ることになったのは、2013年だった。その詳細は島沢［2014］などのルポルタージュに譲って、ここでは繰り返さない。筆者が強調したいのは、この事件をきっかけとして、生徒を苦しめる運動部活動の負の側面に世間のまなざしが一挙に集中した、ということだ。ここから「ブラック部活」の新時代が始まった[3]。

　桜宮高校の事件に前後して、運動部活動での死亡事故も社会問題化した。2013年に、教育社会学者の内田良が著書『柔道事故』を出版した［内田，2013］。1983—2011年度の29年間に学校柔道で118名の生徒が亡くなっていて、その事故の多くは柔道部で起きている、という事実が明らかになった。運動部活動で繰り返されてきた死亡事故をきっかけに、生徒が「ブラック部活」の被害者になっている、という問題意識が広がった。

　では、体罰・暴力にしろ死亡事故にしろ、誰が生徒の生命を脅かしているのか？「ブラック部活」を生み出した犯人は誰だ？　犯人捜しが始まった。世間のまなざしが見つけた容疑者は、教師だった。

　「犯人は教師だ」という答えは、正しい場合もあるが（桜宮事件の顧問教師のように）、しかし、そう単純に言い切れないほどに事態は複雑だった。なぜなら、多くの教師もまた「ブラック部活」の被害者だったからだ。

　やはり2013年に、OECD（経済協力開発機構）が、世界34カ国の中学校教師の勤務時間を調査した。その結果、世界平均の週38.3時間に対して、日本は最も多い週53.9時間だった。主要因は「課外活動（スポーツ／文化）」で、OECD平均の2.1時間に対して、日本は7.7時間と、3.5倍以上の時間を費やしていた。

　同じく2013年、公立中学校教師の「真由子」先生が、ブログ「公立中学校 部活動の顧問制度は絶対に違法だ!!」を開設した［真由子，2013］。半ば強制的に顧問を任されて、土日も休めなくなる顧問教師の悲鳴は、ツイッターで伝わり、ネットで共感が広まり、署名活動も始まった。「部活がブラックすぎて倒れそう…教師に部活の顧問をする・しないの選択権を下さい！」との訴えに集まった2万3522人の署名が、文部科学省に提出された。

　生徒にとっての体罰・暴力と怪我・事故の問題が明るみになり、教師にとっての負担と労働問題が告発された。これらすべてが2013年の出来事だ。そして、

これらに通底するのは運動部活動の過剰さだ。いまや運動部活動は、やり過ぎて歯止めが利かなくなり、生徒と教師を苦しませる存在として扱われるようになった。2013年に始まった「ブラック部活」の時代とは、過剰な運動部活動が問題視される時代なのだ。

　他方で、日本のスポーツ全体を見渡すと、東京2020オリパラ大会の招致決定は、国内スポーツの行政と政策の再編につながった。その波に揺れる中で、運動部活動の位置付けも揺れ動いている。以下では、スポーツ庁の発足と自民党の運動部活動改革プランを取り上げて検討しよう。

　2015年に、文部科学省の外局としてスポーツ庁が発足した。これにより、運動部活動を扱う行政部局が変更になった。これまで運動部活動は、文部科学省の初等中等教育局やスポーツ・青少年局が扱っていた。運動部活動の学校教育活動としての側面を初等中等教育局が扱い、スポーツとしての側面をスポーツ・青少年局が扱い、両者のバランスを文部科学省という組織内で図ってきたといえる。

　しかし、スポーツ庁ができると、運動部活動を扱う中心的な行政部局は、スポーツ庁の政策課にある学校体育室となった。もちろん初等中等教育局がまったく部活動を扱わなくなったわけではない。後に見るように、初等中等教育局も学習指導要領を改訂したり、教育委員会や学校法人へ通知を出したりする際に、運動部活動を扱ってはいる。しかし、近年のもっとも大きな運動部活動政策といえる「運動部活動の在り方に関する総合的なガイドライン」（後述）は、スポーツ庁の主導で策定された。

　こうした行政上の扱いで見ると、運動部活動は、かねてからの教育としての側面よりも、スポーツとしての側面が強く押し出されるようになったと言える。

　すると運動部活動は、教育政策ではなくスポーツ政策との接点を大きく持つようになってくる。2018年3月に、自民党の「スポーツ立国調査会」（会長・馳浩衆議院議員）が、「ポスト2019・2020を見据えた地域スポーツの在り方検討小委員会」（委員長・遠藤利明衆議院議員）による議論の結果として、『運動部活動の抜本改革に関する緊急提言』を出した。

　この緊急提言は、2019ラグビーワールドカップおよび東京2020オリパラ大会後におけるスポーツのあり方を見据えて、「運動部活動の地域スポーツとの一体化」を打ち出した。これまで学校単位で運動部活動中心であった青少年スポーツのあり方を、これからは地域単位でスポーツクラブ中心になるように、抜本的に改革しようとする提言だ。

　この緊急提言では運動部活動の課題として、「過度の長時間練習」や「強制的な参加」、「厳しい練習を強いられる」ことなどを挙げている。ここでも、運動部活動の過剰さが問題視されているわけだ。その問題を解決するための方向性として、「地域との一体化」を提言しているが、運動部活動を地域へ移行しようとする試みはこれまで何度も失敗してきたし、課題も多く容易ではない[4]。

　であれば、過剰な運動部活動の問題を解決するために、他に方法は無いのか。運動部活動そのもののあり方をどうすべきなのか。ポスト東京 2020 オリパラ大会の運動部活動をどう構想すればいいのか。

2.　なぜ運動部活動は成立するのか

　本格的な議論を始める準備として、そもそも運動部活動とは何か、を考えておこう。多くの日本人にとって「部活」は自明の存在だ。しかし実は「部活」は、海外には見られない日本独特のスポーツ文化である。多くの諸外国では、ユーススポーツの中心は地域クラブであり、日本のように学校の運動部活動が盛んな国は珍しい［中澤，2017a］。

　では、なぜ日本では運動部活動がこれほど大規模に成立してきたのか。

　「授業みたいに部活もやらなきゃいけないんでしょ？　法律か何かで決まっているんじゃないの？」と思うだろうか。しかし、運動部活動は授業ではない。さらに授業を含む教育課程（カリキュラム）の中にも入っていない。運動部活動は教育課程の外にある活動、いわゆる課外活動だ。

　課外活動は、法律や制度によって決められているわけではない。「部活をしなさい」と命じる法律は無いのだ。

　現行の法体系を詳しく見てみよう。もっとも上位にある日本国憲法に、もちろん部活動は出てこない。そして教育基本法でも、学校教育法でも、同法施行令でも、同法施行規則でも、「部活動を実施しなさい」とは書かれていない。もっとも下位にある学習指導要領で、ようやく「生徒の自主的、自発的な参加により行われる部活動」という表現が出てくる。ここに書かれている通り、部活動は生徒による「自主的」な活動で、教育課程に含まれない。

　だから部活動は、授業とは違って、どの部を設置するか、誰がどのように受け持つか、どんな中身で活動するか、どんなスケジュールにするか、どれくらいの日数や時間で活動するかは、制度的に決まってこなかった。部活動をどうするか

は、それぞれの地域、学校、教師の判断に任されてきた。

　ただし、教師に任されてきたと言っても、大学での教職課程で、部活動に関する授業は用意されてこなかった。教師は現場に出て初めて、部活動の指導・運営の方法を模索する状況が続いてきた。こう考えると部活動は、制度と呼ぶことができないほどあいまいなもので、むしろ学校現場の実践が積み重なってできあがってきた慣習と言える。

　すなわち、法制度が運動部活動を成立させてきた、とは言えない。

　それでは、生徒や教師の一人ひとりの意志によって、運動部活動が成立してきたのか。学習指導要領で出てきた「自主的」という言葉からは、そのように想像したくなる。

　しかし、生徒と教師が部活動を望むどころか、部活動で生徒と教師が苦しんでいる現状がある。スポーツ庁［2018］「平成29年度運動部活動等に関する実態調査」の結果から見てみよう。

　表1は、運動部活動に参加する生徒の悩みだ。これを見ると、「特段の悩みや課題はない」という生徒が3～4割ほどいるが、逆に言えば、残りの6～7割ほどの生徒は運動部活動に悩んでいるということだ。

　詳しく見ると、「部活動の時間・日数が長い」と悩んでいる生徒が2割前後いる。この悩みに関連して、「学業との両立」「体がだるい」「眠くて授業に集中できない」と悩んでいる生徒もいる。

　次に、運動部活動の顧問教師の悩みを表2にまとめた。今度は、「特段の課題や悩みはない」と答えた教師はごく少数で、ほぼすべての教師が悩んでいることがわかる。

　もっとも多い悩みが「校務が忙しくて思うように指導できない」で、半数以上の教師がそう感じている。また「自身の心身の疲労・休息不足」「校務と部活動の両立に限界を感じる」と悩む教師も4割～5割ほどいる。他にも、3～4割の教師が「自身の指導力の不足」「自身のワークライフバランス」に悩んでいる。

　こうした実態を見ると、生徒や教師が運動部活動を望んでいるとは限らないことがわかる。すなわち、個人の意志が運動部活動を成立させてきた、とも言えない。

　こうして見ると運動部活動は、法制度が決めたわけではなく、また個人の意志が望んでいるわけでもなく、成立してきた。そのどちらでもなく、運動部活動は慣習として成立してきたのである。

　しかし、こうした慣習としての運動部活動のあり方が、いままさに問題になっ

表1　運動部活動に参加する生徒の悩み

	中学生	高校生
部活動の時間・日数が長い	19.5%	20.6%
学業との両立	16.7%	27.9%
体がだるい	15.6%	13.5%
眠くて授業に集中できない	12.1%	12.7%
他の生徒との関係	10.5%	6.7%
特段の課題や悩みはない	41.3%	34.7%

出典：スポーツ庁［2018］をもとに筆者作成。

表2　運動部活動の顧問教師の悩み

	中学	高校
校務が忙しくて思うように指導できない	55.0%	52.3%
自身の心身の疲労・休息不足	51.0%	41.1%
校務と部活動の両立に限界を感じる	47.8%	42.4%
自身の指導力の不足	44.7%	35.5%
自身のワークライフバランス	44.6%	35.9%
特段の課題や悩みはない	3.9%	5.0%

出典：スポーツ庁［2018］をもとに筆者作成。

ている。法制度が見て見ぬふりをしてきた結果、歯止めがかからず運動部活動が過剰になってしまった。過剰な運動部活動は、生徒と教師を苦しませることにもなった。だから、いまあらためて積極的に政策を打ち出す必要が出てきたのである。

　では、いま必要な政策とは、いったいどのようなものか。それを検討するためには、2つの視点が重要になる。1つ目の視点は、生徒がどのような運動部活動を望んでいるか、である。運動部活動のあり方が、生徒の望まないものであるならば、問題である。なぜなら運動部活動は、生徒による「自主的」な課外活動のはずだからであり、生徒が望まないようなあり方は本末転倒と言える。それゆえ運動部活動をどうするかは、生徒の思いを抜きにして決められない。

　しかし、それは何が何でも生徒の望み通りにする、という意味ではない。なぜなら、運動部活動を成立させるためには教師の支えが不可欠だからであり、その教師にとっての負担を考えなければならないからだ。生徒の思いに耳を傾けた上で、それを支える教師の側にも目を向けなければならない。「生徒のため」に奮闘する教師が疲弊して倒れそうになっている現状を看過してはならない。だから、運動部活動に必要な政策を考えるための2つ目の視点は、教師がどのように運動

部活動を支えられるか、である。

3.　運動部活動のあり方をめぐる政策動向

　いま、どのような運動部活動の政策が打ち出されているか。実は先述した、「地域との一体化」を謳う自民党の改革プランは突然出たものであり、今日の行政的な一連の流れとは別である。いまの運動部活動政策のメインストリームは、その過剰さを是正する「規制」をめざすものだ。その一連の流れを概観しよう。

　過剰な運動部活動の問題を解決するために、文部科学省は、2016 年 4 月に学校現場の「業務の適正化」をめざす専門チームを立ち上げて、6 月にその検討結果を報告した。そこでは、「部活動の負担を大胆に軽減する」と打ち出されて、「休養日の設定」、「ガイドラインの策定」、「部活動指導員の制度化」などが示された。

　2017 年 1 月には、文部科学省初等中等教育局とスポーツ庁が、休養日設定を含んだ「運動部活動の適切な運営」を求める通知を出した。3 月には、学校教育法施行規則が改正され、部活動等の指導・助言や各部活動の指導、顧問、単独での引率等を行うことを職務とする学校職員として「部活動指導員」が新設された。合わせて中学校学習指導要領が改訂され、部活動に「持続可能な運営体制を整え」ることが求められた（高等学校学習指導要領も、2018 年 3 月に同様の改訂）。

　続いて 5 月から、「運動部活動の在り方に関する総合的なガイドライン作成検討会議」が開始され、2018 年 3 月にガイドラインが公表された。このガイドラインには「総合的」という言葉が付いている。そのわけは、大阪市立桜宮高校での体罰事件を機につくられた 2013 年の「運動部活動での指導のガイドライン」を踏まえているからだ。その上で「指導」だけではなく、運営や管理、あり方全般を見直すために「総合的なガイドライン」がつくられた。

　この総合的なガイドラインは、「適切」「合理的」「効率的・効果的」な運動部活動のあり方を求めた。具体的には、「学期中は、週 2 日以上の休養日を設ける」ことや、「1 日の活動時間は、長くとも平日では 2 時間程度、学校の休業日（学期中の週末を含む）は 3 時間程度」にすることなど、運動部活動の規制が提言された。この意義は大きい。

　しかし、運動部活動を規制する新たなルールは、果たして現場に浸透していくのか。ガイドラインには、週 2 日休みといったルールが書かれているだけでなく、そうしたルールをこれからどうつくっていくか、という手続きについても書かれ

ている。

　ガイドラインは、まず都道府県にガイドラインに沿ったルールをつくることを命じていて、つぎにその都道府県ルールに沿って、市区町村や学校設置者にもっと詳細なルールをつくることを命じている。さらにその市区町村ルールに沿って、校長や教師が現場ルールをつくって、運動部活動を適切に運営することを命じている。

　このようにガイドラインは、ルールのつくり方のルールも記している。その意味でガイドラインには、運動部活動ルールの「憲法」のような役割も期待されていると言えるかもしれない。

　ただし、「憲法」のようだと言ったものの、それは本当の近代国家の憲法が持つような立憲主義的な性格を備えていない。近代国家の憲法は、主人公である国民が、自分たちを縛る国家そのものを縛るためにつくられる。これが立憲主義だ。

　ではガイドラインに話を戻すと、運動部活動の主人公は誰か？　もちろん生徒だ。ならば、真に立憲主義的な運動部活動ルールをつくろうとすれば、生徒の声を反映させなくてはならないはずである。しかし、このガイドラインに生徒は登場しない。運動部活動のあり方は、大人だけで勝手に決められないはずだし、決めてはいけない。運動部活動ルールをつくる時に、生徒の声をどう拾い上げるかが課題として残されている。

　ただし、生徒の声は直接的に拾い上げられていないが、もちろん大人たちは間接的には気にかけている。運動部活動を規制するガイドラインが作成されたもっとも大きな理由は、過剰な運動部活動から生徒を守るためだからだ。

　ガイドラインの作成会議では、スポーツへの参加時間が長いほど、ケガや障害の発生率が高くなる研究結果が参照された［日本体育協会，2017］。つまり、「生徒のため」に運動部活動を規制することが、国レベルで合意されたわけである。

　しかし地域レベルで見ると、運動部活動を規制することへ抵抗が生じるケースもある。

　たとえば、群馬県の高崎市は、規制に積極的に取り組むことはせず、これまでのあり方を踏襲する路線を取った。実質的な高崎市の部活動方針にあたる、高崎市教育委員会作成の2018年8月30日付け通知文書「高崎市部活動の運営について」では、国のガイドラインが求めた休養日や活動時間の制限などに触れずに、「適切に部活動を推進すること」を各学校に求めるに留まった。なぜガイドラインに沿った規制を避けたのかについては、その後の議会答弁などで「頑張ってい

る生徒」がいるためであり、「そういう生徒たちを応援していきたい」からと説明された。

　このように運動部活動を規制することには抵抗もある。その抵抗理由の典型的なパターンが、生徒は部活を望んでいる、規制すると生徒がかわいそう、という反応である。いわば「生徒のため」に、規制を避けるべき、というわけである。

　ここには奇妙なねじれがある。なぜなら、ガイドラインなどで示された運動部活動を規制する理由もまた「生徒のため」であったはずだからだ。

　こうしたねじれを解きほぐすために注意すべきなのは、そこでやり取りされる「生徒のため」という言葉が、大人が解釈している生徒イメージに過ぎないことである。もしかすると、「生徒のため」という言葉を振りかざしながらも、当の生徒自身の意識が置き去りになっていないだろうか。

　こうした問題意識から、"生徒目線" で運動部活動のあり方を考え直そう。実際のところ、生徒はどのように運動部活動に向き合っているのか。現実の運動部活動を過剰に感じていないのか。生徒にとっての理想的な運動部活動のあり方とはどのようなものなのか。間接的に生徒の声を気にかけるだけではなく、直接的に生徒の声を拾い上げてみよう。

4.　生徒目線から見た運動部活動の「理想」と「現実」

　生徒の意識を分析するために、上述したスポーツ庁 ［2018］「平成 29 年度運動部活動等に関する実態調査報告書」が活用できる。この調査では、運動部活動に所属する生徒に、実際の活動日数・時間と好ましい活動日数・時間も尋ねている。その回答結果を 2 次分析することで、あくまで平均的な傾向としてではあるが、生徒が直面する現実の運動部活動の実態と、生徒が求める理想の運動部活動のあり方を比較できる [5]。

　以下で具体的な検討対象とするのは、活動時間の現実／理想に関して、①平日放課後の活動時間の現実／理想、②土曜日の活動時間の現実／理想、③日曜日の活動時間の現実／理想、④土曜日の活動日数の現実／理想、⑤日曜日の活動日数の現実／理想の 5 項目である。

　分析手順は、次の通りとした。まず①平日放課後の活動時間について、調査では「原則活動していない」「15 分以内」「30 分以内」「1 時間程度」「1 ～ 2 時間程度」「2 ～ 3 時間程度」「3 ～ 4 時間程度」「4 時間以上」の選択肢で尋ねていた。それ

らの選択肢を、計算がしやすくなるよう適宜、中間値を取るなどして、順に「0分」「15分」「30分」「60分」「90分」「150分」「210分」「240分」と置き換えた。そうして、各選択肢の回答者数を掛け合わせて活動時間の小計をそれぞれ計算し、それらの積算を全回答者数で除し、全体の平均活動時間を算出した。

　つぎに②土曜日・③日曜日の活動時間については、「原則活動していない」「1時間以内」「1〜2時間程度」「2〜3時間程度」「3〜4時間程度」「4〜5時間程度」「5〜6時間程度」「6〜7時間程度」「7時間以上」の選択肢で尋ねていた。それらの選択肢を、順に「0分」「60分」「90分」「150分」「210分」「270分」「330分」「390分」「420分」と置き換えた。それらを用いて、先と同様の手順で、全体の平均活動時間を算出した。

　そして④土曜日・⑤日曜日の活動日数については、調査では「原則活動していない」「毎月1週程度」「毎月2週程度」「毎月3週程度」「原則毎週活動」の選択肢で尋ねていた。それらの選択肢を一月あたりの活動日数として、順に「0日」「1日」「2日」「3日」「4日」と置き換えて、同様の手順で、全体の平均活動日数を算出した。

　以上の手続きを経て分析した結果を図1に示した。

　①平日放課後の活動時間についての現実／理想は、中学で127.8分／121.0分、高校で147.6分／134.8分であり、現実が理想よりも長かった。現実に対する理想のあり方は、中学で6.8分減（マイナス5.3％）、高校で12.8分減（マイナス8.7％）となる。

　②土曜日の活動時間についての現実／理想は、中学で207.3分／185.1分、高校で219.8分／196.8分であり、現実が理想よりも長かった。現実に対して理想は、中学で22.2分減（マイナス10.7％）、高校で23.0分減（マイナス10.5％）となる。

　③日曜日の活動時間についての理想／現実は、中学で153.9分／125.4分、高校で174.7分／149.2分であり、現実が理想よりも長かった。現実に対して理想は、中学で28.5分減（マイナス18.5％）高校で25.5分減（マイナス14.6％）となる。

　④土曜日の活動日数についての現実／理想は、中学で3.4日／2.9日、高校で3.6日／3.2日であり、現実が理想よりも多かった。現実に対して理想は、中学で0.5日減（マイナス14.7％）、高校で0.4日減（マイナス11.1％）となる。

　⑤日曜日の活動日数についての現実／理想は、中学で2.1日／1.9日、高校で2.5日／2.0日であり、現実が理想よりも多かった。現実に対して理想は、中学で0.2日減（マイナス9.5％）、高校で0.5日減（マイナス20.0％）となる。

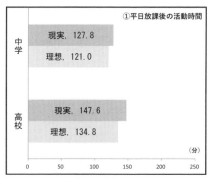

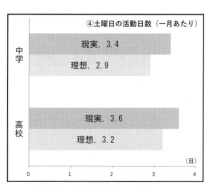

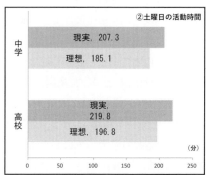

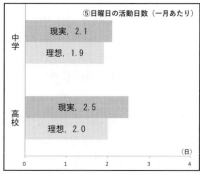

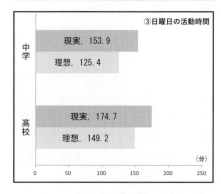

図1　生徒目線から見た運動部活動の活動時間・日数の現実／理想

出典：スポーツ庁［2018］を2次分析して筆者作成。

　つまり、①〜⑤のすべてで、生徒が直面する現実の運動部活動は、生徒が求める理想のあり方よりも過剰なのである。であれば、生徒の理想を実現するための運動部活動改革として、活動時間や活動日数を規制する方向は間違ってはいな

い。生徒が望まないほどに「やり過ぎ」となっている現状は是正されねばならない。

5.　教師目線から見た運動部活動の労働問題と、
##　　今後の持続可能なあり方

　次に、生徒目線に加えて、"教師目線"で運動部活動のあり方を再考しよう。多くの教師が運動部活動の負担に苦しんでいる。教師は、労働者として、運動部活動に従事するのであるから、運動部活動の負担とは、すなわち労働問題である。

　では、その労働問題は、具体的に何がどう問題なのか。それを解決するためにどうすればよいのか。以下では、部活動顧問教師の典型的な労働問題である勤務時間を取り上げて、法律・実態・裁判の3つの観点から分析する[6]。

　はじめに法律を見てみよう。当然ながら教師も労働者であり、勤務時間は法律で決められている（労働基準法、地方公務員法とそれにもとづいた条例）。地域によって少し違いはあるが、典型的なパターンは、8時15分から16時45分までという勤務時間である。45分の休憩時間を除くと一日7時間45分で、週五日勤務で計38時間45分働くことになる。一般の労働者の場合、一日8時間、週40時間が限度なので、そう大きな違いはない。

　しかし、時間外勤務に関しては両者は異なる。一般の労働者の場合は、法的な手続きを踏めば、雇い主は労働者に、これを超えて時間外勤務を命じてもよいことになっている。他方、教師には、原則として時間外勤務を命じることができない。

　つまり、学校は教師に残業や休日労働をさせてはいけない。ここが一般の労働者と違う。

　ただし、時間外勤務は原則禁止といっても、例外的に、校外実習などの実習、修学旅行などの学校行事、職員会議、非常災害の4つの場合だけは認められている（公立の義務教育諸学校等の教育職員を正規の勤務時間を超えて勤務させる場合等の基準を定める政令）。

　しかし、部活動はこの「例外」に含まれていない。だから、先の勤務時間パターンでいえば、勤務開始時刻の8時15分以前に行われる部活動の「朝練」や勤務の無い土日休日の部活動は、認められていないはずの時間外勤務になる。さらに、勤務終了時刻の16時45分以後に行われる放課後の部活動ですら、教師の法的な勤務時間には含まれない。

　しかし、多くの人が知っているように、実態は違う。実際の教師の勤務時間は

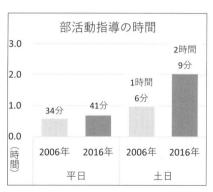

図2　中学校教諭の勤務時間の変化

出典：文部科学省［2018］をもとに筆者作成。

法律が想定するよりも長い。さらに近年、教師の勤務時間は増加している。

　文部科学省が、2006年と2016年に行った「教員勤務実態調査」の結果を見てみよう。図2に、中学校教諭の勤務時間の変化を整理した。

　2006年から2016年にかけて、業務全体の合計勤務時間（持ち帰り含む）は、平日が11時間23分から11時間52分に増加し、土日が3時間12分から4時間33分へ増加した。その中で部活動指導の時間だけを取り出すと、平日は34分から41分へとやはり増加し、土日は1時間6分から2時間9分へ倍増した。

　つまり、ここ10年で、中学校教師の勤務時間が増加した1つの要因は、部活動であると考えられる。

　このように顧問教師は、実態として時間外勤務を余儀なくされている。しかし、先に見たように、それは法的な勤務時間には含まれない。では、時間外勤務の実態は違法なのか。

　京都市で公立小学校教師と中学校教師が、時間外勤務が強いられる労働環境を不服として、勤務校の校長らを訴え、損害賠償を請求する裁判を起こした。しかし、2011年7月12日に出された最高裁の判決は、次の理由から、教師の請求を棄却するものだった。

　すなわち、教師の時間外勤務は、それが仮に自主的・自発的・創造的なものではなく、校長から強制的に命じられたものであれば、違法となりうる。ただしこの事例では、当該校長らは教師に対して、明示的にも黙示的にも時間外勤務を命じておらず、個別の事柄について具体的な指示を出したわけでもないと解釈され、

違法ではない、と判断された。

　このように、法的には、実態としての教師の時間外勤務は、教師自身が「自主的」に時間外勤務をしている、と扱われているのである。しかし、実際の学校現場を見れば、教師が部活動の顧問に就くことは、校務分掌に組み込まれたり、管理職や同僚から説得や圧力を受けたりするなど、事実上、拒否することが非常に難しい。そうした実情を踏まえず、教師の「自主的」な選択のように扱うのは問題がある。

　以上のように、運動部活動の顧問教師は、労働者として勤務時間問題に直面している。法律的なロジックと学校現場の実態には大きな乖離があり、教師は苛酷な勤務状況を強いられている。さらに裁判結果を見ても、そうした状況が十分かつ適切に救済されるとは限らないのである。

　だから教師の負担軽減は、当然ながら、労働者としての教師の権利と福祉を守るため、すぐにでも解決されるべき喫緊の課題である。そのために運動部活動を規制する政策は重要である。単純に言えば、活動日数を半分にすれば、教師の負担も半分になる[7]。しかも規制すること自体にはコストがかからないのだから、すぐにでも取り組むことができる。

　加えて教師の負担軽減は、運動部活動の持続可能性を保障するためにも、避けては通れない重要な課題であることがわかる。なぜなら運動部活動を支えているのは教師なのだから、教師を支えないと運動部活動は成り立たなくなってしまうからだ。運動部活動を今後も残していくためにも、運動部活動の規制が必要になる[8]。

　これまでの議論をまとめよう。

　本章では、日本のユーススポーツの代表的な場である運動部活動を対象に、ポスト東京 2020 オリパラ大会の運動部活動のあり方を構想しようとした。

　運動部活動は、東京 2020 オリパラ大会の招致が決定した 2013 年以降、「ブラック部活」の言葉とともに、生徒と教師を苦しめる過剰さが問題視されている。運動部活動の位置付けが揺れ動く中で、ガイドラインが策定されるなど、政策的には運動部活動を規制する動きが出てきた。

　こうした政策動向の是非を検討するためには、生徒と教師の双方の視点が重要である。

　生徒目線に立つと、スポーツ庁データの 2 次分析の結果、生徒は現実の運動部

活動を、活動時間が長すぎる、活動日数が多すぎると感じていることが明らかに
なった。それゆえ、活動時間や活動日数を規制する政策的方向は、生徒の理想に
かなうものだと評価できる。

　そして教師目線に立つと、勤務時間などの労働問題が深刻であり、運動部活動
を支える教師が運動部活動に押しつぶされている。それゆえ運動部活動の規制は、
教師の生活を守るため、運動部活動を今後も残していくためにも重要である。

　以上から、ポスト東京 2020 オリパラ大会の運動部活動のあり方を生徒目線と
教師目線を複合させて考えると、過剰な活動日数や活動時間を規制し、持続可能
なあり方へと是正すべきである。これが本章の結論だ。

　「規制しよう」と言うとネガティブに聞こえるかもしれないが、そうではない。
規制は、生徒のためになり、教師のためにもなり、運動部活動それ自体を持続的
に維持していくためにも必要なのである。

　東京 2020 オリパラ大会の波や自民党改革プランなどに振り回されるのではな
く、足下にある運動部活動の実態と問題を直視すべきである。長期的な視点でス
ポーツ文化を守り育むためには、その基盤となるユーススポーツのあり方こそが
決定的に大切になる。だから運動部活動の問題とは、日本のスポーツ文化全体に
とっての問題なのである。

【注】
1)　本章は対象とテーマを絞って論述するため、広くユーススポーツ全般の研究動向につ
　　いては Green and Smith［2016］などを、運動部活動の研究動向については中澤［2014］
　　第 1 章補論や今宿ほか［2019］などを参照してほしい。
2)　「ブラック部活」は、「ブラック企業」が労働者を苦しめるように、部活動が生徒や教
　　師を苦しめる様を指すため、じわじわと広がった俗語である。「ブラック部活」という
　　言葉の出自は、『AERA』2015 年 11 月 2 日号に掲載された島沢優子の記事「丸刈りの
　　厳罰、白飯 2 杯ノルマ　理不尽強いる "ブラック部活 "」や、NHK『クローズアップ現
　　代＋』で 2016 年 8 月 1 日に放映された番組「『死ね！バカ！』これが指導？〜広がる "ブ
　　ラック部活 "〜」などにあり、本章が時期区分点とした 2013 年には無かった。しかし、
　　実際に用語法として普及した時期とは別に、そのように部活動の「ブラックさ」に私
　　たちのまなざしが焦点化したのはいつからか、と遡及的に見直すと、やはり 2013 年が
　　重要な時期になったと思われる。
3)　筆者は運動部活動の戦後史を、実態がどう変わったか、どんな政策が影響を与えたか、
　　いかなる議論がなされてきたかに注目して分析し、①民主主義的確立期（1945 年〜
　　1953 年）、②能力主義的展開期（1954 年〜 1964 年）、③平等主義的拡張期（1965 年〜
　　1978 年）、④管理主義的拡張期（1979 年〜 1994 年）、⑤新自由主義的／参加民主主義
　　的再編期（1995 年〜 2012 年）の 5 つに時期区分した（詳細は、中澤［2014］第 2 章
　　を参照）。本章ではこれらに続く新しい時代を、⑥「ブラック部活」の時代（2013 年〜）

と位置づけている［中澤，2019b］。

4）歴史的には 1970 年代の熊本県が進めた社会体育化や 2000 年前後の総合型地域スポーツクラブの創設期が注目されるが、事故や事件が起きた場合の保障や責任などが問題になり、結局は運動部活動の地域移行は果たされなかった［中澤，2014］。また現在においては、たとえば岐阜県多治見市で保護者による「ジュニアクラブ」が運動部活動を代替しようとする政策が進められている。しかしこちらも外部の指導者による暴行が発覚した事案で、その責任を誰が取るのか、生徒を誰が守るのかがあいまいになるなど、課題は残されている［中澤，2018a，2018b］。

5）部活動当事者にとっての現実と理想を比較する、という方法論上のアイディアは、内田良の一連の研究［内田，2015，2017；内田ほか，2018］を参考にした。なお、本章で論じられなかった文化部に関する 2 次分析の結果と考察は、中澤［2019c］を参照。

6）部活動顧問教師が抱える労働問題は、他に手当支給や災害補償の問題もある［中澤，2017b，2019a］。とくに手当支給の問題に関しては、「給特法」（公立の義務教育諸学校等の教育職員の給与等に関する特別措置法）の悪影響が看過できない［内田，2017；内田・斉藤編，2018］。

7）もちろん逆に、教師の負担を半分にするために、教師の数を倍増する方法でもいい。教師の労働条件整備は、喫緊の重要課題であるから、コストを惜しんではならない。

8）ここには、運動部活動を残さなくてよい、持続可能性は考えない、という別の判断もありうる。もしかすると、「地域との一体化」を謳う自民党プランはそう判断し、運動部活動から地域クラブへ移行すればよい、と考えているかもしれない。ただし、肥大化した運動部活動をそのまま受けとめられる母体は地域には無い。であれば地域移行をめざすためにも、移行できるくらいに運動部活動の規模を縮小する必要がある。

【文献】

Green, K. and Smith, A. eds., 2016, *Routledge Handbook of Youth Sport*, Routledg.

今宿裕，朝倉雅史，作野誠一，嶋崎雅規，2019，「学校運動部活動の効果に関する研究の変遷と課題」，日本体育学会編『体育学研究』64(1)，1-20.

真由子，2013，「公立中学校 部活動の顧問制度は絶対に違法だ‼」．2019 年 9 月 30 日取得，http://bukatsu1234.blog.jp

文部科学省，2018，『教員勤務実態調査（平成 28 年度）（確定値）について』．2019 年 9 月 30 日取得，http://202.232.190.211/b_menu/houdou/30/09/__icsFiles/afieldfile/2018/09/27/1409224_004_2.pdf

中澤篤史，2014，『運動部活動の戦後と現在』，青弓社.

中澤篤史，2017a，『そろそろ、部活のこれからを話しませんか』，大月書店.

中澤篤史，2017b，「部活動顧問教師の労働問題」，労働政策研究・研修機構編『日本労働研究雑誌』688，85-94.

中澤篤史，2018a，「生徒と教師のための部活改革は進むのか？」，朝日新聞社編『WEBRONZA』2018 年 5 月 9 日付．2019 年 9 月 30 日取得，https://webronza.asahi.com/culture/articles/2018050900003.html

中澤篤史，2018b，「続・生徒と教師のための部活改革は進むのか？」，朝日新聞社編『WEBRONZA』2018 年 5 月 10 日付．2019 年 9 月 30 日取得，https://webronza.asahi.com/culture/articles/2018050900004.html

中澤篤史，2019a，「部活動への顧問教師の適正な付き合い方」，総合労働研究所編『季刊教育法』200，66-73.

中澤篤史，2019b，「『ブラック部活』を乗り越えて」，『現代思想』47（7），35-51.

中澤篤史，2019c，「生徒が直面する現実、生徒が求める理想」，日本発育発達学会編『子どもと発育発達』17（2），76-80.

日本体育協会，2017，「スポーツ医・科学の観点からのジュニア期におけるスポーツ活動時間について」，2017 年 12 月 18 日「運動部活動の在り方に関する総合的なガイドライン作成検討会議」配付資料．2019 年 9 月 30 日取得，http://www.mext.go.jp/sports/b_menu/shingi/013_index/shiryo/__icsFiles/afieldfile/2017/12/20/1399653_01.pdf

島沢優子，2014，『桜宮高校バスケット部体罰事件の真実』，朝日新聞出版.

スポーツ庁，2018，『平成 29 年度運動部活動等に関する実態調査報告書』．2019 年 9 月 30 日 取 得，http://www.mext.go.jp/sports/b_menu/sports/mcatetop04/list/detail/__icsFiles/afieldfile/2018/06/12/1403173_2.pdf

内田良，2013，『柔道事故』，河出書房新社.

内田良，2015，『教育という病』，光文社.

内田良，2017，『ブラック部活動』，東洋館出版社.

内田良・上地香杜・加藤一晃・野村駿・太田知彩，2018，『調査報告　学校の部活動と働き方改革』，岩波書店.

内田良・斉藤ひでみ編，2018，『教師のブラック残業』，学陽書房.

スポーツによる国際貢献への熱狂が造り出すもの

小林　勉

1.　小気味よく整い始めた日本のスポーツ政策

　2017 年 3 月、第 2 期スポーツ基本計画が策定された。この基本計画では、スポーツの力で人々が輝くことを呼びかけた「スポーツが変える。未来を創る。」という基本方針だけでなく、スポーツで社会の課題解決に貢献し、活力に満ちた日本を創る「スポーツで社会を変える！」といった方針が提唱されている。さらに東京 2020 オリパラの到来を見据えて、スポーツで世界とつながり、世界の絆づくりに日本が貢献する「スポーツで世界とつながる！」とした新たなベクトルも示され（図 1 参照）、そうしたグローバルな足場を築く方向性は、2018 年 9 月に公表されたスポーツ国際戦略において、より深く、より包括的なものとなった。このとき日本のスポーツ政策は、国連の「持続可能な開発目標（SDGs）」への貢献に同意し、スポーツを通じた社会づくりを大々的に表明することになったのだ。このスポーツ国際戦略では、「スポーツの重要な特徴＝人を巻込むチカラ」とした上で、2030 年までに SDGs に掲げられた持続可能な世界を実現するための 17 のゴールに対して、スポーツで貢献しうる分野への強い関与を明記した点に大きな特徴がある（図 2 参照）。また、こうした政府主導のレベルとは別に、民間レベルでも「スポーツを通じた社会づくり」が活発化し始めてきた。例えば読売新聞社は、新聞紙上や全国各地での回収活動で募った中古の野球用具を途上国へ寄贈するとともに、読売巨人軍が運営するジャイアンツアカデミーのコーチを途上国に派遣し、現地の子どもたちに野球の実技指導を行う「世界の野球グロ

1-1. 第2期スポーツ基本計画の基本方針

◇**第2期スポーツ基本計画の基本方針**◇

「スポーツが変える。未来を創る。」 Enjoy Sports, Enjoy Life
　スポーツの「楽しさ」「喜び」こそがスポーツの価値の中核であり、全ての人々がスポーツの力で輝くとともに自己実現を図り、主体的に取り組むことにより、前向きで活力のある社会と絆の強い世界を創る。

1　スポーツで「人生」が変わる！
　スポーツを生活の一部とし、人生を楽しく健康なものにする。
2　スポーツで「社会」を変える！
　スポーツで社会の課題解決に貢献し、活力に満ちた日本を創る。
3　スポーツで「世界」とつながる！
　スポーツで世界とつながり、世界の絆づくりに我が国が貢献する。
4　スポーツで「未来」を創る！
　2020年東京オリンピック・パラリンピック競技大会等を好機として、スポーツで人々がつながる。

➡　国連の『持続可能な開発目標（２０３０年アジェンダ）』（=SDGｓ）との関連

図1　第2期スポーツ基本計画の基本方針

出典：スポーツ庁（2018：17）より抜粋。

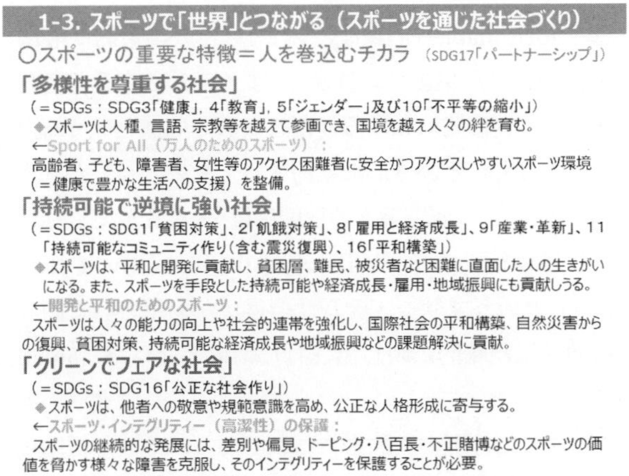

1-3. スポーツで「世界」とつながる（スポーツを通じた社会づくり）

○スポーツの重要な特徴＝人を巻込むチカラ　（SDG17「パートナーシップ」）

「多様性を尊重する社会」
（＝SDGs：SDG3「健康」、4「教育」、5「ジェンダー」及び10「不平等の縮小」）
◆スポーツは人種、言語、宗教等を越えて参画でき、国境を越え人々の絆を育む。
←Sport for All（万人のためのスポーツ）：
高齢者、子ども、障害者、女性等のアクセス困難者に安全かつアクセスしやすいスポーツ環境
（＝健康で豊かな生活への支援）を整備。

「持続可能で逆境に強い社会」
（＝SDGs：SDG1「貧困対策」、2「飢餓対策」、8「雇用と経済成長」、9「産業・革新」、11「持続可能なコミュニティ作り（含む震災復興）、16「平和構築」）
◆スポーツは、平和と開発に貢献し、貧困層、難民、被災者など困難に直面した人の生きがいになる。また、スポーツを手段とした持続可能や経済成長・雇用・地域振興にも貢献しうる。
←開発と平和のためのスポーツ：
スポーツは人々の能力の向上や社会的連帯を強化し、国際社会の平和構築、自然災害からの復興、貧困対策、持続可能な経済成長や地域振興などの課題解決に貢献。

「クリーンでフェアな社会」
（＝SDGs：SDG16「公正な社会作り」）
◆スポーツは、他者への敬意や規範意識を高め、公正な人格形成に寄与する。
←スポーツ・インテグリティー（高潔性）の保護：
スポーツの継続的な発展には、差別や偏見、ドーピング・八百長・不正賭博などのスポーツの価値を脅かす様々な障害を克服し、そのインテグリティーを保護することが必要。

図2　スポーツ国際戦略で打ち出された目標

出典：スポーツ庁（2018：18）より抜粋。

ーブ支援プロジェクト」を2016年度から実施している。1日平均2ドル以下で生活する世界の40％の貧困層の人々にとって、野球用具は非常に高価であるゆえ、野球を社業の一つとする読売新聞社とJICA（国際協力機構）が、途上国の子どもたちにも野球の楽しさを知って欲しい、さらには世界の野球普及を後押ししたいとの思いから開始されたプロジェクトである[1]。

　こうした活動が拡大する背景には、社会づくりを助けるのにスポーツが有益だという考え方や、なかなか思い描けなかった未来がスポーツで描き出せるとの期待を前提に、ヒト、モノ、カネを支援していくことで、スポーツで世界とつながり、ひいては「スポーツを通じた社会づくり」という目標に徐々に近づけるという暗黙の了解があるようだ。ただ、話はそれほど単純ではなく、それで全てが済む話でもない。ここで援助の典型的な形態である寄付に関する研究を引き合いに出し、議論が雑駁になるのを承知であえて単純化した実験事例を一つ提示してみよう。ペンシルバニア大学の研究者らが、学生たちに5ドルを渡した後、2種類のチラシを見せて子ども支援専門の国際NGO組織への寄付をお願いする実験を行った。一つめのチラシには、食糧難でマラウィの300万人の子供に影響が出ていること、そしてエチオピアの1000万人以上が今すぐ食糧援助を必要としていることが書かれており（著者はこれを statistical victims としている）、もう一つのチラシには、少女が極度の飢餓状況に直面し、このままでは餓死の危険に陥るが、あなたの寄付でそれを助けられるといった趣旨のメッセージが記されている（著者はこれを identifiable victims としている）。結果的に最初のチラシには学生平均1.17ドルの寄付が集まり、二つめには平均2.83ドルの寄付が集まった。二つめのチラシでは、食糧難における何百万人もの危機という統計情報がたった一人の犠牲者の悲惨な現状という形に集約されたものだったが、より多くの支援を取り付けたのである。この研究論文の冒頭には「大衆を見ても私は行動しない。個人を見たときに私は行動する（If I look at the mass, I will never act. If I look at the one, I will）」というマザー・テレサの言葉が引用されているが、そうした情感に訴える援助効果が端的に映し出された結果となった［Small, Loewenstein and Slovic, 2007］。

　とはいえ、この研究では別の実験も行われており、それが援助場面での行動の変化を如実に映し出してもいる。その実験では学生を無作為に選び出し、まず「ヒトは一般的な情報を提示されたときよりも同情できる被害者の方に寄付しやすい（people typically react more strongly to specific people who have problems than to statistics about people with problems.）」との説明をする。そのあとで、先と同じ二つのチラシを見せると、最初のチラシ（statistical victims）を見せられた学生たちは、何の説明もなかった場合とほぼ同額の平均1.26ドルの寄付となったが、二つめのチラシ（identifiable victims）を見せられた学生たちは、説明が加えられた後では、何の説明も加えなかったケースと比べて半分以下の寄

付金額になったというのである（平均 2.83 ドルから 1.36 ドルに変化）。一連の実験における学生たちの反応は、貧困という問題に情動的なかたちで直面した際、ヒトは同情できる被害者の方に惜しみなく寄付をしやすいが（著者はこれをidentifiable victim effect としている）、慎重に考えさせるとその気前の良さが一気に低下するという、援助場面における人々の考え方の変化を浮かび上がらせている点において興味深い。

　この学生たちの寄付をめぐる行動変化は、貧困と寄付の間でぐらつく、きわめて不安定でかつ寄付行為に移行する中での心的傾向を単純な実験で説明したものだが、むしろこの単純な実験結果に、今の日本のスポーツ政策の核心が映し出されているとも思われる。すなわち、ポリシーサークルの中心にいる著名なスポーツ関係者や官僚たちが、情感に訴える東京 2020 オリパラという「大問題」ばかりに関心を傾ける中、現在の日本のスポーツ国際戦略についての政策的な立場、さらに言えば、「スポーツを通じた社会づくり」に対応した途上国に対するスポーツ支援も、こうした情緒訴求の枠内（identifiable victim effect）におさまっているのではないか、という論点である。援助先の社会づくりに有効な政策を設計するには、援助の複雑さと、当該社会に対する援助の有効性を視野に収めようとする手間暇をかける必要があるはずなのに、「スポーツを通じた社会づくり」についての議論は、通常そのようなかたちで積み上げられることはない。コンサルタントや有識者らの策定支援もあってのことか、間口の広い一般的な議論はこれまでのところ小気味良いくらいに手際よく整理され始めたものの、そうした議論と援助における心的傾向のおかげで、支援先の社会づくりにとって本当に重要な議論が、しばしばおざなりになってしまっている情況を看過すべきではないだろう。

　そこで本稿では、先進国の人々の描く善意の情感にひかれて「スポーツを通じた社会づくり」を単なる理念的なものとして終わらせるのではなく、「現場で実際に何が起こっているのか？」という論点に関心を向けながら、なかでも途上国を焦点化し、SDGs に貢献しようとする日本のスポーツ政策の問題について検討する。スポーツ政策をめぐる今日の情況では、SDGs への貢献を目指す援助活動は当然だと考えられているがゆえに（図 3 参照）、こうした問いかけをあらためて行う関係者は少ない。それだけに、より現実的なスポーツと SDGs の実相を、今とらえておく必要があるだろう。

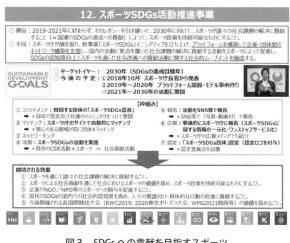

図3　SDGsへの貢献を目指すスポーツ
出典：スポーツ庁（2018：25）より抜粋。

2. 不問に付されるスポーツ援助の有効性

　スポーツ国際戦略の策定に先立ち、2014年から政府は開発途上国をはじめとする100カ国・1000万人を対象に、官民協働で推進するスポーツを通じた国際貢献・交流事業であるSport for Tomorrowを既に始めていたが、当然ながらそこでの議論は「世界のあらゆる世代の人々にスポーツの価値を伝え、オリンピック・パラリンピック・ムーブメントを広げ、スポーツの力でよりよい世界をつくることを目的とした取組み」といった紋切り型の束におさめられてしまっている（図4参照）。また図2のように、日本のスポーツ国際戦略では、国際社会の平和構築、自然災害からの復興、貧困対策、持続可能な経済成長や地域振興などの課題解決に貢献し、持続可能で逆境に強い社会へ向けたスポーツを通じた社会変革のイメージが描き出されているが、この明るい図式にも困った影が二つ見られる。一つはSDGsにいかに寄与するのか、という図式ばかりが強調され、援助の有効性については黙殺されている点であり、もう一つは広範な合意のない提案や政策立案をあたかもエビデンスで裏打ちされているかの如くスポーツ庁が提示し、「スポーツを通じた社会づくり」に対してミスリーディングをしている点である。

　いずれにせよ、こうしたスポーツに夢を追う議論は、主に伝統的なスポーツ楽

図4　Sport for Tomorrow の概要
出典：スポーツ庁（2018：23）より抜粋。

観論者の立場からなされているが、かかる議論が実証的なデータによって裏付けられた自明なものかというと決してそうではない。にもかかわらず、このような政策の変化が生まれたのは、東京2020オリパラの開催を控えてスポーツ庁が中核となり、旧来からの文部科学省が推進してきたスポーツ振興に加えて、他省庁とも連携して多様な施策を展開しなければならないという政治的現実に相対し、スポーツ庁もスポーツ行政そのものの重要度を高めるために、「スポーツそのものの振興（development of sport）」から「スポーツを通じた開発（development through sport）」を強調する方向にレトリックを変えてきたと捉えられるが、重要なのは社会の課題解決にスポーツで貢献できるという「幻想」をむやみに抱かせることではなく、むしろ逆に理想形を一方的に与件として示すようなアプローチが、実際の社会内部に伏在する問題を見過ごしてしまう危険性を孕むという認識をもつことである。

　「スポーツを通じた社会づくり」や「SDGsに貢献するスポーツ」という命題は、まだ十分な検証を経ていないため、当然ながらそこでは開発問題や援助の深層を掘り返し、その複雑さを理解するだけの労力が必要となるが、開発現場や国際開発研究の間で熱を帯びて討議されてきた援助の有効性に関する問題が、スポーツ政策をめぐる議論では急速に多くの人々の視野から脱落する。一例を挙げると、イースタリーやモヨは、援助は基本的に無駄であるどころか有害だと主張し、

援助改革を促す流れを作りあげようとしているが、そうした関心のあり方はスポーツ界での関心と大きな温度差がある。イースタリーは『エコノミスト：南の貧困と闘う』や『傲慢な援助』などの著者として知られ、モヨも『援助じゃアフリカは発展しない』でイースタリーに同調するなど、いずれも現在の海外援助のあり方に対する批判論者として大きな影響力がある［Easterly, 2001, 2006; Moyo, 2009］。援助をすれば、ヒトは自分で解決策を探そうとしなくなり、それが地元の制度を歪ませ、援助機関による自己延命的なロビーを作り出すリスクさえもあるとの指摘である。市場が自由でインセンティブが適切なら、人々は自分で自分の問題を解決する方法を見つけられるのであり、ゆえに現在の援助のあり方に彼らは異論を唱え、援助はむしろ悪影響の方が大きいと論じるのだ。

　対照的に、2005 年から 2025 年まで毎年 1950 億ドルずつの海外援助を実施すれば、貧困は完全になくなるはずだと論じるサックスは、大規模な初期投資なくして途上国が生産的になるのは難しいとし、現在の抜け出せない場所から発展途上の国々を引っ張り出してやらなければならないという、いわゆる「ビッグプッシュ」を唱える［Sachs, 2005］。肥料や蚊帳、学校の PC、給食などを無料で配布するなど、途上国の環境を一気に整えられるように援助予算を増やすことで、貧困の罠から抜け出し、先進国のような成長を遂げられるという考え方である。サックスの主張することの一つは、蚊帳を現地の人々にとって経済的負担を感じる価格ではなく無料配布すべきというものであり、その中で子どもたちが寝られることが重要だというのに対して［Sachs, 2008: 訳書 315-316］、イースタリーらは疑義を唱え、いくら援助を増額させても従来のようなやり方では経済発展に結びつかないと反論するのである［Easterly, 2006］。この点を巡る多様な意見について、多くの意見が合意できないままの地点にあることは確かだが、双方の立場にほぼ一貫して見出されるのは、援助の複雑さを視野におさめながら、その有効性を問う現実味のある姿勢である。

　また、援助をめぐるすれ違う議論の具体例として、途上国での学校建設がある。学校建設は資金を拠出してくれる支援者にイメージしやすい側面もあってのことか、日本の NGO では学校建設を手がける団体が少なくない。学校建設のような善意のアクションに対して現地の人々が感謝し、その充実感に浸る援助側の人々といった光景などは、容易に想起できる援助のひとコマであろう。しかしながら、学校建設工事で一部の住民や事業者に利益が偏ったり、国外のアクターが主導して建てた学校ということで、現地政府から教員派遣が行われずに閉校に追い込ま

れてしまったケースがあるということについては、それほど知られていない。また、学校建設の作業を推し進める際、アクセスが容易であった方が「援助する側」に取りかかりやすい面があるため、特定の地域で学校が過密状態になってしまい、建設された校舎が他の地域に比べてひときわ壮観であったり、校舎はできたものの、カリキュラムで使用する教材が揃わなかったり等ということもある。このように学校建設の事例をみただけでも、途上国側のニーズに足場を持たない支援の結果、その支援をめぐり NGO あるいは援助機関などで様々な問題が起きる。この手の現実を視野に入れるとき、援助という行為は現地社会をとりまく日々の生活を構成する社会的、政治的、経済的環境の存在を捨象して議論できるものではなく、少なくとも善意で寄付行為に踏み出す人々が考えるよりも、ずっと複雑な過程を含んでいると捉えるべきであろう。

　この複雑な過程を「スポーツを通じた社会づくり」のイシューに寄せ、SDGs に貢献しようとする日本スポーツの問題を明確にするために、これまであまり検証されてこなかったいくつかの具象的な疑問を解題してみよう。例えば、野球用具回収活動で募った中古の用品を途上国へ寄贈する取り組みについて考えてみる。あまり想像したくないものだが、全国各地で回収された野球用具は、果たしてどれだけ現地の人々の手に渡るのだろうか。ライニッカらは、ウガンダ政府が学校に割り当てた資金のうち、実際の学校に渡るのはたった 13％であり、半数以上の学校が何も受領していなかった現地行政の腐敗する様相を明らかにしたが [Reinikka and Svensson, 2004]、国際スポーツ連盟等から支援された真新しいスポーツ用品が、翌日のローカル・マーケットで売りに出されていたエピソードの類が尽きない中、寄贈される用品もこれと同じ憂き目に合うリスクはないのだろうか。

　日本政府が推進する「Sport for Tomorrow」プログラムの一環として開設された「つくば国際スポーツアカデミー」をはじめ、JICA 草の根技術協力事業にて体育科教育支援を行う特定非営利活動法人の取り組み等により、体育カリキュラムや運動会など、「日本型体育・スポーツの輸出」が精力的に展開され始めているが、この余所者による筋書きもあまりにも楽観的であるように思われる。なぜなら、そうした取組みの多くは、少なくとも形ばかりは「スポーツを通じた社会づくり」を目指しているが、実際には先進国である日本を範とした社会像が描かれ、それとの対比の中で欠落度を測定するという戦略が生み出されているからである [2]。バングラデシュ、エクアドル、インド、インドネシア、ペルー、ウガン

ダの教師たちを対象にした世界無断欠勤調査では、平均すると教師たちは5日に1日は欠勤し［Rogers and Vegas, 2009］、インドでは教室にいるべき時間に新聞に目を通したり、談笑したりする教師らが半数に上ったとの報告がある情況において［Chaundhury et al., 2006］、日本型体育・スポーツを輸出するのに、支援する側は果たしてどんな教育効果を捉えているというのだろう。これが正論に捉えられるのは各種のリソースが整った日本のような先進国だけのことである。

　以上のように、先進国側が想定するシナリオを現地の人々がそのまま受容してくれるかというと決してそうではなく、現実はそう甘くはない。それならば、日本のスポーツ支援のあり方にも、同様の視点で問題をすくい取る必要があるのではないか。学校建設のみならず、使い古したスポーツ用品を途上国に寄付する活動や「日本型体育・スポーツの輸出」の事例などから透かし見えてくる共通項は、開発援助を資金、資源、技術の「不足の問題」として単純に捉え、外部からそれらを現地へ移転することで解決を図ろうとする考え方である。そのアプローチの基盤には、諸種のリソースを「有する者」と「有さない者」との非対称性という構図があるにもかかわらず、政策立案者たちはスポーツを通じたSDGsへの貢献を考えるのに、伝統的にそうした単純なモデルに頼ってきた。当然ながら、スポーツSDGsに対応した政策的な立場も、無理矢理感が漂う希望的なイメージにおさまっており、関連の研究成果に対する視野に欠け、その政策立案の仕方も慎重なものとは言い難い。このように日本のスポーツ援助は古典的なトップダウンによる供給主導型プログラムが少なくないが、日本側が想定する分かりやすいストーリーから、間口を狭めた実際の開発援助の事例に焦点をずらしてみることで、その問題性はさらに浮き立つようになる。次では、日本スポーツ界の多くが差し置く貧困世界のリアルな問題と援助の有効性についてもう少し掘り下げて考え、その死角にフォーカスしてみる。

3.　貧困世界のリアルな問題と対峙する

　援助への懐疑論者であるイースタリーは「世界が直面する複雑な問題を、ユートピア的な援助計画で解決できるなどと多くの人々が考え違いをしているという現実こそ、援助が抱える最大の問題である。」と言い放つ［Easterly, 2006：訳書424］。この援助に対するイースタリーの抗言と同様に、ユートピア的な発想うごめく東京2020オリパラのおかげで、日本のスポーツ政策の核心において本当

に重要な話が後景に退けられ、見過ごされてしまっているのではないか。大切なのは 100 カ国・1000 万人のノルマを達成しろという露骨な圧力のもと Sport for Tomorrow の目標をいかに達成していくかではなく、援助をどこに向け、日本の「スポーツを通じた社会づくり」がどこに向かうのかである[3]。例えば「SDGs にいかに貢献するか」といった問いの立て方について大きな示唆をもたらす研究として、この場では集団間バイアスの研究やマラリア予防投資の財務収益性の研究について簡単にみておこう。

　一般的にインドのような国では、カーストの異なる家庭に同じ水道管を通そうとすると大変で、そうした社会的な障壁ゆえに、より多くの調整コストがかかってしまうと言われる。このようなカースト制度については、低カーストの子供に対して勉強できるはずがないとハナから思い込む現地教員のバイアスの強さを明らかにした研究や、低カーストの子供に悪い評価を与える傾向が強いのは、高カーストの教師ではなく、むしろカーストの低い教師の方であることを示した研究などがある [Hanna and Linden, 2009]。さらには、低カーストの児童に、対戦相手が高カーストというのを伏せたまま迷路解きをさせると善戦するが、その相手が高カーストであることを知らせた途端に戦績が振るわなくなったという研究報告などもある [Hoff and Pandey, 2004]。いずれにせよ、一連の研究が示すのは、カーストへのバイアスは職業や年齢を問わずかなり深刻で、現在のカースト制度の枠組みの中では、カースト間をまたぐ関係性を構築するにはかなりの困難を伴うという実態である。このように身分制度が社会に根深く存在する中、欠かすことの出来ない論点として、その障壁やバイアスをいかに除去できるかという命題が立ち上ってくる。

　ところで、かつてこの命題を主題化した映画があった。インド映画『Lagaan』（2001 年公開）である。映画のあらすじはこうだ。イギリスの統治下にあったインドのある農村で、傲慢なイギリス将校が「今年は倍の年貢を納めろ」と言いつける。その年は全く雨が降らないため年貢を納める事がただでさえ大変なのに、これまでの 2 倍の年貢を納めろと言われ、村人たちは大きく動揺する。すると将校は、「クリケットでイギリスに勝ったら年貢を 3 年の間なしにしてやる。その代わりお前らが負けたら年貢は 3 倍だ！」と村人たちを挑発し、結果的に地税（Lagaan）の免除を賭けて、イギリス側が提案したクリケットの試合に挑むというストーリーだ。この挑発には「イギリス人が、その国民的スポーツであるクリケットでインドの連中に負けるはずがない！」という入植者側の自負と圧倒的有

利の情況があるが、そんな苦境に立たされた村人たちの一筋の光明が、クリケットで特異な才能を示す若者の存在だった。ただ大きな問題は、彼がインドにおける最下級のカーストに属する人（不可触民：untouchable）だったということである。どんなにクリケットの能力があっても、カーストの領域で出自を越えた関係性の構築など不可能に思えたが、地税の免除を頑なに目指す者にとっては、今さら彼の身分は争点ではなくなっていた。カーストに対するバイアスを、減税をかけた大一番の論点に帰すことで問題の解決を図り、村人が一致団結して悪辣な入植者と試合を行うようになった模様が、映画の中で克明に描かれている。たしかにスポーツは、当初の時点では社会階層の次元で植民者と被植民者を区別するものとして存在していたが、暮らしの命運をかけた大事な一戦として位置づけられていく中、結果的にはカーストの垣根を越える関係性を誕生させていた点で痛快だ。つまり、スポーツは社会階層による差異化という文化的状況を強固にする固有のメカニズムを折出したものとして存立しており、同時にそれを超克するチャンネルとしても併存しているのである。

　そしてこの光景は、現在では、銀幕の世界だけのものではなくなった。この映画に示唆をうけ、マサチューセッツ工科大学の研究者が2017年1月から7月にかけて、スポーツが集団間バイアスにいかに影響するのかを調査する社会的実験を行ったのである。様々なカーストの1000名を超える男性をクリケットリーグに参加させ（計640試合）、一方には評価しようとしている様々なカーストを混在させる介入を行い（461名がコントロール群）、もう片方には対照群として800名を無作為に分け、リーグ戦を戦う前と戦った後で、カーストを越えた交流やバイアスの変化を観察するランダム化比較試験が実施されたのであった。得られた結果は主に次の三つである。一つはリーグ戦の参加者全体にカーストを越えたフレンドシップや交流の増加がみられたこと。二つ目は、それらの効果が様々なカーストを混在させたチームにおいて、より顕著に見られたこと。そして三つ目は、対戦相手に様々なカーストを混在させてもネガティブな影響がほとんどみられなかったということである。以上の結果から、クリケットのリーグ戦が集団間バイアスに影響を与え、対象集団との接触がメンバーに対する態度変化や偏見に影響を及ぼす可能性が検証され、現存するインドの悪弊に、スポーツが良い結果をもたらすということを実証してみせたのである［Lowe, 2018］。

　さらに、SDGsで掲げられた目標との関連で言うと、健康の領域で次のような研究成果も示されている。ケニアの学校で2年間虫下しを与えられた子供は、1

年間しか与えられなかった子供に比べて通学期間が長くなり、青年期には 20％
多く稼げるというのだ。子供と寄生虫が栄養を取り合うことで、子供の無気力と
全般的な栄養不良の助長を抑制できるのがその要因らしい［Baird, et al., 2010］。
同様に、マラリアに罹患せずに成長した子供は、罹患した子供に比べて成人後
の生涯を通じ、年収が 50％多いこともわかっており［Bleakley, 2010］、パラグ
アイやスリランカでも、金額の比率は異なるがマラリア罹患と年収の関係性につ
いて同様の結果が出されている［Lucas, 2010］。これらの研究が暗示するのは、
SDGs の目標 3「あらゆる年齢のすべての人々の健康的な生活を確保し、福祉を
推進する」へつながる道として、マラリア予防投資の財務収益性はきわめて高く、
健康への投資から得られる見返りは、予想以上に大きなものとなっているという
検証結果である。そして、こうしたマラリア予防投資の財務収益性の研究は、援
助の有効性を見据えることがなぜ重要なのかを考える手がかりを与えてくれる。
例えば、教育への投資とその財務収益性の観点をさらに推し進め、それをスポー
ツの分野における教育的な投資効果として分節化してみてはどうだろう。「SDGs
に貢献するスポーツ」や「スポーツを通じた社会づくり」という大言壮語はいっ
たん脇に置いて、仮に、スポーツ教育の領域に介入後、1、3、5 年後の長期的な
追跡調査で、その財務収益性が高まったというデータが明らかになれば、万人受
けする理念的なフレーズよりもずっと多くのことが可視化され、支援を受けた
人々の暮らしがどのように変化したのか、理解の糸口に接近することができるよ
うになる。そしてそれは時宜にかなった、より現実的なバランス感覚を有する援
助の有効性に関する研究になるはずである。しかし残念ながら、日本の「スポー
ツを通じた社会づくり」や「SDGs に貢献するスポーツ」の主張のほとんどは、
こうした地道な先行研究とは無縁なところに存在している。ならば発想を変えて、
スポーツを通じた社会づくりとして、実際に展開されている生活向上プロジェク
トと具体的にどのような連携の形がありえるのかを問うてみるのも意味ある手続
きとなるだろう。そこで、スポーツ界とは隔たりのある世界ではあるけれども、
現在、筆者が連携する水産領域でのプロジェクトについて素描し、「SDGs に貢
献するスポーツ」や「スポーツを通じた社会づくり」に対して、従来の日本のス
ポーツ政策の考え方とは別の角度からアプローチしてみよう。

4.　水産資源が枯渇する大洋州の暮らしをスポーツで改善？

　筆者は 20 年以上にも渡り、延べ何年も現場に赴き、支援を受ける途上国の関係者たちと一緒に活動してきた。そうした下からの眺めが真っ先に見せてくれるのは、支援されたスポーツ物品がふつうに転売されたり、先進国から派遣されてきた熱心な指導者のインストラクションをよそに、日陰でためらうことなく休憩する途上国のアスリートたちの反応などは日常茶飯事という、スポーツ援助の現実である。そして、現場に身を置いている限り、そうした光景を決して笑えるはずもない。問題なのは、事実や実際の現場を見ないで援助計画を立案することであり、この点で問題は働きかけられる相手側の人々にあるのではなく、それをどのような支援で進めるかという援助を立案する側にある。ここでは「SDGs に貢献するスポーツ」や「スポーツを通じた社会づくり」に関わる全ての問題点を明示するかわりに、スポーツ支援の現場のやり方や考え方を変えれば、「スポーツを通じた社会づくり」の可能性を高められるといったことを、漁業領域の事例で概略的に提示しておきたい。

　水産部門において、持続可能な漁獲レベルに応じた働きかけは、「世界中のおもな漁場で魚を獲りつくしてしまう前に、大急ぎで対策を講じなければいけない。」とのサックスの指摘を待つまでもなく［Sachs, 2008：訳書 211］、地球規模での喫緊の課題である。そして、それは途上国といえども例外ではない。例えば、筆者が関わってきた南太平洋島嶼国のバヌアツ共和国では、豊かさの残る漁場を保全するため、日本政府による ODA 支援が 2006 年から実施されている。大洋州では食料や収入を沿岸資源に大きく依存しているため、現地の社会経済における沿岸資源の重要性は非常に高く、その利用者である住民主体の沿岸資源管理能力をどのように向上させていくかが大きな課題となっている。バヌアツでは、コミュニティが主体となって漁業を制限する海域（タブーエリア）を設けるなどの慣習があるが、その海域はとても狭く、資源の保全には十分ではない。そこで、現地政府により、それら資源の適切な管理に向け、特定の海洋生物の捕獲禁止や体長の規制など、漁業活動の制限などが行われていた。しかし、昨今の気候変動の影響や人口増加などを背景に、住民自身による魚介類の過剰な漁業活動もあって、その状況は悪化の一途をたどっている。

　そうした中、定着性の強い資源である貝類に焦点を当てた増殖にかかるノ

ウハウの技術移転やコミュニティ主体による沿岸資源管理の仕組みづくり（Community-Based Coastal Resource Management：以下 CB-CRM）を目標とした「豊かな前浜プロジェクト」が開始された。CB-CRM の具体的内容は、①水産局の種苗生産施設の補修・増築（対象種の種苗生産の実施、中間育成技術マニュアルの作成など）、②沿岸資源の現状確認・増殖に適した場所の選定（親貝の放流・資源管理のためのルールの策定など）、③沿岸住民の生計の現状把握と生計改善案の計画（生計改善にかかるマニュアルの作成とワークショップの開催など）である。こうして当時としては革新的なコミュニティ主体による沿岸資源管理を支援するバヌアツ政府水産局の能力強化とコミュニティ開発が開始された。そこでは、規制等による漁業活動の制限による経済的損失を埋め合わすだけの生計改善策の導入だけでは住民の資源保全や持続的利用に対する意識は醸成されないため、住民たちの CB-CRM アプローチに対する関心をいかに高め、本プロジェクトに巻込んでいくかが大きな課題であった。とりわけ住民集会などを行っても集まりにくい現役世代の漁民（特に若年層世代）の参加促進という問題が顕在化していたのである。

　一般的に漁業は、農業に比べて同業者同士の相互協力が難しいと言われる。共同作業や連携関係が求められる農業とは異なり、狩猟産業ともいえる漁業は資源の「先取りゲーム」の要素が強く、漁民それぞれに独自の漁具・漁法や漁場が存在することから相互に学び合う場の形成が難しいというのである。ゆえに水産資源の管理といえば、漁獲許可制を設けたり、各漁場での漁獲量を一定とする規制を設けるなど、いわばトップダウン的な漁業活動の制限が求められることになる。つまり、沿岸資源に依存する人々が持つこうした先取りゲーム志向は、必然的に乱獲や密漁を誘発しやすくなるため、漁業活動を抑制するだけではなく、いかにして漁民間の資源管理の合意の場を構築できるのかという課題を突きつける。

　このような合意形成を促す方策として、バヌアツ水産局だけでなく多くの援助機関が採用してきたアプローチは住民集会による啓発活動である。そしてその後、既述の生計改善策が導入されるようになってきた。しかし、資源管理においては住民の自発的行動につながることは思った以上に難しいことが認識されていた。そうした中で、これら活動に対するオーナーシップ意識がなかなか発現されないという問題解決へ向けたトライアルとして、2018 年 9 月、バヌアツ共和国エマエ島で「CB-CRM カップ」と称する小規模のスポーツ大会が実施された。男子

サッカーが4チーム、女子バレーボールが2チームという小さな大会だったが、それまでの島内での賑わいぶりからするとかなりの盛況で、沿岸資源に依存する人々が一致協力し、CB-CRMを支える合意形成の体制作りへ向け、その底辺を広げる組織的取り組みが行われた。大会は住民間の資源管理の合意の場をいかに構築できるのかという問題に対して、資源管理の啓発活動を二つの異なる方向から編成するかたちで実施された。

　まず、大会会場で沿岸資源管理関連ポスターによる啓発活動が行われ、選手の入場時にも全島民の合意によるバヌアツ国内最大の沖合サンゴ礁リーフにおける3年間の禁漁ルールを設定したことを知らせる横断幕を提示するなど、観客全体に対してアピール活動が行われた[4]。さらに、エマエ島全てのコミュニティからの参加があったことで、沖合のリーフだけでなく、島全体レベルの資源管理計画の発表も行われた。貧しい島の人々と豊かな沿岸資源管理の間を引き離しているのは、計画に対する人々の心理的な隔たりではなく、資源の持続的利用を可能にさせる協力体制や信頼関係の不在である。この点において島民全体として足並みを揃えてCB-CRMの合意の場が形成されたことの意義はことさら大きかった。なぜなら従来の資源の先取りゲームの感覚に陥らないよう、漁業従事者間での公平性を担保し、そうしたガバナンスを機能させるには、エマエ全島資源管理計画が全てのコミュニティを貫く計画として認識されなければならず、CB-CRMカップがそれを可能にしたからである。また意図せざる結果として、島民たちが沿岸資源管理とサッカーの間に意外な相似性を見つけ出し、そのことがCB-CRMへの理解を図らずも促進させることにもなった。簡単に言うと、沿岸資源管理のルールという観点から、「フィールドと一定区画の漁場は同じだ。試合相手のチームは同じ漁場を利用する漁師と考えられる。互いにルールを守らないと試合が成立しないのと同じで、もし資源管理計画が守られなければ、自分たちの将来的な生きる環境は成り立たない！」という趣旨の説明がなされ始めたのである。

　水産局や援助機関から資源管理計画と言われても、CB-CRMの具体的内容をなかなか把握できなかった住民層にとって、資源管理の簡潔な見取り図が示された喩えの効果は小さくなかった。沿岸資源管理計画の要点が、スポーツのルールに重ねられて説明されたことで、これらを主導する水産局の行政官と違い、資源管理を理解する点で劣勢の立場に置かれていた人々が、沿岸資源管理へのイメージを「簡便に」理解し始めたのである。このようにCB-CRMカップは、人々による資源の利用を政治的に保障する全島レベルの資源管理計画の「公式発表」を

可能にさせた一方で、水産局の提示するエマエ全島資源管理計画の長期的視野に立ち、それまで配慮がなされなかった漁業者間、水産局と島民間での信頼関係の構築に働きかけるものとなった。次世代にも配慮した水産資源の持続的開発と利用を実現するために、FAO（国連食糧農業機関）によって提起されてきた「責任ある漁業」がなかなか浸透せず、環境への脅威が無視されたまま、思うような成果をあげることができなかった現地において、CB-CRM カップは目覚ましい結果を得たともいえる。この成功を通じて、プロジェクト担当者らの間には、若年層世代への働きかけにはスポーツを組み合わせつつ啓発活動を展開することが有効との認識が強まり、現在ではエマエ島で確認できたスポーツと開発の連携プロジェクトの効果を拡大して、複数の島にまたがる CB-CRM カップの開催が検討される段階にある。

　ここで注意すべきことは、この大会開催の動きが、若者に向けた単なるスポーツイベントではなかった点である。スポーツ大会をスポーツの世界だけで位置づけていると、それは単なる「スポーツ振興」でしかない。しかし、水産資源が枯渇する大洋州の社会づくりにまで視界を広げ、その接点を探ってみると、プロジェクトの目標達成とコミュニティの便益最大化との仲介者としてのスポーツの役割がみえてくる。ここでスポーツはスポーツ界向けの「development *of* sport」ではなく、沿岸資源管理を推進する参加促進方策としての「development *through* sport」に配置し直され、何よりプロジェクトのオーナーシップの意識醸成ツールとしての性格を与えられることになった。この事例は、投入された援助物資の総量を分母にとるならば、その効率は高く、これからの日本のスポーツ政策のあり方を考えるヒントを与えてくれる[5]。例えば、将来的にこのプロジェクトを通じて、もし沿岸資源管理計画に関係してきた世帯が、参加しなかった者に比べて正規就業率が増加の傾向を示したり、CB-CRM カップへの参加が一度増えるごとに島民の収入が上昇していったりすれば、その意義はスポーツを振興する動きでありながら、いわゆる従来の「スポーツイベントの開催」の範疇に収まらない。何よりそれらの観点からの分析は、スポーツの投資に対する財務収益性について、援助の有効性の視角から捉え返していく可能性を示している。この議論を明確にするには、収入や将来への見通しの変化を観察する長期追跡調査を実施する必要があるが、少なくともこのバヌアツのプロジェクトは、スポーツ支援をめぐる現在のお目出度い日本のスポーツ政策の考え方からは明確に袂をわかっている。

　この事例からみえてくる一貫した主題は、漁業の問題であれ、住民参加の問題

であれ、資源の持続的利用を可能にさせる協力体制や信頼関係の構築であり、そ
れにスポーツの特性を活用できないかという、援助の有効性という問題である。
ODA によるスポーツ関係協力実績が「一般文化無償資金協力実績」と「草の根
文化無償資金協力」のカテゴリーで提示されてしまう中、従来型の考え方では、
こうした発想を全く捉えられない⁶⁾。政策立案の中心にいる者にとって、SDGs
に貢献するスポーツとはおそらく一般文化無償資金協力実績と草の根文化無償資
金協力の「協力先国数」であり、「供与限度額」でしかないのだろう。彼らにと
って都合がいいのは、スポーツによる国際貢献や援助の問題を「無償資金協力実
績」にすり替えることで、SDGs に貢献しようとするスポーツの複雑さと活用可
能性を理解するだけの手間暇を大幅に省くことができるということだ⁷⁾。それに
も関わらず、援助の有効性といった論点をないがしろにして SDGs や社会づくり
を強調するのは、スポーツ政策の立案者側が貧困削減の取組みとして本来やらな
ければならないことをスルーし、東京 2020 オリパラに関心が集中しているから
である。スポーツ行政が持つこうした志向性は、あまりに近視眼的であり、「ス
ポーツによる SDGs への貢献」の議論をきわめて矮小化してしまっている。
　CB-CRM カップが重要なのは、現地の人々にとってそれまで思い描けなかっ
た未来を描き出すことができるようになるからで、それが生活改善の第一歩とな
るからである。すなわち、将来の展望もなく、ただその日を惰性に流されて生き
るのではなく、自分たちの希求する人生の青写真を朧気ながらも描き出し、その
ビジョンに向けて頑張ろうとする意欲が芽生える可能性にいかにコミットするか
ということなのである。日本のスポーツと開発をめぐる議論には、そうしたエン
パワメントの視点がほとんど抜け落ちている。これは大問題である。これらを考
慮に入れると、沿岸資源管理などスポーツ政策とは個別並行的に動いてきた実際
の現場での生活課題を踏まえた上で、社会づくりや SDGs というイシューに対す
るスポーツの再定位が進められることが重要であるし、現在のスポーツ政策に潜
在的に横行する identifiable victim effect という次元での認識から、そろそろ脱
しなければならない時期に差し掛かっていることがわかるだろう。

5.「開発への熱狂」が全体化する中で…

　本稿はある意味で、昨今のスポーツ界で語られ始めた国際貢献や SDGs に対す
る紋切り型の発想を拒絶し、善意や良識としか捉えられない発想も含めて実証的

なものを携えて議論しようとするものである。本論で述べようと努力してきたことは、「スポーツを通じた社会づくり」や「SDGs に貢献しようとする日本のスポーツ政策」の問題を的確に意味づけることであるが、現在の日本特有の事情としては、強力な影響をふるう東京 2020 オリパラの存在を見逃せない。2014 年から始動した Sport for Tomorrow は、スポーツへの熱狂が蠢動するところ、いたるところに指導者を派遣し、海外に東京 2020 オリパラの PR 活動の戦線を置く政策として、オリンピック開催を支持する人々にとっては、より強い説得力をもって訴えた。とはいえ、このところの政策は、スポーツ界の SDGs に向かう視線を強めるのに貢献したものの、反対に「オリンピックでの成功」の圧力が激しいために、壮大なスローガンや希望的イメージがあまりに絡みつき、しばしば検証すべきものを混合させたりして、途上国や援助の実態を必ずしも正しく映し出してこなかった。もちろん掲げられたフレーズは建前としては良識的な表現を充分備えており、果てしないスポーツの可能性を想定させたが、結果的にそれが「東京 2020 オリパラの成功」もしくは「オリンピックレガシー」という特定領域の問題にずらされ、援助の有効性の問題や貧困世界の実相は日陰に追いやられてしまったのである。

　一方、開発現場や国際開発研究も、SDGs への貢献という点で同様の想定にたってはいるが、その主たる目的は全く異なっている。スポーツ界とは違い、寄付をすると貧困がどうにかなるような、拙速で覚束ない活動や、東京 2020 オリパラで喧伝される「後世により良いレガシーを残すこと」といった単純なキャンペーンだけでは不十分なことを関係者は了知しており、援助の有効性を無視することは途上国問題の中心を見落としているのに等しいということも知っている。それをコリアーは「開発への熱狂（buzz）」という言葉で言い当てようとしている。

　　底辺の 10 億人の国々はますます複雑化する世界経済から脱落し、統合することは容易ではなく、さらに一層困難になっていくだろう。　～（中略）～
　しかしこの問題は「開発の事業（biz）」と「開発への熱狂（buzz）」によってかき消されている。～（中略）～「開発への熱狂」のほうは、ロックスターやセレブや NGO によって引き起こされる。「開発への熱狂」は底辺の 10 億人の国の苦境に焦点を合わせ、このおかげでアフリカや G8（主要 8 カ国首脳会議）の議題に上った。しかし当然のことながら「開発への熱狂」は、スローガンやイメージや怒りによって突き動かされるために、メッセージは単純化されてい

なければならない。底辺の10億人の国の窮状は道徳的な単純化に向いているが、その回答までを単純化することはできない。それは同時にいくつかの政策に関わる問題であり、この政策のなかには直感ではかたづかないものもある。こうした政策の策定を「開発への熱狂」に期待することはできない。それは時には知性を伴わない熱狂にすぎないこともあるからである。

[Collier, 2007：訳書15-16（下線部は筆者による加筆)]。

　ここでどうしても考えておく必要があるのは、コリアーの考えの中に鮮明に語られる「政策のなかには直感ではかたづかないものもある」という現象である。良い政策を立案するのに道徳的な善意はおそらく不可欠なのだろうが、そこから最下の政策が生まれることも、コリアーは自身のアフリカ研究から嗅ぎ取っている。一方でスポーツ界の人々は、国際貢献や援助の死角については、ほとんど知識を得ていない。この欠如のために、わたしたちは「スポーツを通じた社会づくり」という考え方に潜む、「道徳的な単純化」や善意の情感が引き起こす無邪気な支援活動の影響についてほとんど理解していないのだ。東京2020オリパラへ向けた一連のスポーツ政策の取り組みは、外交上の有意味な価値と政治的次元での効力を相応に生み出してきたものの、開発現場におけるスポーツを活用する意義とその限界について十分に検証され議論しつくされているわけではない。人々が共感するのは、この「道徳的な単純化」の段階であり、有名アスリートや元メダリストらによるSDGsへの貢献を目指す活動はしばしば引用されるものの、威勢よく言い放たれるそうした心意気の結果ほど、念入りに考察されることはなかった。スポーツ基本計画やスポーツ国際戦略で発せられる言説はエビデンスが不在のまま、援助の有効性を黙殺する筋書きが主軸をなし、いずれにせよ、政策的関心は援助の有効性を問う現実味のある話に向かうのではなく、「世界の絆づくり」といった楽観的発想に充ちた話の方向に進んだのである。コリアーがここで「開発への熱狂」と呼んでいるのは、この熱情的で直感的な実践の仕方である。

　こうした歩みは評価すべき内容を内在させつつも、実際には事態は改善どころか深刻な状況をより深めているといってよい。政府が基本計画や国際戦略で目標と称しているのは、じつはスポーツ界自身が独断と偏見で描いた空論の次元のものでしかなく、こうした考え方は、益々「開発への熱狂」を広げていく。東京2020オリパラを目前に控える日本のスポーツ界は、スポーツでの国際貢献を積極的に評価するのだが、その代価として、開発問題や援助の深層に目を向けるこ

とを犠牲にしてきた。SDGs の問題を単純化されたメッセージと結びつけて同列に扱ったとき、本稿で触れてきた「実際の現場での生活課題」という視点は、完全に絶たれてしまっているのだ。この点で、我々は既にこの「開発への熱狂」のレジームの中に飲み込まれているといえるのかもしれない。ここではそれに対抗するようなかたちで、開発援助をめぐる諸種の先行研究をもとに、スポーツ界でこれまで見落とされてきた死角にフォーカスしてきたが、そこから明らかになったのはスポーツで即座に現地の人々の将来が明るくなるわけではないが、政策立案者たちの考え方や現場でのやり方を変えれば、スポーツ援助の有効性を高められるかもしれないといった可能性である。こちらが「かわいそう」だと思ったとしても、当の本人が自分を「かわいそう」と考えているとは限らない。併せて、国際貢献は善意がなければできないが、善意だけでは空回りする。途上国のリアリティに合わせて「後押し」をいかにデザインするかという気構えを盾に、スポーツで働きかけられる SDGs の領域がどこにあるのかを見つけ出そうとするとき、援助の有効性を問いかける視角が立ち上がってくることになるだろう。少なくとも「開発への熱狂」が全体化してスポーツ界にとって避けがたきターゲットとなり、時代がその方向へ大きく傾いてきている中、その現状自体を理解しないと何も始まらない。この逃れられない「開発への熱狂」と私たちはどう向き合っていけば良いのだろう。日本のスポーツによる国際貢献は、新たな局面へと歩を進めなければならない只中に置かれている。

【注】
1) 本プロジェクトの概要については、読売新聞東京本社が報道関係各位に向けて発信したプレスリリース（2019 年 7 月 1 日付け）の内容からの引用による。なお、この 40% という数値は「サハラ以南地域」と推察されるが、当該プレスリリースではかかる表記にはなっていない。
2) 途上国にみられる脆弱な教育環境や医療体制において、教科教育として体育をカリキュラム化する意義やその便益性について、日本側と現地政府側の間でこれまで一体どれほどの議論が重ねられたというのだろう。かかる資料については、管見ながら見当たらない。
3) 実際、Sport for Tomorrow 関連の会合でも、100 カ国・1000 万人という数値目標に対する達成度合いの値が逐一発表され、オリンピック関係者らからは、もっぱら裨益者の「数」の面での不備を指摘されていたというのが実情である。
4) バヌアツ国内最大の沖合サンゴ礁における 3 年間の禁漁ルール設定は、歴代の水産局長が切望していた達成すべき課題のひとつであった。
5) 投入された主な経費としては、優勝カップなどの表彰トロフィーや、参加者が移動に要した燃料費などであった。

6)　少なくとも、スポーツ審議会（第 2 回）における配布資料「ODA によるスポーツ関係協力実績」では、年次ごとの「協力先国数」と「供与限度額」が提示されただけであった。

7)　平成 29 年度実施施策に係る文部科学省の事後評価書では、スポーツ国際戦略に基づき、①我が国が国際的に打ち出すメッセージの特定化を行い、② IF 等への役員及びスタッフ派遣を含む国際スポーツ界への積極的参画の促進、③国内外のネットワーク構築、④国際展開のための体制整備・人材育成、⑤スポーツ国際展開によるスポーツ産業等他分野への効果拡大に向けた取組等を推進する、の 5 つが評価の観点になっており、実際にこうした「使い勝手のいい」項目が、評価の指標になっている事態に留意する必要がある。

【文献】

Baird, S., Hicks, J.H., Kremer, M. and Miguel, E., 2010, "Worms at Work: Long-run Impacts of Child Health Gains," University of California at Berkeley.

Bleakley, H., 2010, "Malaria Eradication in the Americas: A Retrospective Analysis of Childhood Exposure," *American Economic Journal: Applied Economics*, 2 (2), 1-45.

Chaundhury, N., Hammer, J., Kremer, M., Muralidharan, K. and Rodgers, H., 2006, "Missing in Action: Teacher and Health Worker Absence in Developing Countries," *Journal of Economic Perspectives*, 20(1)(Winter 2006), 91-116.

Collier, P., 2007, *The Bottom Billion: Why the Poorest Countries Are Failing and What Can Be Done About It*, Oxford University Press. （中谷和男訳, 2008,『最底辺の 10 億人－最も貧しい国々のために本当になすべきことは何か？－』, 日経 BP 社）

Easterly, W., 2001, *The Elusive Quest for Growth: Economists' Adventures and Misadventures in the Tropics*, MIT Press. （小浜裕久ほか訳, 2003,『エコノミスト―南の貧困と闘う―』, 東洋経済新報社）

Easterly, W., 2006, *The White Mans Burden: Why the West's Efforts to Aid the Rest Have Done So Much Ill and So Little Good*, Oxford University Press. （小浜裕久ほか訳, 2009,『傲慢な援助』, 東洋経済新報社）

Hanna, R. and Linden, L., 2009, "Measuring Discrimination in Education," NBER Working Paper W15057.

Hoff, K. and Pandey, P., 2004, "Belief Systems and Durable Inequalities: An experimental Investigation of Indian Caste," World Bank Policy Research Working Paper No.3351.

Lowe, M., 2018, "Unity in Cricket: Integrated Leagues and Caste Divisions," Ideas for India for More Evidence-based Policy. Retrieved December 1, 2018, https://www.povertyactionlab.org/sites/default/files/2018.05.23-lowe-ideasforindia.pdf

Lucas, A., 2010, "Malaria Eradication and Educational Attainment: Evidence from Paraguay and Sri Lanka," *American Economic Journal: Applied Economics*, 2 (2), 46-71.

Moyo, D., 2009, *Dead Aid: Why Aid Is Not Working and How There Is Another Way for Africa*, Farrar, Straus and Giroux. （小浜裕久監訳, 2010,『援助じゃアフリカは発展しない』, 東洋経済新報社）

Reinikka, R. and Svensson, J., 2004, "The Power of Information: Evidence from a Newspaper Campaign to Reduce Capture," Working Paper, IIES, Stockholm University.

Rogers, H. and Vegas, E., 2009, "No More Cutting Class?: Reducing Teacher Absence and Providing Incentives for Performance," World Bank Policy Research Working Paper No.4847.

Sachs, J., 2005, *The End of Poverty: How We Can Make It Happen in Our Lifetime*, Penguin Books. （鈴

木主税・野中邦子訳，2006，『貧困の終焉─2025 年までに世界を変える─』，早川書房）

Sachs, J., 2008, *Common Wealth: Economics for a Crowded Planet*, The Penguin Press.（野中邦子訳，2009，『地球全体を幸福にする経済学─過密化する世界とグローバル・ゴール─』，早川書房）

Small, D., Loewenstein, G. and Slovic, P., 2007, "Sympathy and Callousness: The Impact of Deliberative Thought on Donations to Identifiable and Statistical Victims," *Organizational Behavior and Human Decision Processes*, 102(2), 143-153.

スポーツ審議会（第 2 回）配布資料，2016，「スポーツ関係データ集」（2016 年 3 月 16 日開催）．2019 年 6 月 10 日 取 得，http://www.mext.go.jp/sports/b_menu/shingi/001_index/shiryo/__icsFiles/afieldfile/2016/04/19/1368686_11.pdf

スポーツ庁，2018，「スポーツ国際戦略」．2019 年 5 月 15 日取得，http://www.mext.go.jp/prev_sports/comp/a_menu/sports/micro_detail/__icsFiles/afieldfile/2018/09/10/1409114_01_2.pdf

読売新聞東京本社，2019，「『世界の野球グローブ支援プロジェクト』あなたのグローブで世界にもっと笑顔を野球を」，報道関係各位に向けたプレスリリース（2019 年 7 月 1 日）．

※本研究は JSPS 科研費 JP18K10897、JP15K01603 の助成を受けたものです。

第2部

オリンピック・パラリンピックが変える日本のスポーツ参加

日本におけるスポーツ参加の現状と課題

西山哲郎

　第2部の目的は、東京2020オリンピック・パラリンピック競技大会が、スポーツに参加する個人の意識や行動を変えるのか、変えるとすればどう変わるのかを考えるところにある。といっても、本書の刊行は開催前になるので、実際にどう変わったかではなく、どう変わることが期待されているかをまとめ、事後の検証を待つものとしたい。

　スポーツ参加と一口にいっても、そのあり方はおよそ「するスポーツ」「みるスポーツ」「支えるスポーツ」の三つに分類されるのが通例となっている。まず「するスポーツ」とは、歴史的に一番古い形態になるが、自らの愉しみとしてスポーツを行うことを指す。「みるスポーツ」とは、ある程度スポーツが普及して以降のものとなるが、学校や地域を代表して競技する仲間を応援する喜びから生まれた形態である。そして「支えるスポーツ」とは、これが一番後の形態になるが、競技を自ら行うわけではなく、場合によっては競技を目にすることすらなく、競技運営をサポートすることにやりがいを覚える形態である。

　これら三つの形態のうち、「みるスポーツ」は、現代では必ずしも（学校や地域といった）集団への所属意識を背景とした享楽を求めるだけのものではなくなっている。個人主義の拡大を背景として、メディア環境をベースにした個人のヴァーチャルな仲間意識を（あるいは敵対心を）選手やチームに投影した娯楽に変貌しつつある［Giulianotti, 2002］。それが2020年以降、さらにどう変わるかは興味深い話題ではあるが、本書の第1部第2章で論じることを除いて、残念ながら今回は割愛したい。つまり第2部では、スポーツ参加の三形態のうち、「するスポーツ」と「支えるスポーツ」を中心に議論することにする。

　そのうち「するスポーツ」について、現代日本でその拡大が一番期待されているのは、高齢者の参加であろう。少子高齢化が深刻化するなか、骨粗しょう症や認知症予防に運動が有効となると、医療費や介護費を削減するため、高齢者のスポーツ参加に期待が高まっていることは間違いない。また、女性や障がい者のスポーツ参加についても、社会参加や社会統合の拡大を後押しするものとして、その推進が期待されてきた。しかし高齢者のスポーツ参加と比べると、女性や障がい者のスポーツ参加は、その推進に際して少なからぬ摩擦を呼び寄せることがある。あいにく現在でも、女性のスポーツ参加が「女らしさ」を損なうという意味で眉をひそめられることはなくならないし、スポーツで活躍する女性に対して競技内容よりその容姿にばかり注目が集まることも少なくない。障がい者のスポーツ参加については、「健常者に劣らぬ」選手の活躍が脚光を浴びる一方で、健気に頑張る理想像を押しつけられ、感動を搾取されるような展開が危惧されている。しかし、そういう問題があるからこそ、ここで論じるべきテーマと考えた。

　「支えるスポーツ」については、スポーツボランティアが、今では大規模なスポーツ競技会を開催する上で不可欠の存在となっている一方で、オリンピックのような国家事業の際には、その名に反した動員が行われることで論争の的になっている。実際、東京 2020 オリパラ大会においても、競技と関係のない、東京都が募集した地域ボランティアには欠員が目立ち、強引な動員が危惧されている。とはいえ、2020 年に向かう日本でのこれまでの経緯を振り返ってみると、開催より 1 年以上前から募集枠の倍に及ぶ大会ボランティアへの参加希望者がいたように、単純な動員（批判）論では片づけられない事態が起こっていることが予感される。

　女性や障がい者のスポーツ参加に関する議論についても、スポーツボランティアへの批判についても、一元的な尺度で評価することは難しい。しかし、それらが様々な問題を抱えているがゆえに、現代におけるスポーツ参加の意義を考える際には試金石となるだろう。評価の尺度を示す具体的な作業は本章に続く第 2 部の各章に譲るとして、本稿では、そもそもスポーツに参加することの意義と意味について、歴史を振り返りつつ、その要点をいくつか取り上げて考えてみたい。

1.　参加することに意義がある

　本書のテーマであるオリンピックとの関連でスポーツ参加の意義を考えると、

まず思い出されるのは「参加することに意義がある」という言葉かもしれない。この言葉は、近代オリンピックの創始者クーベルタンがしばしば言及したことで知られているが、元は1908年のロンドン大会会期中にセントポール大寺院の主教が述べた言葉であった［JOC公式サイト①，2019a］。それは当時、世界の覇権をめぐって険悪だったイギリスとアメリカの選手が、フェアプレイを忘れた振る舞いを繰り返すのをみかね、両者をいさめる言葉として語られた。

　この言葉の意味は、現代では「人生にとって大切なことは成功することではなく努力すること」というニュアンスで理解されることが多いようだが、語られはじめた当初は参加選手たちに世界平和に向けた努力を促すものであった。近代オリンピックは、その創設を決めたパリ国際アスレチック会議（1894年）の名誉委員の多くが平和運動に関わっていたことからわかるように、国際平和運動の一環として構想されたものといっても過言ではない［和田，2018：43-45］。

　近代オリンピックがはじまった19世紀末、大陸を越える移動は船でしかできず、必要なコストも時間も現代とは比べようもなく大きかった。そんな状況下で、世界の若者が集い、スポーツを通じて肌と肌で向き合うことは、それだけでも国際交流と相互理解にとって貴重な機会であった。もちろん、前述したような国際関係を反映した選手間の対立は当時からあり、特に第二次大戦後の冷戦期には顕著にみられたが、それでもオリンピックは自分が得意とする競技に卓越したプレイを披露する他国の選手に敬意を抱ける機会であり続けた。そうした機会は、批判されることの多い1936年のベルリン大会でも存在した。その大会でアメリカの黒人選手、ジェシー・オーエンスは陸上競技で金メダルを四つ獲得したが、記録映画『オリンピア』で映像が遺されているように、ドイツの観衆や選手たちに人種偏見を見直す機会を与えている。

　とはいえ、こうした国際交流の貴重な機会というオリンピック参加の意義は、1970年代以降、一部低減していることは認めざるを得ない。先進国における海外渡航の自由化や航空機の大型化（移動コストの低下）が後押しして、国際スポーツ大会でもなければ大陸を越えて若者が交流する機会が持てないような状況ではなくなった。それ以上に、1972年のミュンヘン大会で中東の過激派がイスラエル選手団を襲った悲劇のように、オリンピックが国際平和に悪影響を与えた例があることも忘れてはならないだろう。しかしその一方で、深刻な対立関係にある国同士でも、オリンピックの出場権を得ようとすれば対戦に向け必ず交渉の場を設ける必要があり、対戦に際しては必ず人の行き来があることの意味は軽視で

きない。国際連合の加盟国数より IOC に加盟する国と地域の数の方が（台湾代表やパレスチナ代表を含むように）上回っていることは、見過ごされがちではあるが、国際交流に果たすスポーツ参加の意義を示していると、ここで指摘しておきたい。

　いずれにせよ、スポーツ大会に参加することに意義が生じるとすれば、あるいはそれが国際交流に寄与するとすれば、勝利を目指して全力を尽くすだけではなく、対戦相手はもちろん、ボランティアを含めて競技を支える人すべてに敬意を払い、フェアプレイで自身も敬意を勝ち取り、観客を巻き込んで友情を育む、そうした意識と振る舞いが参加者に不可欠である。そうした価値観を、IOC は「卓越（Excellence）」「敬意／尊重（Respect）」「友情（Friendship）」という三つの語彙［JOC 公式サイト②，2019b］を通じて伝えようとしているのだが、スポーツ指導に関わる人には、東京 2020 五輪を機会として、ぜひそれを記憶してもらいたい。

2.　ジェンダーとスポーツ参加

　オリンピック大会への女性の参加は、その大会の伝統とスポーツ界における存在の大きさからこれまでも注目を集めてきたが、国際スポーツ大会が乱立する現在でも女性の地位を象徴する指標として扱われている。特に、クーベルタンが始めた近代オリンピックの第一回アテネ大会（1896 年）で、女性が一人も参加できなかったことは、当時のスポーツ界が女性排除の思想をともなっていた証拠として、しばしば言及される［井谷ほか編，2001：32］。第二回パリ大会（1900 年）では、非公式競技として 2 種目の女性競技が行われたのち、次のセントルイス大会（1904 年）でようやく公式の女性競技としてアーチェリーが行われた［伊藤，1999：125］。

　1928 年のアムステルダム大会は、日本人女性（人見絹枝）が最初にメダルを獲得した大会として記憶されているが、実は女性の陸上競技が公式に行われた最初の大会でもあった。第一次世界大戦が終わった直後の 1920 年代は、先進国で女性の権利意識が高まった時代であったが、テニスやゴルフといったスカートでもできる競技はともかく、陸上競技への参加には男性の厳しい目が向けられていた。そうした状況に業を煮やした女性アスリートたちは、1922 年のパリで「世界女子オリンピック」を開催することにした［田中，2004：65］。その後も 4 年

毎に行われたこの大会の成功が後押しして、1928年にようやくオリンピックでも陸上競技への女性の参加が認められることになる。

ただし、この1928年のオリンピックは、女性の陸上競技にとって悪い意味でも「レガシー」を残す大会となった。人見絹枝が銀メダルを獲得した800m走でゴール直後に倒れこむ選手が出たために、800mは女性には長すぎるという判断が下されてしまい、その後の大会で女性は短距離しか走らせてもらえなくなってしまった［飯田ほか編，2018：140-141］。中距離である800m走で女性の競技が再開されたのは、1960年のローマ大会を待たなければならなかった。

オリンピックへの女性の参加を通して、その時代のジェンダー状況を知る上で、1928年に匹敵する次の大きな転換は1984年にやってきた。アメリカのロサンゼルスで開かれたこの大会は、IOCがアマチュアリズムを放棄して、大企業のスポンサーを導入したことでも知られているが、その時、陸上競技で特に過酷とみなされてきたマラソンで女性の参加が認められることになった[1]。女性がマラソンを走ることが批判されていたという事実は、市民マラソン大会で女性ランナーが男性を上回る勢いでみられる現在、若い人には想像すら難しいことかもしれない。しかし、そんな当たり前のことを実現するためにも、半世紀ほど前には数多くの女性たちが闘いを繰り広げる必要があった。

こうして20世紀の終盤になると、女性の権利獲得の動きが強まったこともあり、オリンピックから女性の参加できない競技がなくなっていった。1992年には柔道、1996年にはサッカー、2000年にはレスリングと重量挙げが女性の公式競技となった。21世紀に入っても、2012年にボクシングが、2014年にスキージャンプが女性の公式競技となったことは、女性に参加が許されないスポーツなどないという印象を人々に与える上で大きな役割を果たした。

現在のオリンピックでジェンダーを考えると、むしろ男性が参加できない競技が残されていることが気になってくる。新体操とアーティスティック・スイミング（旧称シンクロナイズド・スイミング）がそうだが、特に後者は2015年までオリンピック以外の世界選手権でも男性の出場が認められていなかったことで物議をかもしていた（現在は、世界選手権ではペア競技で男性の出場が認められている）。これらの競技は、美しさを競う点で他の競技と違うとされているが、だとすると器械体操（アーティスティック・ジムナスティック）とはどう区別できるのだろうか。日本で人気のフィギュアスケートでは、男性選手の美的な動きが称賛されているのに、新体操とアーティスティック・スイミングで男性の参加が

認められない理由は、そう簡単に説明できることではない。1970 年代まで女性のマラソンへの参加が批判されていたことを今の我々は奇妙に思うが、それと同様の感覚と常識の変化は、新体操とアーティスティック・スイミングにも待っているのかもしれない。

　ジェンダーとスポーツ参加について、もう一つ課題が残るのは男性でも女性でもない（あるいは、どちらでもある）人々の参加をどう考えるかであろう。その性別に疑惑を持たれた南アフリカの陸上選手、キャスター・セメンヤの話は、このあとの章で議論があるので置くとして、ここでは性的マイノリティのスポーツ参加について、ゲイ・ゲームズの存在に触れておきたい。

　ゲイ・ゲームズとは、1968 メキシコ大会の十種競技で 6 位に入賞したトム・ウォデルが提案して、1982 年にサンフランシスコで始まった同性愛者のための国際スポーツ大会である［西山，2006：120-121］。それ以降、4 年毎に北米を中心として世界各地で開催されている。その存在からわかることは、女性のスポーツ参加を嫌ったとされるクーベルタン男爵の時代から 100 年以上たっても、いまだ競技スポーツは性差に関する偏見から自由になり切れていないという事実であろう。身体的な性差ではなく、精神的な性差（性自認）や性的指向（同性を好きになること）が問題になってスポーツ参加に支障を感じる人がいるからこそ、ゲイ・ゲームズは必要とされている。男性の参加が許されていないオリンピック競技に関して指摘したこととも関係するが、常識というものは生きる上で人が頼りにできる指針ともなれば、自由と喜びを奪い窒息させる枷ともなるものである。なんでも革新的に生きれば幸せになれるものではないとしても、常識を理由に他人や自分を責める前に、その常識が本当に幸福をもたらすのか、別の選択が可能でないか確かめてみる勇気と謙虚さを忘れたくないものだ。

3.　障がい者のスポーツ参加

　障がい者のスポーツ参加の歴史［笹川スポーツ財団，2016：158-159］を振り返ると、近代オリンピックがはじまるより前、1888 年にドイツで聴覚障がい者のためのスポーツクラブが創設されたのがおそらく最初といわれている。そして、女性のスポーツ参加が盛んになったのと同じ 1920 年代に、第一回国際ろう者スポーツ競技大会がパリで開催された。しかし、現在のパラリンピック競技大会につながる活動は、第二次世界大戦後のイギリスで、脊椎を損傷した患者へのリハ

ビリの一環として、1948年にストーク・マンデビル病院で開かれた車いすアーチェリー大会とされている。

　その後、1952年に車いす使用者を主な競技者とした国際ストーク・マンデビル競技大会が創設され、4年に一度のオリンピックイヤーに開催されるようになった。ただし、この大会がオリンピックと同じ都市で開催されるようになるのは、1960年のローマと1964年の東京を別とすれば、1988年のソウル大会以降になる。また、パラリンピックという名称は、最初は脊髄損傷等による下半身の麻痺を意味するパラプレジア（Paraplegia）から取られたものだったが、1976年から国際ストーク・マンデビル競技連盟と国際身体障がい者スポーツ機構が共同で大会を運営するようになったこともあり、車いす使用者以外の競技者の参加が増えたことで、この言葉は実情にそぐわなくなってしまった。そして、IOCとの連携が強化されるなか、1985年からオリンピックと並び称されるパラレルな大会という意味に読み替えられた上で「パラリンピック」が正式名称となった。

　一方、日本における障がい者スポーツの起源は、1920年代から視覚障がい者のための体育組織が結成されていたこと［堀内，2016：131］、太平洋戦争当時に傷痍軍人を集めた大会が実施されていたこと（2018年3月、日本スポーツ社会学会第27回大会における渡正の報告）などが指摘されている。しかし、現在につながる活動は1964年の東京オリンピックと合わせて開催された「パラリンピック（当時は愛称としてこう呼ばれていた）」大会が起点となっている。1960年代の日本で、障がい者は雇用の機会に恵まれないだけではなく、社会から隔離して施設で生活することが勧められるような状況にあった。そんななか、開催国としての面目を保つために施設入所者を中心とした競技者の即席養成が行われた。その参加が半ば動員であったことは問題含みだが、日本の選手たちは、先進国からやってきたパラアスリートたちの多くが、仕事を持ち、結婚もしていることを知り、大きく勇気づけられたようだ。この大会の成功を踏まえ、翌1965年からは国民体育大会に合わせて同じ会場で全国身体障害者スポーツ大会が毎年開催されることになった［公益財団法人障がい者スポーツ協会，2015：8］。（なお、2001年以降、この大会は全国知的障害者スポーツ大会と合流して、全国障害者スポーツ大会となる。）

　その後、1974年にはアメリカのオハイオ州で世界初の車いすマラソンが実施されている。1981年には日本でも、国際障害者年を記念して大分で車いすマラソン大会（初回はハーフマラソン）が創設されている［笹川スポーツ財団，

2016：158]。この大分の車いすマラソンは、フルマラソンに延長された上で現在まで継続的に開催されており、今では国際大会として評価の高いものに成長している。

　日本の障がい者スポーツの歴史にとって、次に飛躍の機会となったのは、1998年の長野で開催された冬季パラリンピックであった。この大会の開催を前に、障がい者スポーツをリハビリの一環としてではなく競技としてみる見方がメディアを通じて一般に流布されるようになったが、その一例は 1995 年から 1999 年まで発行された『Active JAPAN』のようなスポーツ誌にみることができる。それ以上に影響が大きかったのはパラリンピックの様子が長時間テレビで放送されたことであろう。また、この大会の影響として、当時日本の障がい者スポーツを統括していた厚生労働省は、2001 年に全国障害者スポーツ大会の規程を修正し、リハビリや社会参加を重視する姿勢から競技志向へシフトさせたことが指摘されている［堀内，2016：132］。

　さらに、2011 年に施行されたスポーツ基本法との関係で、障がい者スポーツの監督官庁が厚生労働省から文部科学省に（そして 2015 年からはスポーツ庁に）移管されたことは、日本の障がい者のスポーツ参加に善悪両面で変化をもたらすものと予想されている。今後の日本で障がい者スポーツがどうなっていくかを考えた時、リハビリや社会参加より競技としての側面を強めていくと、強化費の増額が期待できる一方、障がい者に対して偏った期待が寄せられる危険が出てくる。これまでの障がい者スポーツが、施設に閉じ込められていた人々を社会に解き放つ役割を果たせたことは高く評価すべきだが、他方で、すべての障がい者に自助努力と高いパフォーマンスを期待する傾向が強まることは「エイブリズム」と呼ばれる問題を引き起こす［渡，2019：150-152］

　1964 年のオリンピックは、当時としては科学的な研究に基づいた努力でメダルを獲得したにもかかわらず、事後にその成果を選手の意思を無視した闇雲な練習によるものと再解釈してしまい、「スポ根」の思想を日本中に拡散してしまった[2]。その影響は、学校教育でも授業と部活の両面で競技志向を強めることにつながり、体罰指導の蔓延と勝利至上主義によるスポーツ文化の貧困化をもたらした。それが現代にも禍根を残していることは、厳しく批判されなければならない。東京 2020 パラリンピック以降のスポーツ推進政策が、障がい者スポーツにそれと似たような悪影響を及ぼさないか、頑張らない障がい者を非難するような風潮が生まれないか、われわれは今後、警戒する必要があるだろう[3]。

　最後に、障がい者スポーツは、競技を公平に実施するにあたって、身体的なハンディを補う道具の使用をどこまで認めるか、障がいの程度による競技者のクラス分けをどこで線引きするかによって、その競技で活躍できるかどうかが大きく影響されるという点でも課題を抱えている。競技レベルが上がるにしたがって、参加者の身体条件の差異をならして公平な競技を実施することが難しくなる問題は、一般のスポーツでも見られることではある。現代のオリンピックレベルの競技者間では、ドーピング検査にあたって、特定の薬物を持病の治療で使うなら許されるのに、その持病を持たないと判定された者には禁止されるといった、避けがたい不平等が生じている。今後ますます競技レベルの上がることが予想される障がい者スポーツでも、個々人の障がいの違いにより身体条件の差異が様々であることから、競技の公平性を保つ上でさらに難しい問題の発生が予感される。2020 年に地元でパラリンピックを開催する以上は、そこから多くを学んで、将来に備えなければならない。

4.　ボランティアによるスポーツ参加

　「支える」というスポーツ参加のあり方は、「する」「みる」といった形態より発展史的に後の段階になると本稿冒頭で書いたものの、ルールを決めたり大会運営をつかさどる組織の仕事まで含めると、それは新しいものとはいえなかったかもしれない。特に、近代オリンピックのような国際スポーツイベントの出現は、「支える」ことを喜びとする人々の存在がなければあり得なかっただろう。

　19 世紀から 20 世紀前半までの社会は、先進国でも福祉政策が貧弱で、現在以上に人々の間に格差があったが、そのことが逆に、貴族を中心とした恵まれた人々にチャリティを常識とする力となっていた。生まれ持つものに大きな違いがあるのが当たり前だった時代には、恵まれた者には社会に貢献する義務があるという「ノーブレス・オブリージュ（noblesse oblige）」の精神が認められていた。そうしたチャリティの精神は、自分の趣味とつながる世界を育てるためであれば、さらに発揮しやすくなる。創設期の IOC メンバーに爵位を持つ者が少なくなかったのは、そうした事情を反映している。

　その後、社会に民主化が広がると、「高貴」なるがゆえのチャリティの精神は維持が難しくなっていく。1964 年のオリンピックの頃には、もちろんボランティアはいたものの、公務員の出向や業務の一環として運営に関わる人が多くな

る。ただしそこには業務を越えた献身があった［笹川スポーツ財団，2019］。特に競技関係者によるボランティア的な貢献は、現在でも必要不可欠なものだが、当時そういう立場にあった人は、中学校が義務教育ではなかった時代に高等教育を受け、スポーツを経験する余裕のあったエリートだった。1950年に高等教育機関に在籍していた者が同世代の6.2%に過ぎず［文部科学省公式サイト，2019］、それ以上の世代はさらに少なかったことからすれば、1964年の大会運営を支えたのは、学歴的にも経済的にも恵まれた人が多かったことがうかがわれる。

　1964年以降の「支えるスポーツ」については、オリンピック開催を契機に創設されたスポーツ少年団が、全国各地に無償のボランティア指導員を広めることに貢献したことにも注目すべきだろう［高田，1965］。また、中学・高校の運動部活動についても、オリンピックを契機に中学から都道府県単位の広域大会が（水泳では全国大会が）開かれるようになり、競技志向が強まった結果、教員の多大なる負担と引き換えに無数のボランティア指導員を生み出した。このことは、現在でも半数近くの中高生が運動部活動に参加していることを踏まえて、世界的に珍しいレガシーが遺されたものと考えられる［中澤，2014；2017］。

　さらに1980年代に入ると、スポーツを支えるボランティアの実態は世界的に大きく変化した。オリンピックは戦後一貫して競技数を増やしてきたが、前述した女性競技の拡大もあいまって、開催国や開催都市の公金では維持できないものになってしまう。そのため、1976年のモントリオール大会は巨額の負債を開催都市に残し、1980年の社会主義政権下で開催されたモスクワ大会は別として、1984年の夏季オリンピックに立候補したのはロサンゼルス市だけとなった［石坂，2018：113-143］。この時のロサンゼルス大会では、開催国も開催都市も公金を一切使わないことを公約としていて、世界中から大企業を集めてスポンサーとしただけでなく、公務員や競技関係者ではない一般市民から無償のボランティアを大量に集めている。

　ただし、本書の第8章では、一般市民からボランティアを大量に集めた上で大会運営に公式に組み込んだ最初の例は、1984年ではなく、1980年のレークプラシッド冬季大会であったとされている。その主張はもちろん正しいが、冬季大会と夏季大会では規模と注目度に違いがあることを考えると、スポーツボランティアの存在と意義を世界に知らしめたという点では、1984ロサンゼルス大会のインパクトをここでは強調しておきたい。

　最初の大会がレークプラシッドであれ、ロサンゼルスであれ、アメリカの都市

がスポーツボランティアの発信地となったことは間違いがないが、その背景にはキリスト教の影響もあったと思われる。そこからすると、むしろ考えるべきなのは、キリスト教の影響が少ない日本でもオリンピックやワールドカップのような国際スポーツ大会を支えるためなら大量のボランティアを集めることができるのはなぜかという問いかもしれない。

　その問いに対して簡単に答えを得ることはできないが、一つの要因として、1993 年のプロサッカー J リーグの発足は重要だったと思われる。以前からあった大相撲やプロ野球といった大都市中心の興行モデルではなく、地域に密着したヨーロッパ型のスポーツクラブを理想として、ファンではなくサポーターを求めた J リーグの姿勢は、それ以降、日本の他のチームスポーツにも普及のモデルを提供するようになった［高橋, 1994］。プロ野球でも、2004 年に収入減から組織の再編を計画した際、主要な球団のオーナーが 10 球団 1 リーグ制への縮小を唱えたのに対して、選手会と野球ファンが反旗を翻して、パリーグを中心に地域密着型の球団運営に転換させていったことも、日本に「支えるスポーツ」の文化を広げたことは間違いがない。J リーグのサポーターを見習って、新設球団の地元の人々はボランティアでチームの運営を支えた。そうした人々の支援によって、日本のプロ野球は 12 球団 2 リーグ制で経営を続けることが可能になった。

　本稿の主題である東京 2020 オリパラ大会についても、競技運営と関わる大会ボランティアについては、海外からの応募も多かったとはいえ、定員を満たすことが容易だった。他方で、開催都市の案内を担当するボランティアの集まりが悪いことは本書 8 章に書かれている通りである。その二つのボランティアへの反応の違いを考えると、政府の動員やナショナリズムといった観点だけでは日本におけるスポーツボランティアの現状は語れないことがわかる。

　なお、応募者が不足する都市ボランティアに関して、学生をターゲットとした動員が行われ、ボランティアの理想が貶められることは恥ずべき事態であり、今後も改善されなければ厳しく批判を受けるべきであろう。なによりパラリンピックについては、視覚障がい競技者の伴走などで、競技に関してもボランティアの協力が重要であるにも関わらず、深刻な人材不足が指摘されている［渡, 2017：77］。

　これに関連して、イギリスに本拠を置く CAF（Charities Aid Foundation）という団体の調査によると、個人が 1 年間にボランティアにかける時間などで国際比較を行うと、2018 年に日本は調査対象となった 144 ヶ国中 56 位となってい

る［CAF, 2018］。GDP 世界 3 位の経済先進国として、この結果はかなりお寒い
ものといわざるを得ない。国際的なイベントであることを理由に、政府がボラン
ティアを動員して長期間拘束することを批判するのはもちろん重要であろう。し
かしその一方で、現代日本における助け合いの弱さ、チャリティ精神の希薄さに
ついても、これを機会に再考が必要ではないだろうか。

　CAF の調査では、「異邦人に手を差し伸べる（Helping a Stranger）」頻度につ
いても結果が示されていたが、その順位はさらに低く、日本は 144 ヶ国中 142
位であった。ここ数年、外国からの観光客が急増し、観光業に将来の期待が集ま
るなかで、この順位はさすがに問題があるだろう。日本人の多くに語学に関する
気おくれが強いこともあるだろうが、そこには新自由主義的な自己責任論の影響
も感じられる。せっかく 2019 年のラグビーW 杯に続き、2020 年に地元でオリパ
ラ大会が開かれるのだから、他人との関わり方を見直す機会にしたいものだ。

5.　スポーツ参加をめぐる今後の課題

　最後に、オリンピックやパラリンピックと絡めてスポーツ参加を考える上で、
本稿で十分に取り上げられなかった課題を指摘しておきたい。それは、国際スポー
ツのメガイベントへの参加を「持続可能な社会」の実現にどう結びつけられる
かという課題である。

　持続可能性のうち、まず環境問題とオリンピックとの関わりを考えると、す
でに 1972 年の札幌冬季大会の時点から、自然保護区にスキーコースを設置す
るため森林伐採を行うことが批判の対象となっていた［石塚, 2015］。その後、
1990 年代に入るとオゾン層の破壊や地球温暖化の問題が焦点化されることで、
特に自然との関りが深い冬季大会を中心に環境保護との両立が問題とされてきた
［Chernushenko, 1994：訳書, 1999］。夏季大会についても、その開催が都市開
発と不可分に結びつけられてきたことから、環境問題と経済効果の両面で負の遺
産が批判の対象となっている。

　2020 年の東京大会においても、その開催理念の一環として「持続可能な開発
目標（SDGs）」への貢献が掲げられている［東京 2020 オリンピック・パラリン
ピック競技大会組織委員会, 2019］。しかし、広報キャンペーンとしての意義以
外に、SDGs で何かレガシーを遺せるのかといえば、正直あまり期待ができそう
にない。本稿の冒頭で取り上げた世界平和への貢献も、ジェンダー平等や人権保

護についても、持続可能性との関係で何ができるか検討すべきことは多分にあるが、大会前の現時点では、東京都のヒートアイランド対策が（あいにくマイナスの意味で）話題となる程度にとどまっている。

マラソンや駅伝のコースが大会直前になって急に変更を迫られたことは、国家プロジェクトの後押しを受けても東京都の地球温暖化対策が失敗したことを意味している。日本の陸上競技連盟にしても、マラソンの代表選考レースを本番の予行演習と位置づけながら8月上旬でなく9月の中旬に開催したことは、焦熱対策に目途が立たなかったからだと理解すべきだろう。

それ以上に、東京湾を泳ぐトライアスロンなどの競技について、普段、水質の問題から遊泳禁止にしている海域で競技を行うことには、もっと批判がなされるべきだ。そこで開催を強行するのであれば、泳路を（除菌はできない）スクリーンで囲うのではなく、水質改善を徹底しておくべきではなかったのか。もし東京湾が水泳を余裕でできる水質になっていたとしたら、そこまでのコストを払うことは現実的でないとしても、大会のレガシーとして比類のないものとなったことだろう。

国際スポーツのメガイベントへの参加が持続可能な社会への貢献とどうつながるかという課題は、オリパラのレガシーを考える作業と不可分である[4]。競技スポーツ大会への参加が今後も望ましい社会のあり方に寄与できるかどうかについては、2020年だけでなく、大会後もその成果と負債を検証しつつ、模索していかなければならない。

【注】
1) オリンピックへのスポンサーの導入と、女性マラソンの公式競技化の間には、もちろん直接のつながりはない。後者は1960年代から続く第二次フェミニズム運動の成果と考えるべきだろう。しかし、その後のオリンピックの歴史において、女性競技の拡大がスポンサー獲得の上で有効に利用されてきたことは事実であろう。
2) 1960年前後から日本体育協会は、スポーツ科学研究委員会を立ち上げ、講習会や『体育の科学』の特集などを通じて最新のスポーツ科学を選手指導に導入すべく努力していた［宮畑, 1960：470；中西, 1962：495-498］。しかし、1964年の大会終了後には、金メダルをとった女子バレーの大松博文監督が、その代名詞となった猛特訓とあわせて英雄に祭りあげられたように、新聞やテレビ、アニメや漫画を通じて、科学とは程遠い選手の意思を無視した闇雲な練習を称える物語が量産されるようになった。
3) パラリンピックが与える悪影響には、実施される競技に偏りがあり、そこで活躍できないからといって障がい者スポーツとして価値が低いわけではないことが見逃される危険も指摘されている［渡, 2019：148-149］。なかでも、障がい者スポーツとして歴史の古い聴覚障がい者の競技がパラリンピックにないことは注目に値する。

4) オリンピックレガシーの歴史的変遷について、間野［2015：59］は次のように整理している。開催都市の招致レポートと大会終了後の報告レポートにレガシーとして記載されている内容が、1995 年を境に、それ以前に重視されていた「情報・教育」が 42%から 27% へ、「文化」が 42% から 23% へダウンした。代わりに「経済」が 33% から 52%、「都市（インフラ開発）」が 0% から 39% へアップしており、「持続可能性」が 0% から 27%、「環境」が 0% から 43% へ増加している。

【文献】

CAF (Charities Aid Foundation), 2018, World Giving Index 2018.Retrieved December3, 2019, https://www.cafonline.org/docs/default-source/about-us-publications/caf_wgi2018_report_webnopw_2379a_261018.pdf

Chernushenko, David, 1994, *Greening Our Games*, Centurion.（小椋博・松村和則編訳，1999，『オリンピックは変わるか—green sport への道—』，道和書院）

Giulianotti, R., 2002, "Supporters, Followers, Fans, and Flâneurs: a taxonomy of spectator identities in football." *Journal of Sport & Social Issues,* 26(1), 25-46.

長谷川純三, 1962,「スポーツ少年団の構想（特集・夏期の青少年活動）」,『体育の科学』12（8），398-400.

堀内雄斗，2016，「パラリンピックと障害者スポーツ—現状と課題—」,『レファレンス』66（2），127-147.

飯田貴子・熊安喜美江・来田享子編，2018，『よくわかるスポーツとジェンダー』，ミネルヴァ書房.

石塚創也，2015,「1972 年第 11 回オリンピック冬季競技大会（札幌大会）の開催準備期における滑降競技会場移転論争—IOC 理事会・総会議事録および IOC と大会組織委員会の往復文書の検討を中心に—」,『体育史研究』32，13-26.

石坂友司，2018，『現代オリンピックの発展と危機—1940-2020—』，人文書院.

石坂友司・松林秀樹編，2013，『〈オリンピックの遺産〉の社会学—長野オリンピックとその後の十年—』，青弓社.

井谷惠子・田原淳子・來田享子編，2001，『目でみる女性スポーツ白書』，大修館書店.

伊藤公雄，1999，「スポーツとジェンダー」，井上俊・亀山佳明編『スポーツ文化を学ぶ人のために』，世界思想社，114-129.

公益財団法人日本障がい者スポーツ協会，2015，『障がい者スポーツの歴史と現状』，公益財団法人日本障がい者スポーツ協会.

黒須充・水上博司編，2014,『スポーツ・コモンズ—総合型地域スポーツクラブの近未来像—』，創文企画.

間野義之，2015，『奇跡の 3 年 2019・2020・2021 ゴールデン・スポーツイヤーズが地方を変える』，徳間書店.

宮畑虎彦，1960，「巻頭言—科学的なスポーツ指導について—（特集・コーチングの科学的基礎）」,『体育の科学』10（9），470.

文部科学省公式サイト，2019,「日本の成長と教育（昭和 37 年度）第 2 章 2(5)」. 2019 年 11 月 3 日取得，http://www.mext.go.Jp/b_menu/hakusho/html/hpad196201/hpad196201_2_014.html

中西光雄，1962，「体協のスポーツ科学研究委員会の紹介」,『体育の科学』12（9），495-498.

日本オリンピック委員会（JOC）公式サイト①，2019a,「オリンピズム—クーベルタンと

オリンピズム」. 2019 年 11 月 3 日取得，2019，https://www.Joc.or.Jp/olympism/coubertin/
日本オリンピック委員会（JOC）公式サイト②，2019b,「JOC の進めるオリンピック・ムーブメント」. 2019 年 11 月 3 日取得，https://www.Joc.or.Jp/movement/data/movementbook.pdf
西山哲郎，2006,『近代スポーツ文化とはなにか』，世界思想社.
笹川スポーツ財団，2016,『パラリンピアンかく語りき―障害者スポーツと歩む人びと（スポーツ歴史の検証 2015 年度版）―』，笹川スポーツ財団.
笹川スポーツ財団，2019,『1964 年東京大会を支えた人びと―スポーツ歴史の検証―』新紀元社.
清水諭・友添秀則，2013,『現代スポーツ評論 29―障害者スポーツをどのように考えるか―』，創文企画.
高田通，1965,「日本スポーツ少年団の現状と将来」，『体育の科学』15（1），10-13.
高橋義雄，1994,『サッカーの社会学』，日本放送出版協会.
田中東子，2004,「オリンピック男爵とアスレティック・ガールズの近代」，清水諭編『オリンピック・スタディーズ』，せりか書房，54-70.
東京 2020 オリンピック・パラリンピック競技大会組織委員会，2019，東京 2020 オリンピック・パラリンピック競技大会公式サイト. 2019 年 11 月 3 日取得，https://tokyo2020.org/Jp/games/sustainability.
俵浩三，1977,「山地の開発利用と跡地緑化―札幌オリンピック滑降コースの場合―」，『林業技術』425，17-20.
中澤篤史，2014,『運動部活動の戦後と現在―なぜスポーツは学校教育に結び付けられるのか―』，青弓社.
中澤篤史，2017,『そろそろ、部活のこれからを話しませんか―未来のための部活講義―』，大月書店.
和田浩一，2018,「近代オリンピックの創出とクーベルタンのオリンピズム」，小路田泰直・井上洋一・石坂友司編，『〈ニッポン〉のオリンピック―日本はどうオリンピズムと向き合ってきたのか―』，青弓社.
渡正，2017,「障害者スポーツのボランティアをめぐる現状と課題」，清水諭・友添秀則編『現代スポーツ評論 37―スポーツとボランティア―』創文企画.
渡正，2019,「パラリンピックは多様性のある社会を実現できるのか？」，友添秀則・清水諭編『現代スポーツ評論 40―スポーツ団体のガバナンスをめぐって―』創文企画，148-152.

東京 2020 オリンピック開催に向けたスポーツ政策における女性アスリートの身体

：「女性特有の課題」としての生殖機能の保護と管理

高峰　修

1.　スポーツにおける性別二元制と性別確認検査

　スポーツとジェンダーに関わる興味深いトピックの一つに、性別確認検査がある。おそらく一般社会ではほとんど受ける機会がないこの検査の受診が、オリンピックをはじめとするいくつかの競技の国際大会において 1960 年代から 90 年代にかけて、出場を希望するアスリートに課せられていた［來田，2010］。正確には、受診を義務づけられていたのは女性アスリートのみであった。なぜならばこの検査で確認すべきことは、男性の身体を持ったアスリートが女子競技にまぎれ込んでいないか、言い換えると、女子競技に出場するアスリートの身体が "女性" であるか、であったからである。こうしたことから、この検査は本来は女性確認検査と呼ぶべきかもしれない。

　1930 年頃になると、それまでは男性が主役であったスポーツの世界により多くの女性が参入するようになり、それに伴って女性に扮した男性が女子競技にまぎれ込むようになったという。また優秀な成績を残したアスリートの性別が、のちに競技時のそれとは異なるという事例も発生した［來田，2018］。こうした出来事を契機に性別確認検査を導入する検討が始まり、オリンピックでは 1968 年に開催されたグルノーブル冬季大会とメキシコシティ夏季大会から導入されたの

である。ちなみに同大会からはドーピング検査も始まっており、この時期にアスリートの身体を対象とする二つの検査が国際競技大会に導入されたのは興味深い。

　オリンピック大会に出場するすべての女性アスリートに性別確認検査を課すというルールは、2000年に開かれたシドニー大会以降、廃止された。その最たる理由は、人権・プライバシー侵害という点にあるだろう。拒否することができない性別確認検査を受診した結果、典型的な女性の身体であることが確認できない場合、当該アスリートの性別の判定はIOCの医事委員会に委ねられた。そして医事委員会が当該アスリートを典型的な女性と判定しなかった場合、そのアスリートの性自認、あるいは性の自己決定権は尊重されず、競技への出場権を失うのである。また男女間の不平等も大きな理由の一つだろう。なりすまし女性の越境やドーピングによって迷惑を被るのは女性アスリートである。しかし上述のように、性別確認検査を受けることを義務づけられ、それまで疑いもしなかった自分の性別を問われるのは女性アスリートだけである。国際陸上競技連盟が性別確認検査の受診を健康診断書の提出に変えたこと、また1990年代以降の女性とスポーツに関するムーブメントの中で女性の人権が強く主張された［來田，2010］ことなども要因となって、全ての女性アスリートに受診が義務づけられた性別確認検査は廃止された。

　シドニー大会以降は、あるアスリートの性別に疑義が生じた場合にのみ、性別確認検査がそのアスリートを対象として実施されてきた。こうした状況に変化をもたらしたのは、2009年の世界陸上女子800m走で優勝した女性アスリートの登場である。性別が疑われた彼女への対応の中で新たに設定されたのは、生物学的な性別による区分ではなく、体内で生成されるテストステロンの量（10nmol/ℓ）による区分である［來田，2018］。つまり、オリンピックにおける男子競技、女子競技という区分は、実際に適用されている区分を厳密には表わしておらず、正確には体内で生成される血清中テストステロン「10nmol/ℓ未満の部」と「10nmol/ℓ以上の部」で競技を行っているということになる。近代スポーツの発展に組み込まれた基本的枠組みの一つである性別二元制は、今や絶対的なものではなくなりつつある。

　これらの例が表わすように、近代スポーツの歴史において、スポーツをする女性の身体は常に議論の的としてあったといえる。男女別で競技を行うという性別二元制を維持するためにスポーツ界は、当時の医学的・科学的知識を駆使してア

スリートを生物としての男と女のどちらかに振り分けることに躍起になってきたのである。それはある意味では競技上の公平性を担保するためでもあったが、同時に非典型な身体をもつ女性アスリートを排除するという不公平な結果を招いてきた。

2.　スポーツをする女性の身体の保護と管理

　ところで、スポーツにおける女性の身体をめぐっては、女性の身体を保護し管理するという側面の議論も展開されてきた。ここからはオリンピック大会を舞台として、女性アスリートの参加をめぐり彼女たちの身体がどのように保護され管理されてきたかについて検討していく。

　2004 年に開催されたオリンピック・アテネ大会は、日本代表選手団において女性アスリートが占める割合が過半数を占めた一つの節目となる大会であった。この割合はその後、2008 年北京大会 49.9％、2012 年ロンドン大会 53.2％［関, 2016］、2016 年リオ大会 48.5％と、50％前後で推移している。またオリンピック夏季大会の競技に関しては、最後まで残されていた女子ボクシングが 2012 年のロンドン大会において採用され、これをもってすべての競技が男女によって実施されることになった。21 世紀になってから達成されたオリンピック・ムーブメントにおけるこうした男女平等は、1990 年代以降に国際オリンピック委員会が推し進めてきた女性スポーツの促進政策［田原, 2018］の効果の表れとして評価することができるだろう。

　しかし近代スポーツが普及し始めた 19 世紀から 20 世紀初頭、女性のスポーツへの参加をめぐる状況は現在とはまったく異なるものであった。こうした事情はオリンピック・ムーブメントにおいても同様である。よく知られているように、1896 年にアテネで開催された近代オリンピックの第 1 回大会に女性アスリートは参加していない。女性アスリートの初参加が実現したのは 1900 年にパリで開催された第 2 回大会でのことであり、参加競技はテニスとゴルフであったが、これらの競技は女性が行うのにふさわしいスポーツとして当時のブルジョワ階級の価値観に合致するものであった。

　近代における女性スポーツの歴史をスポーツ医学と身体の視点から概観したCarter［2012］によれば、女性によるスポーツの実施やオリンピック大会への参加に関する議論においては、その当時の社会における女性の役割、そして女性の

身体的な特徴をめぐる主張がせめぎ合っていた。後者の内容をよく表わす例として、1928 年のアムステルダム大会における女子陸上競技の問題があるだろう。当時は女性が行うスポーツとしては不適当と考えられていた陸上競技の女子種目は、オリンピックの歴史においてはアムステルダム大会から採用された。具体的には 100m、800m、4×100m リレー、走高跳び、円盤投げの 5 種目が採用されたのであるが、その中でも問題視されたのは 800m であった。大会開催前年に示された「女子の体力を解剖学上、また生理学上より考察して、800m のような強い耐久力を要する競技に参加させることは不適当である」[野口，1927] といった主張にみられるように、当時は 800m という距離が女性の身体には厳しすぎるというパターナリズム的な理由により、その採用には反対論も強かった [高峰，2020]。当時の人々（その多くは男性であった）が恐れたのは、高強度の運動実施によって女性の月経周期や子どもを生む能力、つまり生殖機能に悪影響が及ぶことであった。しかし一方で、脆弱な身体では元気な子どもを産み育てることは難しく、したがって中程度の運動実施は奨励されてもいた。つまり当時の特にブルジョワ階級の女性たちは、自らの生殖機能に関するダブルバインドのはざまでスポーツと関わっていたことになる。そしてそうした主張を支えたのは、当時の医師や科学者による言説であった [Carter, 2012]。

　生殖機能に悪影響を及ぼすので女性の活動を制限しようという主張は、スポーツ以外の分野においてもなされてきた。ファウスト - スターリング [1990] は、19 世紀末の科学者が、若い女性の生殖器系に重度の損傷を及ぼしかねないという理由によって彼女らに高等教育は不要だと主張していたことを紹介している。つまり、「学問に費やされたエネルギーが生殖器官から必要な『力の流れ』をうばってしまい、規則的な月経がぜひとも必要な思春期女性に固有の問題をひきおこす」[ファウスト - スターリング，1990：136，傍点は筆者による] というのである。こうした科学者による観念的な主張からは、「子どもを産む」という社会が永続するためには欠かせない機能でありながらも、自分たちにとっては未知の経験である月経に対する男たちの戸惑い、あるいは恐れを感じ取ることができるだろう。

3.　近代スポーツとスポーツ医学・科学の相互関係

　さて、以上のスポーツへの女性参加をめぐる議論において登場した医学や科学

は、戦後になるとスポーツ医学やスポーツ科学という学問分野として成立するようになる。1955年から80年にかけてのカナダにおけるスポーツ医学の発展について分析したSafai［2007］は、人々の健康増進を目的とした運動・スポーツを主たる研究対象として始まったスポーツ医学が、当時の社会・文化・政治的条件に影響を受けながら、いかにスポーツのパフォーマンス向上のツールとして変貌していったかを描き出している。そこでは、1968年メキシコ大会でのカナダの惨敗、ソ連を始めとする東側諸国のオリンピックへの参加、東西冷戦を背景とするメダル競争、カナダ国内における中央管理庁の改組、1976年モントリオール大会の開催等に加え、国際的なスポーツの場における規範が急速に"卓越さの追求"へと偏っていったことがスポーツ医学の変貌に影響を及ぼしたとされる。同時に、そうした卓越さの追求は、初期のスポーツ医学における専門的知識を反映したものでもあった［Safai, 2007］。このように、スポーツとスポーツ医学は相互影響を及ぼしつつ発展してきたということができ、同時にこれら二者の関係は社会・文化・政治的要因の影響を受けてもいる。

　次節からはこのSafaiの議論を参考に、現代日本における女性スポーツや女性アスリートとスポーツ医学やスポーツ科学[1]（以下、スポーツ医・科学と表現する）の関係について検討することにしよう。まずは日本における近年のスポーツ政策の動向と、そこにおける女性スポーツ政策の位置付けを確認する。さらには女性スポーツ政策において女性アスリートの身体の保護と管理がどのように展開されているのか、そしてその展開に、現政権による女性を対象とした政策と東京2020オリパラの開催がどのように関わっているのかについて分析する。

4.　近年の日本におけるスポーツ政策と女性スポーツ政策

　日本におけるスポーツ政策は、過去10年にそれまでにはない展開をみせた。その嚆矢は文部科学省が2010年に示した「スポーツ立国戦略」にあるといえるだろう。スポーツ立国戦略においては「国際競技大会の招致・開催を積極的に支援する」方針が示され、またスポーツ基本法の検討についてもふれられている。スポーツ基本法は翌2011年に施行されたが、その第九条では文部科学大臣の責務として「スポーツ基本計画」の策定が掲げられ、第二十七条では国の役割として「国際競技大会の我が国への招致又はその開催が円滑になされるよう、（略）当該招致又は開催に必要な資金の確保（略）等に必要な特別の措置を講ずる」と

されている。さらに附則第二条ではスポーツ庁の創設についても言及している。

　スポーツ基本法が施行された翌年の 2012 年には第 1 期スポーツ基本計画が始まったが、そこでは「今後 5 年間に総合的かつ計画的に取り組むべき施策」の一つとして「オリンピック・パラリンピック等の国際競技大会等の招致・開催等を通じた国際交流・貢献の推進」が挙げられている。そして東京 2020 オリパラ年大会の開催が決定したのは、東日本大震災発生から約 2 年半後の 2013 年 9 月のことである。2015 年 10 月にはスポーツ庁が文部科学省の外局として設立され、その 2 年後の 2017 年より、スポーツ庁のイニシアチブによってまとめられた第 2 期スポーツ基本計画が始まった。日本のスポーツ政策をめぐる以上の流れをみると、2019 年ラグビーワールドカップ、東京 2020 オリパラ大会、2021 年ワールドマスターズゲームズ 2021 関西といった一連の国際競技大会の開催は、スポーツ立国戦略に始まる国策としての一連のスポーツ政策の延長線上にあるといえるだろう。

　第 1 期および第 2 期スポーツ基本計画において、女性スポーツ政策はどのように位置づけられているのだろうか。第 1 期スポーツ基本計画では今後 10 年間の基本方針として 7 つの施策が掲げられた。女性のスポーツについてはそのうち 3 つの施策において触れられているが、特に女性に焦点化した政策が設定されているとは言い難い。強いて言うのであれば、国際競技力向上の文脈における位置づけを確認できる程度である。他方、第 2 期スポーツ基本計画における施策は 4 つに絞られており、女性スポーツの位置づけはその中でも「スポーツを通じた活力があり絆の強い社会の実現」において強調されている[2]。この施策の目標の一つに「スポーツを通じた共生社会等の実現」があるが、その下位項目として「スポーツを通じた女性の活躍促進」といった「女性」という語を含んだ項目が設定されている。この項目の「施策目的」と「現況と課題」は以下のとおりである。

［施策目的］
　女性の「する」「みる」「ささえる」スポーツへの参加を促進するための環境を整備することにより、スポーツを通じた女性の社会参画・活躍を促進する。
［現状と課題］
・中学生の女子の 21.7％が、スポーツが「嫌い」・「やや嫌い」であり、運動習慣の二極化が見られる。（平成 28 年度現在）
・20 代〜 40 代の女性のスポーツ実施率が特に低い。（週 1 回以上 28.2％）（平

成 28 年度現在）

・スポーツ指導者は女性の割合が低い。（平成 28 年度現在 27.5％）
・スポーツ団体における女性役員の割合が低い。（平成 27 年度現在 9.4％）

[第 2 期スポーツ基本計画より抜粋]

　「スポーツを通じた女性の活躍促進」という施策項目の名称とその目的からは、この政策の目標があたかも日本社会における女性の活躍をスポーツを通じて推進することにあると想像するかもしれない。しかし、その内情はスポーツを「する」「ささえる」女性を増やすことに留まり、残念ながらそのことが日本社会における女性の社会参画や活躍とどのようにつながるのか、その姿は示されていない。

　さて、この「スポーツを通じた女性の活躍促進」の具体的施策としては 8 点（表 1 のア～ク）が挙げられており、そのうちの 6 点（ア～カ）はおおむね上記の「現状と課題」に則した内容になっている。こうした「スポーツを通じた女性の活躍促進」という施策項目は、スポーツ庁による政策の中でどのように展開されているだろうか。図 1 には 2019 年度にスポーツ庁が行っている〈政策〉の一覧と、そこにおける女性スポーツ関連の〈事業〉を示した[3]。現行のスポーツ政策において、女性が焦点化された政策および事業は次の二つに大別される。一つ目は、〈政策〉「F）（国際）競技力の向上」における〈事業〉「⑥女性アスリートの育成・支援プロジェクト」であり、主に医学や生理学、スポーツ障害といったスポーツ医・科学分野の調査研究を対象としている。二つ目は〈政策〉「L）スポーツを通じた女性の活躍促進」である。この政策は「①女性スポーツの促進方策」「②女性のスポーツ実施率向上」「③女性スポーツに関する国際的な取り組み」「④女性コーチの育成」の 4 つの事業から構成され、主に心理学や社会学、マネジメント、あるいは行動変容といった人文・社会科学系のテーマを扱っている。

　これら女性スポーツに特化した政策・事業と第 2 期スポーツ基本計画において示された「スポーツを通じた女性の活躍促進」との対応関係について確認してみよう（表 1）。既述のように、第 2 期スポーツ基本計画における「スポーツを通じた女性の活躍促進」では 8 つ（表 1 中のア～ク）の具体的施策が示されているが、これらのうちア、イ、ウ、オ、カ、クの 6 つはおおむね図 1 における〈政策〉「L）スポーツを通じた女性の活躍促進」に則した内容になっている。さらにこれらの政策・事業の予算についてみると、「平成 31 年度女性スポーツ関係政府予算案」[スポーツ庁，2019] によれば「女性スポーツ推進事業」として 3,458 万円が計上さ

表1　第 2 期スポーツ基本計画「スポーツを通じた女性の活躍促進」と 2019 年度スポーツ政策・事業における女性スポーツ政策の対応

<第 2 期スポーツ基本計画>「スポーツを通じた女性の活躍促進」			〈2019 年度のスポーツ政策・事業〉	
			政策	事業
ア	女性スポーツに関する調査研究（女子児童や女子生徒を含む）と女性がスポーツに参画しやすい環境を整備	⇒	L）スポーツを通じた女性の活躍促進	①女性スポーツの促進方策
イ	女性の幼少期から高齢期を通じたニーズや意欲に合ったスポーツ機会を提供	⇒	L）スポーツを通じた女性の活躍促進	②女性のスポーツ実施率向上
ウ	女性のスポーツ施設の利用しやすさの向上を促進	⇒	H）スポーツ施設の整備・運営	
			L）スポーツを通じた女性の活躍促進	①女性スポーツの促進方策
エ	性別等の利用の特性にも配慮したスポーツ施設の利用しやすさの向上により，利用者数の増加，維持管理コストの低減及び収益改善等を推進	⇒	H）スポーツ施設の整備・運営	
オ	あらゆるハラスメントの防止や女性特有の課題に取り組むとともに，女性指導者の増加を図る	⇒	L）スポーツを通じた女性の活躍促進	④女性コーチの育成
			F）（国際）競技力の向上	⑥女性アスリートの育成・支援プロジェクト
カ	第 4 次男女共同参画基本計画における目標を踏まえ，スポーツ団体における女性登用を促進	⇒	L）スポーツを通じた女性の活躍促進	
キ	女性特有の課題に着目した女性トップアスリートの競技力向上支援	⇒	F）（国際）競技力の向上	⑥女性アスリートの育成・支援プロジェクト
ク	国際的な女性のスポーツ参加を促進	⇒	G）国際交流・国際協力	
			L）スポーツを通じた女性の活躍促進	③女性スポーツに関する国際的な取組

（「第 2 期スポーツ基本計画」とスポーツ庁の HP より筆者作成）

れている。その予算が対象とする事業内容は「女性のスポーツ参加促進」「女性スポーツ指導者の活動促進」「スポーツ団体における女性役員の育成」の 3 つであるが、これらの事業内容は、やはり図 1 の〈政策〉「L）スポーツを通じた女性の活躍促進」にほぼ該当することがわかる。

　一方、表 1 の「キ　女性特有の課題に着目した女性トップアスリートの競技力向上支援」に対応するのは図 1 の〈政策〉「F）（国際）競技力の向上」のうち〈事業〉「⑥女性アスリートの育成・支援プロジェクト」であり（図 1）[4]、その予算としては 2 億 1,071 万 6 千円が計上されている。

第 6 章　東京 2020 オリンピック開催に向けた女性アスリートの身体

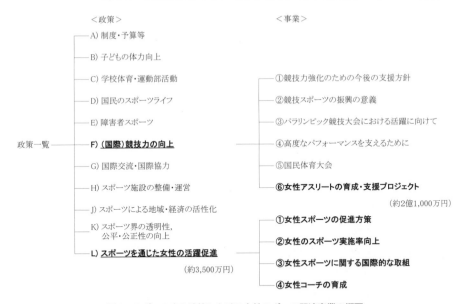

図 1　スポーツ庁の政策における女性スポーツ関連事業の概要

備考：ゴチック体の項目が女性スポーツに関係するもの。2019 年 8 月 31 日現在
（スポーツ庁の HP より筆者作成、予算額は「平成 31 年度女性スポーツ関係政府予算案」を参考にした）

　以上の点をまとめると、現行の女性スポーツ政策の柱は、スポーツに関する人文・社会科学分野のテーマからなる〈政策〉「L) スポーツを通じた女性の活躍促進」と、スポーツ医・科学のテーマからなる〈事業〉「⑥女性アスリートの育成・支援プロジェクト」であり、2019 年度予算案はそれぞれ約 3,500 万円と約 2 億 1,000 万円である（図 1）[5]。〈政策〉「L) スポーツを通じた女性の活躍促進」は第 2 期スポーツ基本計画において新たに設定された施策項目を受けたものであり、その〈事業〉内容はスポーツ環境内における女性の参加促進に留まるものの、子どもから高齢者までの幅広い年齢層の女性による健康づくりやローカルなレベルでのレクリエーショナルスポーツの実施を促進したり、女性の指導者や役員の増加を目指した、それまでにはない取り組みを含んでいる。しかし予算規模を比較するならば、〈政策〉「L) スポーツを通じた女性の活躍促進」を 1 とするならば〈事業〉「⑥女性アスリートの育成・支援プロジェクト」は 6 の比率であり、その差は歴然としている。こうしたことから、現在の女性スポーツ政策は一部の限られたアスリートによるパフォーマンスの向上に重きを置いていると判断できるだろう。

5. 「女性アスリートの育成・支援プロジェクト」事業と
　「女性特有の課題」

　続いて、図 1 の〈事業〉「⑥女性アスリートの育成・支援プロジェクト」にお
いて行われている具体的な中身について検討してみよう。スポーツ医・科学分野
のテーマから構成され、年間 2 億円以上の予算を使って展開されているこの事業
の目的は「女性アスリートの国際競技力向上に向けた支援や、ジュニア層を含む
女性アスリートが健康でハイパフォーマンススポーツを継続できる環境を整備す
ること」[6]にあるとされる。〈事業〉「⑥女性アスリートの育成・支援プロジェクト」
は、「女性アスリートの戦略的強化に向けた調査研究」と「女性アスリート戦略
的支援プログラム」からなる [7]。前者の「女性アスリートの戦略的強化に向けた
調査研究」は 2013 年度から始まっており、2019 年度に採択された調査研究を含
めると 7 年間で 33 件の調査研究が採択されている。それらのタイトル一覧を表
2 に示した。また採択された調査研究のうち事業期間が終了し、何らかのかたち
で事業成果が公開されているものについてはその内容を概観して、調査研究の内
容を示すキーワードを抽出した [8]。

　テーマおよびキーワードから、各調査研究のおおよその内容を把握できるだろ
う。ドーピング検査、筋損傷、関節障害といった男性アスリートでも対象になり
得るテーマもあるが、貧血や疲労骨折といった女性が抱えやすい問題が多くを占
めている。それら女性が抱えやすい問題をさらに分類すると、「月経」と「FAT
（Female Athletes Triad）」[9] の問題に大別できそうである。月経については、月
経のメカニズムからはじまり様々な月経異常、月経痛、競技のための月経調整な
どについて解説されている。他方、FAT については、「利用可能エネルギー不足」
「運動性無月経」「骨粗鬆症」それぞれの症状や原因、エネルギー摂取量を多くす
るための食事メニューの改善などが主たる説明内容である。月経と FAT を区別
したものの、FAT の徴候の一つに無月経があることを考えると、「女性アスリー
トの戦略的強化に向けた調査研究」に採択された 25 件の調査研究のうち 14 件
は女性特有の課題として月経の問題を扱っていることになる。その背景には、ト
レーニングとの関わりで過多月経や月経困難症などの月経随伴症状が女性アス
リートを悩ませていること、競技に求められる体型を保つために体重コントロール
が必要であり、それがエネルギー不足を招き、さらに無月経や骨粗鬆症といった

表 2-1　スポーツ庁「女性アスリートの戦略的強化に向けた調査研究」採択テーマ一覧

No	事業タイトル	キーワード	月経	FAT
<2013 ～ 2015 年>				
1	月経周期によるコンディションの影響を改善するための方法の探索と検証	月経周期、コンディション	○	
2	女性トップアスリートの試合時のコンディショニングに関する研究	ドーピング検査、コンディショニング		
3	無月経時に変動する物質が身体へ与える影響についての検討	無月経	○	
4	低用量エストロゲン・プロゲスチン製剤服用に伴う女性アスリートのコンディション及びパフォーマンスへの影響	月経周期調整、月経困難症	○	
5	女性アスリートの骨盤帯不安定性の評価ならびに対象法の確立に向けて	仙腸関節障害		
<2014 ～ 2015 年>				
6	女性スポーツにおけるトランスレーショナルリサーチの実践プログラム	FAT、コンディショニング、月経周期、月経異常	○	○
7	多嚢胞性卵巣アスリートに多いスポーツ傷害予防に有用な介入の検討	稀発月経・無月経　血中総テストステロン		
8	日本人女性アスリート大型化のための次世代シークエンサーを用いた高身長関連遺伝子を抽出するための調査	高身長化、身長増加量、年間体重増加量		
9	国民体育大会におけるオリンピック女子種目導入に関する調査研究	国民体育大会、女子種目導入		
10	実態に即した女性アスリート支援のための調査研究	女性アスリート、指導者、サポート、資金制度		
<2015 ～ 2016 年>				
11	遺伝情報を利用した女性アスリートのタレント発掘・育成方法の開発	筋損傷、筋剛性、遺伝子多型		
12	低エネルギー状態が女性アスリートのスポーツ・健康のリスク及びパフォーマンスに及ぼす影響	低エネルギー状態、月経、疲労骨折、貧血、身体的・心理的コンディション、FAT		○
13	酸化ストレス、抗酸化力テストを用いた女性アスリートのコンディション把握と改善の新たな試み	酸化ストレス、抗酸化力、コンディション、月経周期	○	
14	女性障害者アスリートの抱える問題と支援に関する研究	女性障害者アスリート、月経周期、婦人科的問題、コンディション、月経調整、指導者・資金・仕事・施設設備	○	
<2016 ～ 2017 年>				
15	アプリを用いたセルフコンディショニング Female athlete triad による長期競技離脱の予防	コンディショニング管理、アプリ、FAT		○
16	女性アスリートにおける競技力向上要因としての体格変化と内分泌変化の検討	パフォーマンス、体脂肪率、筋肉量、骨密度、鉄欠乏性貧血		
17	成長期と身体的障がいを有するアスリートのスポーツ障害予防システムの開発	FAT、エネルギー不足、貧血、除脂肪体重		○
18	ドーピング検査によるコンディション悪化の防止	ドーピング検査、コンディション悪化、飲水方法、血液試料		
19	女性ゴルファーの外傷・障害に関する研究〜疫学的実態と外傷・障害予防のための方策の確立〜	女性ゴルファー、外傷・障害予防、		
20	体重管理に影響を与えないホルモン療法を中心とした医学的介入の確立	体重管理、ホルモン剤、月経随伴症、体組成、心臓自律神経系、運動パフォーマンス	○	

表 2-2　スポーツ庁「女性アスリートの戦略的強化に向けた調査研究」採択テーマ一覧

No	事業タイトル	キーワード	月経	FAT
<2017 ～ 2018 年>				
21	女性アスリートに対する心理サポート実践プログラムの開発	心理的課題、心理的サポート、実践プログラム		
22	女性アスリート・パラアスリートをアクティブにするプロダクトデザインの提案	パフォーマンス、生理用品、月経、尿モレ	○	
23	インクルーシブアプローチによる女性アスリートの内分泌特性を考慮した体組成管理法の開発	月経周期、体重、体組成、管理	○	
24	女性アスリートの貧血と疲労骨折を予防する新たなスポーツフーズと栄養コンディショニング法の開発	貧血、疲労骨折、エネルギー、栄養素、モニタリング		
25	女性特有の問題を抱える障がい者アスリートの管理指針作成に向けて	パラアスリート、月経周期、貧血、疲労骨折、低用量ピル	○	
<2018 ～ 2019 年>				
26	女性アスリートのパフォーマンス向上とスポーツ傷害予防の両立を目指したトレーニングプログラムの開発と普及・啓発			
27	女性球技アスリート(バスケットボール)のための新たな傷害予防システムの提案			
28	パフォーマンス低下につながる女性特有の医学的諸問題に関する調査			
29	除脂肪体重を用いたヘルスマネジメントシステムの構築			
<2019 ～ 2020 年>				
30	女性アスリートの栄養学的コンディショニングのための教育支援ツールの開発と普及・啓発			
31	AI プロテオミクスを活用した次世代型女性アスリートコンディショニングシステムの構築			
32	女性アスリートのための陸上競技用義足ソケットにおける性能および機能的・感性的価値に関する研究			
33	女性アスリート・パラアスリートのオンラインヘルスチェックツールの開発			

(国立スポーツ科学センターの HP より筆者作成)

女性アスリートに現れやすい症状として FAT が問題になっていること、などがあるだろう。

　改めて説明するまでもないが、正常な月経は生殖機能の良好さを評価する一つの指標であり、月経についての語りはすなわち、生殖機能についての語りである。第 2 期スポーツ基本計画や女性スポーツ政策に関わる文書では「女性特有の課題」という表現が多用されている。この表現は、授乳スペースやハラスメント被害といった社会的環境の文脈で用いられることもあるが、こと「女性アスリートの戦略的強化に向けた調査研究」においては、女性の身体に特有の生殖機能をめぐる課題、として捉えられている。このことは、19 世紀末から 20 世紀初頭にかけて女性のスポーツ参加をめぐって彼女たちの生殖機能の保護と管理が焦点化されたのと同じように、現代の医・科学的調査研究も女性アスリートたちの生殖機能に着目して行われる傾向が強いことを意味している。ただし、現代の調査研究にお

ける主張は、当時の医師や科学者による観念的な主張とは異なり、科学的な手順に則って導き出されたエビデンスに基づいたものである。それが故にも、その影響力や強制力は大きいといえるだろう。19 世紀末から 20 世紀初頭にかけての議論は女性のスポーツ参加を制限する方向のものだったのに対して、近年の議論は競技力の高い女性アスリートのパフォーマンスをさらに向上させる方向での主張である点も大きく異なる。

　さらに女性を対象としたスポーツ医・科学的研究にみられる特徴について検討してみよう。表 2-1 と 2-2 にリストアップしたテーマおよびキーワードを見ていくと、「管理」（コンディショニング管理、体重管理）、（体重や除脂肪量、基礎体温の）「モニタリング」、「ヘルスマネジメント」といった用語が散見される。そうした用語が使われている文脈を確認すると、例えば月経異常の対策として体組成や基礎体温を記録したり、ホルモン剤を接種することで月経を調整する、あるいはエネルギー不足にならないために食事メニューを記録し工夫するなど、女性アスリートは自分の身体を管理すること、つまり身体の健康状態を良好に保ったり、月経による煩わしさから解放されるための諸条件を管理することが推奨されている。さらには女性アスリートの指導者や保護者（特に若年層のアスリートの場合）に対して、彼女たちの身体を管理するための情報が提供されている。その提供の仕方としては、情報をパッケージ化・プログラム化し、問題解決のために医師や科学者が女性アスリートに関わりをもつといった実践型の方法論が採られる（アスリート支援、教育支援、心理サポート、医学的介入など）。加えて、そうした実践をさらに合理的に運用するために、管理指針としてまとめたり、あるいは電子デバイスのアプリやオンラインヘルスチェックツールの開発を手がけた事業もある。

　競技におけるパフォーマンスを向上させるために自らの身体の管理を求めることは今に始まったことではないし、男性のアスリートにも同様に求められることである。しかし現代の女性アスリートは、アスリートとして求められる身体管理に加え、女性としての身体に特有の生殖機能を保護し、その問題を予防・解決するための情報を提供され、指導者や保護者のサポートを受けながら自分の身体を管理することを推奨されているのである。

6.　女性スポーツ政策と女性を対象とした政策

　こうした女性アスリートの身体をめぐる保護と管理の新たな展開は、どのような社会的・政治的要因の影響を受けているだろうか。既述のように、第 2 期スポーツ基本計画では「スポーツを通じた女性の活躍促進」という見出しの基で女性スポーツ政策が構想されている。「女性の活躍」という表現は現内閣における女性を対象とした政策（以下、女性政策）を連想させ、社会全般の女性政策と女性スポーツ政策との関わりも念頭に置くべきだろう。そこでまず、現内閣による近年の女性政策のうち、特にスポーツ分野に関わりの深いものについて検討する。

　第 2 次安倍政権（2012 年 12 月〜）は社会における女性の活躍を題目にした政策を展開している。こうした政策の現実的な動機として、Gelb and Kumagai［2018］は「労働力の確保」と「出生率の増加」を挙げている。両者ともに社会が永続するために必要な年齢別人口構成に関わる課題であるが、両者は一般的には相反する課題でもある。そうした両者の相反性を相殺するためには、女性が出産後も働き続けることができる労働環境や家庭環境を整えることが必要になる。

　日本における男女平等政策は内閣府の男女共同参画局を中心に進められる。同局がまとめた男女共同参画基本計画は閣議決定を受けて施行されるが、第一次計画は 2000 年に策定され、その後 5 年ごとに更新されてきた。男女共同参画基本計画において「女性の健康支援」や「生涯スポーツ活動の推進」については第 2 次計画や第 3 次計画においても言及されてきたが、2015 年 12 月に施行された第 4 次計画では「スポーツ分野における男女共同参画の推進」という項目が新たに加わった。また内閣府男女共同参画局は 2001 年より男女共同参画白書を発行しているが、2018 年版では特集のテーマとしてはじめて「スポーツ」を取り上げた。

　男女共同参画に関する課題は多分野にわたるものであるため、数多くの行政機関による取り組みが求められる。そこで男女平等政策の施行に向けて関係する行政機関が協同し相互に連携を図るために、2014 年に内閣に「すべての女性が輝く社会づくり本部」が設置された。この本部では 2016 年以降毎年重点方針を示しているが、最新版の「女性活躍加速のための重点方針 2019」［首相官邸, 2019］では、「スポーツを通じた女性の健康増進」とスポーツ分野における「女性の参画拡大・人材育成」が重点方針としてあげられている。以上のことから、2015 年に第 4 次男女共同参画基本計画が施行されて以降、現内閣による女性政

表 3　女性政策関連文書における女性スポーツ政策の論点

項目	第 4 次男女共同参画基本計画 2015 年	男女共同参画白書 2018 年	女性活躍加速のための重点方針 2019 年
幅広い年齢層の女性のスポーツ参加・健康づくり	○	○	○
女性アスリートの身体的問題・サポート	○	○	○
女性指導者の育成	○	○	○
女性役員の登用	○	○	○
女性とスポーツに関する国際会議		○	
セクシュアル・ハラスメント／性犯罪防止	○		○
スポーツ団体のガバナンス・コンプライアンス			○

（各文書より筆者作成）

策において女性のスポーツは、それまで以上に注目され強調されていることがわかる。

　第 4 次男女共同参画基本計画（以下、男女基本計画）、平成 30 年版男女共同参画白書（以下、白書）、女性活躍加速のための重点方針 2019（以下、重点方針）におけるスポーツに関する論点を表 3 にまとめた。これら 3 つの女性政策文書において共通して言及されている論点は「幅広い年齢層の女性のスポーツ参加・健康づくり」「女性アスリートの健康・サポート」「女性指導者の育成」「女性役員の登用」についてである。そしてこれらの論点は、表 1 および図 1 でみてきたように第 2 期スポーツ基本計画やスポーツ庁による現在の女性スポーツ政策における論点と共通している。こうしたことから、第 2 期スポーツ基本計画における女性スポーツ政策の強調は、現内閣による女性政策の方針と揆を一にしていると判断できるだろう。

7.　女性スポーツ政策、東京 2020 オリパラ、ナショナリズム

　最後に、東京 2020 オリパラの開催決定が女性政策、そして女性スポーツ政策に及ぼした影響について検討してみよう。既述のように東京 2020 オリパラの開催が決定したのは 2013 年 9 月のことであり、2015 年以降の女性政策における女性スポーツの強調はその影響を受けていると考えるのは合理的だろう。このことは、女性政策において、誰を対象とした施策が強調されているかを検討すること

によっても確認できる。表 3 に示したように、男女基本計画、白書、重点方針いずれもが、一部の限られた女性アスリートの身体的問題やサポートについて少なからずの分量を割いて言及している。さらにこうした傾向は男女基本計画（2015年）よりも白書（2018 年）において、つまり時間を経るにつれて顕著になってきている。例えば特集のテーマとして初めてスポーツを取り上げた平成 30 年版の白書では、その記述のほとんどが女性アスリートに関する問題に焦点を当てている。

　女性スポーツ政策においても、政策の対象はごく一部のトップアスリートに偏り、パフォーマンス志向に偏り、またこうした対象や志向性の調査研究に偏って予算が配分されていることはすでに述べてきた。言うまでもなくその背景にも東京 2020 オリパラの開催の影響を見ることができる。そしてその影響は「メダル獲得」という文脈で明示化されている。例えば、以下のような既述が典型である。

- 女性アスリートの近年の活躍、オリンピックでのメダル獲得数の伸びしろとしての期待から、女性アスリートサポートをより強化していく使命が高まっている。（表 2-1 の 10 より抜粋）
- 夏季パラリンピック競技大会のメダル数が急激に低下している。2004 年、アテネ大会の 52 個をピークに、北京大会では 27 個、ロンドン大会では 16個である。また、金メダルも、17 個から 5 個、5 個と振るわない。また、メダル獲得者の中の女性の数も、22 個、4 個、2 個と低下の度合いが著しい。この原因として、わが国の、女子障害者アスリートに対する理解度が低いことが考えられるが、女性特有の問題が、アスリート能力を発揮することの障害となっている可能性がある。（表 2-1 の 14 より抜粋）

　こうしたメダル志向は、事業を申請し採択された個々の研究者だけではなく、事業を募集する行政側の立場や価値観によっても生み出されている。例えば2019 年 1 月に公表された「女性アスリートの戦略的強化に向けた調査研究」委託事業の公募要領によると、この事業の委託対象となる調査研究は「競技力向上に資する」ものであることが明確に、繰り返し述べられている[10]。

　一般論として国の政策レベルで女性スポーツが促進され、それを支えるための女性スポーツに関する医・科学的、人文・社会科学的な調査研究に積極的に助成が行われることは歓迎すべきことであろう。しかし現状としては、政策や調査研

究の対象は一部の限られたトップアスリートに偏り、研究分野は医・科学的分野に偏り、パフォーマンス志向・メダル志向に偏っている。そうした傾向を生み出す背景に、現内閣における近年の女性政策、そして何よりも東京2020オリパラの開催があることを検証してきた。

　日本オリンピック委員会は、東京2020オリパラの開催国として過去最多の「金メダル30個」を獲得目標として設定し［朝日新聞，2018年6月6日付］、さらにその決定は閣議で後押しされている［首相官邸，2015］。こうした国を挙げての体制の中で女性アスリートに特化した調査研究が行われ、彼女たちの身体をめぐってはパフォーマンスを向上させる方向での保護と管理が進行している。見方を変えれば、女性アスリートたちはメダルを獲得するための「労働力」として捉えられていると言うこともできるだろう。一般的に、成功したアスリートは社会に対して大きな影響力を持つと言われる。メダルを獲得した女性アスリートが妊娠し、出産した後も競技を続ける姿を社会に示せば、出産後も働き続けることを希望する女性に対するロールモデルになる。このように考えるならば、アスリートにおける女性の身体に特有の生殖機能を保護し管理する背後に、現内閣が女性政策を推し進めるもう一つの動機である「出生率の増加」［Gelb and Kumagai, 2018］を見出すこともできるだろう。

　本稿の主たるテーマであった「女性アスリートの身体の保護と管理」は、これまでとは異なる方向、つまりより競技パフォーマンスを高める方向で、かつ女性アスリートが自らの身体を管理する方向で推し進められているといえる。そしてその背景には、東京2020オリパラの開催国として過去最多の金メダルを獲得するという国家的な動機がある。こうしたナショナリズムとジェンダーとの関係については、スポーツとメディア表象の関係をジェンダー視点で分析した研究において、「ナショナリズムはジェンダーを凌駕する[11]」と指摘されている。この指摘を本稿のテーマに当てはめるならば、メダルを獲得（ナショナリズム）できるのであれば女性スポーツ（ジェンダー）であっても促進しよう、ということになる。東京2020オリパラの開催を控えた喧噪の中で、女性スポーツを促進する政策、アスリートを対象とした調査研究の助成、さらにはアスリートによるメダル獲得に一喜一憂せず、ナショナリズムとジェンダーの関係を、そしてその関係の中でアスリートの身体がどのように位置づけられているかを問い続けていく必要があるだろう。

【注】
1)　ここではスポーツ科学は、身体の機能や構造、あるいはその動き（movement）を研究
　　対象とする自然科学系の研究領域に限定する。
2)　第 1 期スポーツ基本計画において「女性」という語は計 13 回、第 2 期スポーツ基本計
　　画においては計 51 回使われている。
3)　ここでは便宜的に、政策一覧の下位項目を〈政策〉、各〈政策〉の下位項目を〈事業〉
　　と呼ぶことにする。また政策一覧の下位項目である「競技力の向上」は〈事業〉レベ
　　ルでは「国際競技力の向上」と表記されているため、「（国際）競技力の向上」と表わした。
4)　表 1 において、「オ あらゆるハラスメントの防止や女性特有の課題に取り組むとともに、
　　女性指導者の増加を図る」は「F）（国際）競技力の向上」「⑥女性アスリートの育成・
　　支援プロジェクト」とも対応させているが、これは女性指導者の増加策という点にお
　　いて共通しているからである。「⑥女性アスリートの育成・支援プロジェクト」におけ
　　る女性指導者の育成は、引退前後の女性アスリートを対象とした女性のエリートコー
　　チの養成に特化している。
5)　ちなみに 2019 年度のスポーツ庁の予算総額（案）は 350 億 3,306 万 4 千円である。
6)　スポーツ庁が 2019 年 1 月 25 日に公表した女性アスリートの育成・支援プロジェクト
　　「女性アスリートの戦略的強化に向けた調査研究」委託事業公募要領より抜粋。ちなみ
　　に採択数は年間 4 件程度であり、1 件あたりの事業予算は 1,200 万円（上限）である。
7)　後者の「女性アスリート戦略的支援プログラム」はさらに「女性アスリート戦略的支
　　援プログラム」「女性エリートコーチ育成プログラム」「女性アスリート強化プログラム」
　　から構成される。これらの事業の成果はムック本「ハイパフォーマンススポーツにお
　　ける女性の戦略的強化」［日本スポーツ振興センター，2019］にまとめられており、日
　　本スポーツ振興センターのウェブサイトからダウンロードできる。
8)　各調査研究成果からのキーワードの抽出は筆者の単独作業による。
9)　FAT は女性アスリートに観察されやすい「利用可能エネルギー不足」「運動性無月経」「骨
　　粗鬆症」の三主徴のことを意味する。ここに月経の問題も含まれているが、無月経以
　　外の月経に関する問題（例えば月経周期や月経調整）、あるいは無月経に限らない月経
　　の問題（例えば月経困難症、過多月経）については「月経」のキーワードで独立させた。
　　また無月経の問題を扱った調査研究であっても、FAT の一徴候として説明されていな
　　い場合には「月経」に分類した。
10)　加えて募集要領内では「ハラスメント、デュアルキャリア、セカンドキャリア、女性
　　の社会的評価の向上など競技力向上に直結しないと思われる課題・テーマについては
　　対象としない」と明言されている。
11)　例えば Markula, Bruce and Hovden ［2010b］は先行研究を示しながら "national identity
　　overrides the athlete's gender identity." と述べている。

【参考文献】
朝日新聞，2018 年 6 月 5 日付，東京五輪、目標は「金メダル 30 個」山下強化本部長.
　　2019 年 8 月 31 日取得，https://digital.asahi.com/articles/ASL655T1YL65UTQP020.html
Carter, N., 2012, *Medicine, Sport and the Body*, Bloomsbury.
ファウスト‐スターリング，アン，1990，『ジェンダーの神話』，工作舎.
Greb, J. and Kumagai, N. 2018, "Gender equality in Japan: Internal policy processes and impact,
　　and foreign implications under Prime Minister Abe's Womenomics", McCarthy, M. M., ed.,

Routledge Handbook of Japanese Foreign Policy, Routledge, 337-352.

Markula P., Bruce T. and Hovden J., 2010, "Key themes in the research on media coverage of women's sport", in Bruce T., Hovden J. and Markula P. (eds.) *Sportswomen at the Olympics: A Global Content Analysis of Newspaper Coverage*, Sage Publishers, 1-18.

文部科学省，2012，『スポーツ立国戦略』（平成 22 年 8 月 26 日）．2019 年 8 月 31 日取得，http://www.mext.go.jp/a_menu/sports/rikkoku/1297182.htm

文部科学省，2012，『スポーツ基本計画』（平成 24 年 3 月 30 日）．2019 年 8 月 31 日取得，http://www.mext.go.jp/a_menu/sports/plan/index.htm

日本スポーツ振興センター，2019，「ハイパフォーマンススポーツにおける女性の戦略的強化」．2019 年 8 月 31 日取得，https://www.jpnsport.go.jp/corp/gyoumu/tabid/829/Default.aspx

野口源三郎，1927，「新加された国際オリンピック女子競技の批判」，『体育と競技』6(1)，4-12.

來田享子，2010，「スポーツと性別の境界—オリンピックにおける性カテゴリーの扱い—」，スポーツ社会学研究 18(2)，23-38.

來田享子，2018，「性別確認検査」，飯田貴子・熊安貴美江・來田享子編『よくわかるスポーツとジェンダー』，ミネルヴァ書房，150-151.

Safai, P., 2007, "A Critical Analysis of the Development of Sport Medicine in Canada, 1955-80", *International Review for the Sociology of Sport,* 42(3), 321-341.

関めぐみ，2016，「近代オリンピック大会にみる男女差」，日本スポーツとジェンダー学会編『データでみるスポーツとジェンダー』，八千代出版，18-27.

首相官邸，2015，「2020 年東京オリンピック競技大会・東京パラリンピック競技大会の準備及び運営に関する施策の推進を図るための基本方針」（平成 27 年 11 月 27 日閣議決定）．2019 年 8 月 31 日取得，https://www.kantei.go.jp/jp/headline/tokyo2020/index.html

首相官邸，2019，「女性活躍加速のための重点方針 2019」（令和元年 6 月 18 日）．2019 年 8 月 31 日取得，https://www.kantei.go.jp/jp/headline/brilliant_women/

スポーツ庁，2017，『スポーツ基本計画』（平成 29 年 3 月 24 日）．2019 年 8 月 31 日取得，http://www.mext.go.jp/sports/b_menu/sports/mcatetop01/list/1372413.htm

スポーツ庁，2019，『平成 31 年度女性スポーツ関係政府予算案』（平成 31 年 3 月）2019 年 8 月 31 日取得，http://www.mext.go.jp/sports/b_menu/shingi/014_index/shiryo/__icsFiles/afieldfile/2019/03/27/1414790_006_1_1.pdf

高峰修，2020，「女子マラソン」，井上俊・菊幸一編『よくわかるスポーツ文化論 改訂版』，ミネルヴァ書房，58-59.

田原淳子，2018，「国際オリンピック委員会（IOC）」，飯田貴子・熊安貴美江・來田享子（編著），『よくわかるスポーツとジェンダー』，ミネルヴァ書房，108-109.

障がい者スポーツに
もたらされるべき変化とは [1]

渡　正

1.　はじめに

　東京 2020 オリパラ大会にむけて、障がい者スポーツへの関心が高まっている。これまで関心が持たれていなかった人々のスポーツ活動への関心は、「共生社会」の創出や多様性のあるスポーツの実現にむけて重要である。ヤマハ発動機スポーツ振興財団の調査によれば、2018 年の平昌パラリンピックのテレビ中継を見た人は調査対象者の 32.8％にのぼり、2014 年のソチパラリンピックの 22.3％から大幅に増えているという［ヤマハ発動機スポーツ振興財団，2019：79］。

　国際パラリンピック委員会（以下、IPC）は、パラリンピック・ムーブメントの目標（vision）を「パラスポーツを通したインクルーシブな世界の達成」と置いている［IPC, 2019］。この目標は、もちろん理念としては筆者も同意する。しかしながら、いくつかの点で、現在のパラリンピックや障がい者スポーツの在り方にはいくつか課題がある。そのため、我が国におけるパラリンピックムーブメントが社会の注目を集めたとしても、共生社会の創出にうまくつながっていかない可能性がある。

　そこで本章では、パラリンピック自体がはらんでいるいくつかの課題とパラリンピックに関連して生起する課題を取り上げる。前者のパラリンピック自体がはらんでいる課題は、結局のところ「エイブリズム」に行き着く。後者の課題は、パラリンピックに特有というわけではないが、近代スポーツとそのメガイベントが抱える課題と捉えることができるだろう。

　では、パラリンピックが抱える課題とはなんだろうか。本章では大きく 5 つに分けて考えてみよう。まず、パラリンピックはすべての「インペアメント・グループ」、あるいは「障がい者」を代表／表象するスポーツイベントではないにもかかわらず、代表であるかのように語られてしまっている点である。また、すべての「障がい者スポーツ」がパラリンピックに含まれているかのように語られてしまうことがある。さらに、上記 2 つの課題が、パラリンピックあるいはスポーツが保持する「できること」に価値を置く思想によって生まれている点に触れる。次に、パラリンピックを超えてオリンピックも同様にはらむ課題としてジェンダー・セクシュアリティの問題がある。最後にパラリンピックへの参加およびメダル獲得に関する国別格差の問題をとりあげる。これらの課題を検討することから、2020 東京大会以降に向け、どのような変化が必要なのか、そのための取り組みについて考えていくことにする。

　さて、本論に入る前に、議論の補助線を引いておきたい。樫田は、松岡［2018］を参考に「障害者の文化」が 3 つの軸で整理できるとする［樫田, 2019b］。「統一された文化実体があるか（統一性）」、「文化的存在としてみなした際の地位向上機能（機能性）」、「新規性を持っているかどうか（新規性）」である。統一性とはどの程度の範囲をその文化を構成する実体として措定できるかである。障害者文化の場合は、「障害者を 1 つの実体としてみなすか、障害種別ごとに異なった複数の文化実体があると考えるか」という軸になる。機能性はその文化的実践がどの程度、当該文化の構成員の社会的地位の向上に貢献するか、新規性は既存文化との異なりを示す［樫田, 2019b：24-25］。本章は必ずしもパラリンピックや障がい者スポーツを「文化」として考えることを提起するものではないが、この視点からパラリンピック・ムーブメントを捉え直してみよう。

2.　パラリンピックの課題

　以下では、まず、パラリンピックそのものが抱える問題を考えてみたい。ここでの課題は「障がい」や「スポーツ」の種別に関わって格差が生じていることである。そしてそれらは「エイブリズム」という近代社会、特に近代スポーツが抱える課題と合流してしまうことで、特定の人々の困難を生み出している。日本の場合、エイブリズムとパラリンピックの合流には歴史的な流れがあったことを示そう。これらの課題は、上述した障害者文化の 3 軸のうち、「統一性」と「機能性」

にかかわった課題である。

障がい種別間の格差

　パラリンピックは「インペアメント[2)]」のある人の出場する大会である。この文章は、間違っているわけではないが、正しくはない。なぜならパラリピックに出場できない「インペアメント」のある人々が存在するからだ。

　パラリンピックに出場できる「インペアメント」の条件は、肢体不自由（脳性まひを含む）であること、視覚障がいであること、そして知的障がいであることとなっている。すなわち、パラリンピックに出場している選手には精神障がいや聴覚障がいのあるものは含まれておらず、肢体不自由者に偏っている。

　また、障がい者スポーツあるいはパラリンピックに特有のルールであるクラス分けの実施方法によっては、特定のインペアメントを含む種目が開催されない場合もある。クラス分けは、障がいのある身体がスポーツという社会的行為に参加する際に、ルールを変更するものである。ルールはスポーツにとっては所与の社会的条件を構成するものであるから、クラス分けは障害の社会モデルに則った社会の側の変更と捉えることができる。しかしながら、そのルール変更はあくまでも「身体（インペアメント）」に基づいて行われている。IPC の『Strategic Plan』にある通り、パラリンピックでは、出場資格としての「障がい」はインペアメントのレベルで措定されていて、ディスアビリティという「ままならなさ」の経験に照準されていない。つまりパラリンピックは「障害種別ごとに異なる複数の文化実体」をもつものである。パラリンピックというイベントはあくまでもインペアメント・グループごとに行う競技の総和であり、パラリンピックは「障がい者全体」を一つの実体とみなせるような文化的な全体性を保持していないといいうる。そのためパラリンピックの経験は個別のインペアメント・グループごとに異なることになる。

　ただし、パラリンピックは、その前身のいくつかのスポーツ大会の性格や歴史を受け継いでいる。前身の一つだった国際ストーク・マンデビル大会は脊髄損傷者のスポーツ大会として始まっていて、対まひ（下肢まひ＝パラプレジア）のオリンピックから「パラリンピック」という愛称がつけられたともいわれる。そのため、大会を構成する種目においてインペアメント種別に偏りがあること自体を批判の対象とすることにはやや問題がある。聴覚障がい者および精神障がい者が参加していない、あるいは知的障がい者の参加が少ないからといって、パラリ

ンピックにそれらの障がい種別の選手が参加する競技を追加すればすむのだろう
か。第 5 章で述べられている通り、ろう者のスポーツ大会は 1924 年にフランス
で開催されたのが最初といわれており、2001 年から現在のデフリンピックの名
称になっている。こうした背景を理解するには、「ろう者」の文化という歴史的・
社会的文脈を押さえなければならないだろう。この意味で、いかに現在のパラリ
ンピックが肢体不自由者に偏っているとはいえ、単純にこれを批判することはそ
の歴史性を無視してしまうことになる。しかし、現在のパラリンピックの報道は
こうした事情を十分に伝えるものではなく、障がい者のスポーツといえば「パラ
リンピック」であるかのような画一的な理解になってしまっているのではないだ
ろうか。換言すれば、パラリンピックは（まだ）「障害者全般の共通項としての
文化」［松岡, 2018：80］ではないが、そうであるかのように語られることが問
題であるといえよう。

　そのため、パラリンピックあるいはパラリンピアンがどこまで「障がい者」の
代表性を持つのかという問題は、その結果としての効果を考えることがより重要
である。どういうことかといえば、パラリンピックが社会的な関心を集めれば集
めるほど、特定の障がい当事者のスポーツ活動のみが焦点化されてしまい、「イ
ンペアメント」種別間での社会的関心の度合いに格差が生じる可能性があるとい
うことだ。パラリンピックが何を代表しているのかをしっかりと考える必要があ
るだろう。

　こうした「障がい」の多様性とパラリンピックによる画一化には別の問題も存
在する。先述したとおり、パラリンピックに出場するアスリートの多くは肢体
不自由者である。たとえばリオパラリンピックに出場した日本人アスリート 132
名のうち肢体不自由（脳性麻痺含む）が 92 人（70％）で、視覚障がいは 25 人（19
％）、知的障がいが 15 人（11％）であり、約 70％が肢体不自由者であった。も
ちろんこれは開催される競技種目の違いによるものであるが、パラリンピック＝
肢体不自由者のイメージは強い。そして、肢体不自由者の競技は「健常者」の競
技との違いがある程度一目瞭然であり、いわゆる「健常者のスポーツ」との違い
が理解されやすい。すなわち、同じバスケットボールでも車椅子に乗っていれば、
違う種目だとの理解が受けやすい。5 人制サッカー（いわゆるブラインドサッカ
ーのこと）にしてもアイマスクをしていることで差異は明らかである。

　一方、知的障がい種目やろう者のスポーツ、精神障がい者のスポーツはどうだ
ろうか。競技に精通した人でないと、その違いを選手の外見からすばやく判断す

ることはなかなか難しい。こうした外見の「相同性」と後述する「エイブリズム」を交差させて考えてみると、一部の「障がい者スポーツ」は健常者のスポーツに比べ、単にパフォーマンスの低い競技に見え、評価されてしまうのではないだろうか。泳いでいてもスピードが遅いなど、ダイナミックさに欠けるものと評価される可能性がある。

　以前、海老原は義足のアスリートが「義足にしては速い」という健常者との比較で評価され、その価値が毀損される可能性を指摘していた［海老原，2003］。一部の視覚障がい種目や知的障がい種目、ろう者や精神障がい者の競技は、「義足にしては」という条件節さえ意識されない。外見的な「相同性」の故に、単に競技性が低いとみなされてしまう可能性はないだろうか。これは障がいだけの問題ではない。「外見的な相同性」ゆえに、男性の非障害者を中心とするスポーツ観がその他の人々を排除し、その価値を棄損させるような意見、たとえば女性のスポーツにおけるパフォーマンスの評価の問題にもつながっていくだろう。

　一般に、障がい者のスポーツ活動は、「健常者」のそれに比べてハイコンテクストな現象である。内容やパフォーマンスの理解や評価に対して、障がい特性やルールなどの背景的な知識がある程度要求される面がある。そしてこれらの知識は現状の日本社会において欠けているものであるから、パラリンピック＝（障がい者の）スポーツという理解は、わかりやすい障害のみを「障がい」「障がい者」の表象としてしまい、そうでないものを端的に価値の劣るものとしてしまう可能性が高い。

障がい者スポーツ種目間の格差

　第2の点である「障がい者スポーツ」種目間においても同様な格差が生じる可能性があるだろう。上述の障がい種別と同様、パラリンピックだけが障がい者スポーツではない。障がい者のスポーツ活動は、参加する人々の身体的、知的、精神的な状況に合わせて様々な形をとりながら、ローカルに発展してきたものも多い。日本国内に限っても全国障害者スポーツ大会の開催種目とパラリンピックの開催種目を比べてみればその違いがわかる。たとえば陸上競技でも、全長30mの直走路に置かれた赤白の旗門を前進、後進などしながら通過しそのタイムを競い合う競技である「スラローム（現在はパラリンピック種目ではないが、1964年の「パラリンピック」では種目になっていた）」や金属球入りの卓球用ボールをラバーの貼られていない卓球ラケットでころがし打ち得点を競い合う「サウン

ドテーブルテニス」や、フライングディスク（アキュラシーとディスタンス）競技があったり、グランドソフトボールがあったりする。他にも様々な競技があり、いずれもパラリピック種目にはなっていない。このように数多ある種目のなかで、パラリンピック種目はその一部に過ぎない。パラリンピック種目はいうなれば、オリンピックと伍するイベントとなるために、健常者中心的なスポーツと同じ評価軸で評価したときに「競技性」があるとされたものが選ばれている。

　特に日本のパラリンピック報道が 1998 年以降「スポーツ化」したという指摘を踏まえたとき ［藤田，2013］、メダル獲得の可能性がある競技が報道の中心になることは想像に難くない。事実、リオパラリンピックの際、事前に注目度が高かった車椅子バスケットボールよりも、銅メダルを獲得した車椅子ラグビーへの注目が一気に高まった。このことから、メディアに注目される「スポーツ」「障がい者」はパラリンピックの文脈に乗ったとき、スポーツで卓越性を示し得た、すなわちメダルを獲得できたスポーツや人々に偏ってしまうだろう。

　山崎と石井は 1990 年以降のパラリンピックの報道について、車椅子バスケットボール（以下、車椅子バスケ）と車椅子ツインバスケットボール（以下、ツインバスケ）、脳性麻痺 7 人制サッカー（以下、7 人制サッカー）とボッチャ、ゴールボールとブラインドサッカーの報道について分析している ［山崎・石井，2019］。彼らは、車椅子バスとツインバスケの記事数には大きな格差があることを示し、「この格差には『パラリンピック種目＞非パラリンピック種目』『競技性が高い競技＞競技性が低い競技』という階層的な関係が反映されている」［山崎・石井，2019：125］と指摘している [3]。さらに、この格差は、1998 年の長野パラリンピック以降に始まっており、「パラリンピックの報道価値が高まれば高まるほど、パラリンピック種目に関する報道が増加し、非パラリンピック種目との格差が拡大」［山崎・石井，2019：127］している。また、ボッチャと 7 人制サッカーの比較から、2000 年代以降は、「競技性」の階層的関係が後景化して「『パラリンピック種目＞非パラリンピック種目』という関係がより強化された」［山崎・石井，2019：127］。結果、「障害者スポーツに関する新聞報道がパラリンピックに強く依存している」［山崎・石井，2019：128］という。

　パラリンピック種目と非パラリンピック種目、競技成績の格差はアスリートだけの問題ではない。競技団体もまた同様の格差にさらされている。イギリスが 2012 ロンドン五輪にむけて、大会でのメダル獲得順位をあげる（4 位を目標とした）ために、「2006 年には今後オリンピックでのメダル獲得が期待できる競技

種目（陸上競技、自転車、水泳、ボート、セーリングなど）や競技者に重点的に助成金を配分する「妥協なき（No Compromise）」アプローチを採用することを表明したことはよく知られている［金子, 2017］。こうした成果主義に基づく「選択と集中」は、ロンドン五輪に向けたイギリスの施策を模倣していると言われる日本にも導入されており、それはパラリンピック種目も例外ではない。パラリンピックでメダルが期待される競技とそうではない競技、またパラリピックで行われる競技とそうではない競技、という2つの基準で格差が生まれる可能性が、まさにパラリンピックによって引き起こされているという点で、大きな課題を抱えている。

　繰り返しになるが、数多ある種目のなかで、パラリンピック種目はその一部に過ぎない。しかしながら、パラリンピックだけが注目されることは、パラリンピック種目とその他との間に大きな格差を生んでしまうことになる。たとえば現在、障がい者の法定雇用率等の上昇に伴い、多くの企業で障がい者アスリートを雇用し競技環境を支援しているという状況があるが、その状況においてはやはりパラリンピック種目かどうかは非常に大きな違いを生んでいるという[4]。夏季パラリンピック・冬季パラリンピック種目のアスリートは雇用されやすいが、その他の種目はなかなか難しい。逆に言えば、パラリンピックを目指す——実際に出場できるレベルかはともかく——といえば企業に就職（その形態は様々ありえるが）し支援が受けられる状況がこの数年間一部には存在してきたのである。パラリンピック種目ではないスポーツに打ち込んでいる人々はこうして社会的関心や実質的な支援の対象から外れていく。もちろん、こうした種目間格差の問題と、障がい種別の格差は折り重なっている。それはたとえば、障がい者が働くということにおいて、日本における知的障がい者・精神障がい者の雇用が進んでこなかったことに現れているかもしれない。またパラリンピアンをベースにバリアフリーが進められることで、不十分な対応で良しとされてしまう可能性もはらんでいる。

　金子によれば「2012年ロンドン大会後に刊行されたイギリス政府、スポーツ・イングランドの政策文書においては、『ソーシャルグッド』という言葉で表現されているように、再びスポーツの社会的価値を強調するような言説が見られるようになっている」［金子, 2017：39］という。また、山崎・石井はブラインドサッカー日本代表がパラリンピックに出場したことがないにもかかわらず、ブラインドサッカーの報道が2010年代に増加しているという。さらに、ゴールボールの報道がパラリンピックのある年のみ増加しているのとは対照的にブラインドサ

ッカーは一定の報道量を維持していると指摘している。ここからブラインドサッカーに、パラリンピックに依存しない障がい者スポーツの振興・普及の可能性をみている［山崎・石井，2019：128］。こうした多様なスポーツ活動への注目と評価のあり方は 2020 東京パラリンピック以降の日本の課題でもあるだろう。

エイブリズムと障がい者スポーツ

　上述の 2 点からは、結局パラリンピックが、スポーツをする／しない、高いパフォーマンスを発揮できる／できないことに関わって後者に属する人々への社会的な関心を喚起せず、前者にのみ注目を集めてしまう役割を果たしている可能性が導かれる。「障害者文化」に引きつければ、最初の課題は、パラリンピックは「障害者全体の文化」としては捉えることが難しいにもかかわらず、そのように見られていることの問題点であった。次の課題はパラリンピックが個々のインペアメント・グループ間を統合するよりも分断するように働いてしまっている状態をみたのだった。

　一方、別の観点から見れば、これはいわゆる「エイブリズム」と呼ばれる視点から論じられてきた。エイブリズムとは、隔離・社会的な孤立によって、また完全な社会参加の機会を制限するような社会的政策の結果として障がい者（disabled people）の価値を切り下げるものである［Brittain, 2016: 502］。単純にいえば、エイブリズムは「できない」より「できる」ほうが良いという考え方であり、その基準によって人々を価値づけていくことである。「できる」人々、いわゆる「健常者」と同様のことが同様のやり方で「できない」人々、すなわち障がい者は価値の劣る人々として設定されてきた［渡，2020：73］。

　スポーツは、ある種目に卓越することに価値を置く活動であるから、エイブリズムと非常に親和性の高い社会的現象である。パラリンピックも「スポーツ」として理解され、その卓越化が目指されている以上、その卓越化の枠組みに入れない人々を排除してしまう可能性は非常に高い。しかも、前述したようにパラリンピックは様々な「インペアメント」のうちの一部しか対象としていない。このことは、パラリンピック種目に当てはまらない「インペアメント」のある人々を容易に「できない人」としてイメージさせるし、スポーツをしない／参加できない人々をも「できない人」へとラベリングしてしまうのである。また逆に、多くの人々はパラリンピックだけが障がい者のスポーツ活動であるというイメージから、障がいがあってスポーツをしている人々すべてがパラリンピックを目指していると

みなしたり、パラリンピックを目指すことが当然だとみなしたりしてしまっている。

　こうした「エイブリズム」は、パラリンピックに出場している障がい者をその典型的な障がい者像としてしまうため、社会全体の障がい者への理解に対して限定的な影響力しか持てないことが指摘されている。ロンドンパラリンピック後の 2013 年にイギリスの障がい者支援団体である SCOPE が行った調査によれば、81％の障害者（disabled people）が過去 12 ヶ月で障がい者への態度は向上していないと述べ、そのうち 22％は実際に悪くなっていると答えている。また、17％の者が、非友好的な、脅迫的な振る舞いを受けた経験や、あるいは暴力を受ける経験さえあったと報告している［Scope, 2013］。

　日本でも朝日新聞（2019 年 3 月 14 日）が報じたように東京都が制作したポスターが批判を浴びて撤去されたことがあった。パラバドミントン選手の言葉として「障がいは言い訳に過ぎない。負けたら、自分が弱いだけ」と書かれたこのポスターには多くの人々が反発した。朝日新聞の記事では「何もしていない障害者＝努力が足りない、という風潮を感じる」などの言葉が紹介された。こうした点もエイブリズムが引き起こす問題であろう[5]。

　これまでの障がい者スポーツの歩みを振り返ったとき、障がい者スポーツの実践当事者とスポーツをしない当事者との間には距離が存在してきた。パラリンピックへの注目やパラリンピック自体が当事者同士を分断してしまうことは、我が国の障がい者スポーツの歩みの、ある意味では当然の帰結だったかもしれない。

　たとえば、山田［2013］によれば、1949 年に制定された身体障害者福祉法は、生活の保護に関する福祉法的機能は生活保護法に委ねて、リハビリテーション（更生）援護に限定するという論理で組み立てられたものだった。戦後の障害者福祉の基本的な立場は、「更生援護＝社会復帰：リハビリテーション」であり、生活保護のような生存の保証は企図されなかったという。

　パラリンピックはこうした戦後の障害者福祉の思想の流れの中で展開したものであり、更生援護という限定されたなかで取り扱われた。ポジティブに見れば、社会における障がい者の認知や更生援護が可能な障がい者についての社会復帰を加速させる効果があったといえるだろう。実際、1964 年大会の組織委員会会長だった葛西嘉資はパラリンピックの目的をまさにこのように述べていた［渡, 2018］。障がい者のスポーツ活動は、行政的コントロールの枠組みの中に展開した、生存権が保証された人びとのみが実践できるものでもあった。スポーツは社

会復帰が「できる」──健常者の社会に同化できる──人々のものであったという意味でエイブリズム的なものだったかもしれない。

　現在では、パラリンピックを始めとするスポーツへの無理解とエイブリズムの交差が、多くの人々、特に障がい者に新たな生き辛さを生んでしまっている面もある。本当にパラリンピックは「すべての障がい者・のある人のエンパワメントになるはず・なるべき」という仮定が可能な取り組みだっただろうか。またそれが達成されるにはどうしたらいいのだろうか。この点については最後に振り返って考えてみたい。

　この節の内容について「障害者文化」の補助線に立ち戻ってみよう。エイブリズムがもたらす分断は、第 2 の軸の機能性とのズレをもたらす。松岡は「パターナリズムの対象としての障害者イメージは崩れ、それぞれの文化における『卓越者』としての障害者像が前面に現れてくることになる。それは、まさしく『哀れみの対象』の対極としての障害者像に他ならない」［松岡，2018：82］とする。その代表例として障がい者スポーツやディスアビリティ・アートを挙げている。

　つまり一般的にパラリンピックは「地位向上に働く文化」であると考えられている。しかし、これは本章がこれまで述べてきたとおり、現実とは少し異なっている。現在も、障がい者スポーツ組織は、まだまだ非障がい者が中心的な役割を担っており、ある意味でパターナリスティックな集団となっている。そのため障がい者の集団としての当事者性は弱い。パラリンピックは様々な分断やエイブリズムを通して「障害者集団」の地位向上を妨げている文化であると言えるかもしれない。松岡の指摘のように「地位向上に働く文化」となるには、障がい当事者(のアスリート)が組織でより活躍することで当事者性を強化していくこととともに、エイブリズムを解除していくことが必要となるだろう。

3.　パラリンピックを超えた格差の問題

　次に考えたいのは、パラリンピックがスポーツのメガイベントであるがゆえに抱える課題である。その意味でこれはスポーツそのものが抱える課題ではあるが、パラリンピックだからこそ、わかりやすい形で表出しているともいえる。その課題として障がい者スポーツ・パラリンピックにおけるジェンダー・セクシュアリティに基づく格差と、国家間の格差を取り上げたい。

ジェンダー間の格差

　IPC の報告によれば 2012 ロンドンパラリンピックは全部で 503 の種目が行われ、そのうち 267（53％）が男性種目、200（40％）が女性種目、男女混合が 36 種目（7％）であった。2016 リオパラリンピックは、全部で 528 種目が行われ、そのうち男性種目が 264（50％）、女性種目は 226（42.8％）、混合種目が 38（7.2％）であったという。

　ここから分かる通り、近年は女性種目が増加し、男性種目が減少しており、男女の種目数の格差は埋まってきているようにも見える（図1）。また参加者数についても女性選手は概ね全参加選手数の 40％程度を占めるようになっている。

　さらにいえば、パラリンピックはオリンピックに比べ混合種目が多い。オリンピックの混合種目はロンドンで 8 種目、リオで 9 種目なのに対して、パラリンピックはロンドンで 36 種目、リオで 38 種目となっている。これらの点からパラリンピックはオリンピックよりも女性の出場可能種目が多いという指摘がされる場合もあるようだ。しかし、リオパラリンピックでは、5 人制サッカーと 7 人制サッカーの 2 つで女性は参加できず、このことによって、男性選手にだけ 176 名分の参加機会が提供されているという［Houghton et al., 2017: 17］。また、車椅子ラグビーは基本的には混合種目として考えられているが、96 名の参加者のうち女性は 2 人（2.1％）だけだった。混合種目であっても、女性選手の参加機会は非常に限定的である場合が多いのである。したがって、やはりパラリンピックにおいても、依然として男性と女性の種目数には隔たりが存在している

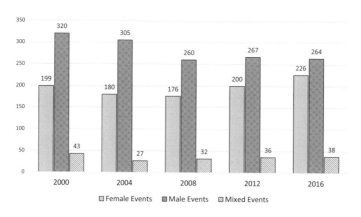

図1　ジェンダーごとのパラリンピックの種目数［Houghton et al., 2017］

と考えるべきであろう。次項の内容にも関わるが、Brittain によれば、国連が提供している人間開発指数（Human Development Index、以下 HDI）をもとに、2010 年に発表された不平等調整済み人間開発指数（Inequality-adjusted Human Development Index、以下 IHDI）のランキングが下位の国ほど、派遣するチームの規模は小さい傾向にあるとともに、女子選手が一人もいない可能性が高くなっていくという［Brittain, 2019］。つまり、ジェンダー格差は、資源の少ない国において顕著な差異として表出するのである。

　さらに、Forber-Pratt は、クラス分けのあり方によっては、種目が開催されなかったり、開催されても軽い障がいクラスと統合されて不利な種目になってしまったりする可能性が特に女性の種目であったことを指摘している［Forber-Pratt, 2018: 40-41］。

　IPC はこうした事態を不平等として捉え、種目のジェンダーバランスの平等を目指すと主張しているものの、近年のパラリンピックは競技性の向上のためクラス数を減らす方向に舵を切っている。それはある種のインペアメントのあるアスリートに対する制度的な排除になり得るものでもある［Forber-Pratt, 2018: 42］。

　Forber-Pratt が「男性と比較して、障害のある女性はスポーツへのアクセスを得るための非常に高いバリアに直面している。これらは多くの場合、教育レベルの低さとスポーツで成功する能力についての否定的な態度があるためである」［Forber-Pratt, 2018: 42］と述べているように、従来、近代スポーツや競技スポーツの文脈で女性に対して指摘されてきたことがインペアメントのある女性に対しても当てはまっている。特にインペアメントのある女性アスリートにおけるポジティブなロールモデルの少なさは、そうした人々をスポーツへと向かわせるための阻害要因となっていると言えるだろう。

　さらに、ジェンダーの格差だけでなく、LGBTQ の人々のスポーツ活動においてもいくつかの課題がある。やはりパラリンピックもある程度異性愛中心主義的なのである。Outsports［2016］によれば、リオパラリンピックにおいては 12 名の LGBTQ アスリートが参加したとされている。だが、LGBTQ でインペアメントのあるアスリートの抑圧の経験に関する経験的な研究は少ない。スポーツでどのような困難に直面しているのか、スポーツが彼ら／彼女らの生にどのような役割を果たしているのかなどについての研究や報告はまだまだ少ない。特に、社会の中でスティグマタイズされやすい、「インペアメント」と「性」の交差する分野についての検討は、今後ますます必要になってくるだろう。

オリンピックにもジェンダーやセクシュアリティに対する課題があるように、近代スポーツの一つとしてのパラリンピックにも同様の問題が存在している。パラリンピックが、障害のあるアスリートの活躍を通してよりインクルーシブな社会を目指すのであれば、ジェンダーあるいはセクシュアリティによる困難や分断についても目を向ける必要がある。特に日本においては、女性のインペアメントのあるアスリートのスポーツ経験は二重に周辺化されているといってもよく、異性愛健常男性からの評価にさらされている。

国際的格差の問題 [6)]

　最後に考えるのは、パラリンピックがはらむ国際的な格差の問題である。これまでオリンピックにおいてもメダルの獲得に対して、GDPや人口などのマクロな社会・経済的・文化的要因が影響していることが指摘されている。特に De Bosscher らは、SPLISS（Sports Policy factors Leading to International Sporting Success）モデルと呼ぶ国際的な研究の中で、どのような要因がトップレベルのスポーツにおける成功を規定するのかを明らかにしようとしている ［De Bosscher, et al., 2015］。

　パラリンピックのメダル獲得に関連するマクロ社会的な要因については Buts らが、オリンピックを対象にしたメダル獲得の規定因を参考に 1996 年のアトランタパラリンピックから 2008 年の北京パラリンピックまでの 4 大会を対象に検討を行っている ［Buts, et al., 2011］。その結果、GDP（一人あたり）、人口、100万人あたりの参加選手数、共産主義国家である／であったかどうか、開催経験の有無、国土のサイズ、気候などが説明変数として統計的に有意であることを明らかにしている ［Buts, et al., 2011: 141-142］。つまりパラリンピックにおいても経済力や政治体制などのマクロな要因と競技力に関連があることを示している。また、Brittain は、IHDI と各国の派遣選手数やそのうちの女性選手数、メダル獲得数との関連について報告している ［Brittain, 2019］。Brittain によれば、IHDIのランキング（Very High から Low までの 4 カテゴリー）の高さと選手団の規模、女性選手数、メダル数には相関関係が認められるという。加えて、IHDI のランキングが最下位層の国々が獲得したメダルは、競技用車椅子や下肢義肢などの高価な用具やスイミングプールなど主要スポーツ施設の利用が必要とされない個人種目においてであった。すなわち、各国の保有する様々な資源の豊富さの格差が、パラリンピックへの参加やメダル獲得の格差に影響をあたえているのである。

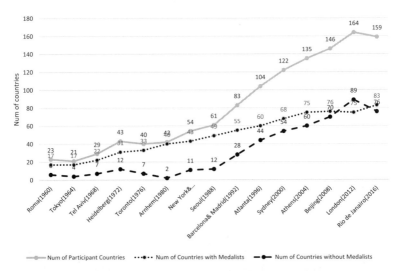

図2　夏季パラリンピックにおける参加国数、メダル獲得国数、非メダル獲得国数 [遠藤, 2020]

　図 2 はこれまでのパラリンピックの総参加国数とその中でメダルを獲得した
国の数、メダルを獲得できなかった国の数をグラフにしたものである。夏季パラ
リンピックにおいて参加国数は増加している。メダルを獲得した国は大会ごとに
緩やかに増加するも、2004 年のアテネ大会以降はプラトーとなっている。一方、
非メダル獲得国数は急上昇していることがわかる。すなわち、パラリンピックで
は、メダルを獲得できる国はある程度固定化されている。Beacon と Brittain に
よれば、2012 ロンドン五輪に出場した国・地域のうち 20％の国々がロンドン・
パラリンピックに出場していないか、参加選手数が 1 名だったという [Beacon
& Brittain, 2016:274]。参加選手の規模とメダル獲得数の間には非常に高い相関
関係 [7] あることから、どの規模の選手団を派遣できるかは、メダル獲得数に有
意に影響を与えている。
　上記の事情は、ロンドン、リオの直近 2 大会を含めても変わらない。アテネか
らリオまでの 4 大会でメダルを獲得した国について、OECD 加盟国であるか否
か、また HDI ランクの高さ（国連による very-high、high、medium、low のカ
テゴリー化を使用）をダミー変数として χ^2 乗検定を行った。メダル獲得につい
ては、OECD 加盟国が有意に高かった（χ^2=29.678, df=1, p<0.01）。OECD 加盟
国でアテネからリオまでの 4 大会でメダルを獲得していないのはルクセンブルク
のみである。また HDI のランクが高い国（very-high および high）ほどよりメ

表 1　メダル獲得数と各変数の相関分析（筆者作成）

	ロンドンパラメダル数	ロンドン選手団規模	100 万人あたり参加者数	人口（2011 年）	一人あたりGDP（2011 年）	HDI（2011）	ロンドンメダル数（獲得国のみ）
ロンドンパラメダル数	1						
ロンドン選手団規模	.868**	1					
100 万人あたり参加者数	.524**	.478**	1				
人口（2011 年）	.480**	.545**	-.154*	1			
一人あたりGDP（2011 年）	.552**	.572**	.578**	-0.063	1		
HDI（2011）	.547**	.579**	.659**	-0.086	.936**	1	
ロンドンメダル数（獲得国のみ）	1.000**	.855**	.268*	.455**	.314**	.347**	1

** 相関係数は 1% 水準で有意（両側）です。

ダルを獲得し、ランクが低い国ほど (medium および low) メダルを獲得していないことも確認できた（χ^2=38.148, df=3, p<0.01）。同じ傾向は大会に選手を派遣した実績についても当てはまる。すべての OECD 加盟国はパラリンピックに選手を派遣している。HDI ランクが最も高いにもかかわらずパラリンピックに参加していないのはリヒテンシュタイン公国のみである。また、ロンドン大会、リオ大会においても先行研究で示されていた、人口や GDP（一人あたり）、参加選手数（100 万人あたり）、また HDI の指標とメダル獲得数との間には中程度の相関関係が認められた[8]。

　もちろん、遠藤［2020］が指摘しているように、Buts ら［2013］では検討されていない各国のスポーツ政策のようなメゾレベル要因が、こうしたマクロな変数以上に強い影響を与えている可能性がある。特にパラリンピックにおいては、車椅子などの道具を用いて競技する種目が多い。やはりこうした点は、オリンピック以上に経済的・社会的・文化的要因が国際的な格差を生み出しているようである。

　ところで、図 3 にあるように基本的に同一国では、オリンピックのメダル獲得数とパラリンピックのメダル獲得数は強い相関関係にある[9]。この関係は、特に先進諸国において顕著である。確かにオリンピック・パラリンピックともに国際

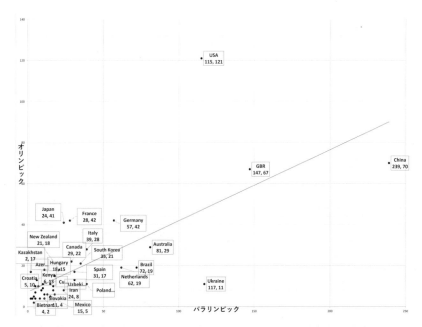

図 3　リオオリンピックとパラリンピックのメダル数による散布図（筆者作成）

的な格差は存在し、是正が必要かもしれない。ただ、どの程度のメダル獲得数を
目指すかはそうした問題とは別に、国別に設定されるべき問題である。このとき、
オリンピックとパラリンピックのメダル獲得数の差が、当該国内での障がい者（ス
ポーツ）施策の進展を計る指標とできる可能性があるかもしれない[10]。

格差を超えて

　これまで見てきたように、パラリンピックにおいても、オリンピックと同様の
分断と格差が生じている。これらの問題は必ずしもパラリンピックそのものが生
み出すものというよりは、2 節で述べた「エイブリズム」と同様に近代スポーツ
が抱えてきた問題として捉えるべきものかもしれない。

　障がい者のスポーツには健常者のスポーツと同等の支援が求められるべきであ
る。その指標にオリンピックとパラリンピックのメダル数の比較がなりえる可能
性を先程述べた。ただし、日本では重大な事象がない限り、障がい者数の増加を
想定するのは難しい。だとすれば今後、パラリンピックでの（過当な）メダル獲
得競争に参入することに大きな意味はないだろう。そのため一つの方向性として、

日本はパラリンピックの出場をめぐる国家間の格差を埋めるような取り組み、つまり、パラリンピックへの参加が難しい非OECD加盟国やHDIランクの低い国々に対する支援の可能性を高めることを重視すべきではないだろうか。また、障がいをめぐって表出するジェンダーやセクシュアリティの課題への対処の方向性は、既存の健常者のスポーツとの異同の発見による新規性の探求と、その新しい文化的価値に基づいて、スポーツ界や社会の変革につなげていくことを目指すというものだろう。

　本節で検討してきた 2 つの課題は、他の「マイノリティ」グループへの想像力や、他国の人々への想像力という、「社会（学）的想像力」が必要とされていることを示しているのではないだろうか。

4.　おわりに

　ここまでパラリンピック・ムーブメントに潜むいくつかの問題点を見てきた。それはパラリンピックの「障害者文化」に対する全体性の問題だったり、スポーツが内包するエイブリズムだったり、人々の多様性への視点であったり、国別格差問題であったりした。これらの課題はおそらく乗り越え可能なものであるし、その先にこそ、障がい者スポーツに／によってもたらされるべき変化の道筋があるのではないか。ただ、残念ながらその備えをしっかり行う事ができる前に、2020 オリンピック・パラリンピック東京大会を迎えてしまっているように思えてならない。

　「パラリンピックはすべての障がい者・障がいのある人のエンパワメントになるはず・なるべき」という仮定が本当に達成されるにはどうしたらいいのか。2020 年に世界で初めて 2 回目の「パラリンピック」を迎える日本は、多様性のある社会を実現するために、東京 2020 オリパラ以降に何を残せばよいのだろうか。それはもちろん、IPC が目指す通りに一人ひとりの多様性を尊重した共生社会であるのだろう。だがこれまで見てきたのは、他ならぬパラリンピックがその目標を阻害している可能性であった。これはパラリンピックの推進にとってはネガティブな物言いであるかもしれない。だが、重要なのは、パラリンピックは障害理解や共生社会の実現の一つの手段ではあるが全てではない、という当たり前の事実に立ち戻ることである。そう考えれば、これまで挙げたパラリンピックの課題は、他の文化現象にもある「よくある」課題ともいえ、その対処法も参照で

きるだろう。

　これまで述べてきた問題は、パラリンピックへの関心の高まりの横で、パラリンピックや障害への基礎的な知識に対する関心のなさが生み出す問題であるかもしれない。どのような文化現象においてもそれを十分に楽しむためには、それなりのコストが求められる。確かに「スポーツ」は事前の「勉強」なしに楽しめるものかもしれない。しかしそれは、私たちの多くが観戦するスポーツの対象と自らが同一であることを自明視し、その枠組みのなかに埋没できるからである。その枠組は主に「健常・異性愛・成人・シスジェンダー[11]・男性」たちのものであった。逆に言えば、たとえば「スポーツ」を見る「私」が、「健常者のシスジェンダー男性」ではなかった場合、オリンピックやパラリンピックのような近代スポーツからは大きな圧力を感じるだろう。パラリンピックはこの状況を「障害」を掛け金にして逆転させている。つまり、観る対象を多くの人々は「当たり前」に自明視できないのである。そこではそれまでのスポーツとの関係が逸脱している。その処方箋としてエイブリズムが持ち出されるのだろう。だが、その処方箋は、多くの犠牲の上に成り立つものである。だから、私たちの「当たり前」のままパラリンピックやスポーツを見るのを止め、それを上書きする新しい視点や知識とそれを学ぶことが求められるのである。そこで培われた知識・視点が新しい社会とスポーツをもたらす。

　ところで、「障害者文化」の第 3 の軸は、「新規性を持っているかどうか（新規性）」の軸である。これは「当該文化に、既存文化の質とは異なる、新発見と呼べる質があるかどうか」の対称軸であった。たとえば、樫田は、「視覚障害者が聴覚や触覚の鋭さに依拠した別種の世界認識のパターンやコミュニケーション方法を持っているという主張があり、その能力主張に、社会内での相互行為的な承認も伴っていて、したがって社会的な実在性も認定可能な場合には、それを『盲者文化』と名付けることはできるだろう」[樫田，2019b：25] としている。私達はパラリンピックや個々の障がい者スポーツにおいて、こうした既存の（競技）スポーツとは異なる新規性を見つけることができているだろうか。樫田は障がい者スポーツにもそれがあるという。たとえ障がい者スポーツが健常者のスポーツから発想を得て流用していても「流用したルールや道具が、新しい意味を帯びて」[樫田，2019a：67] いくことがある。そしてそれを考えるには「実際のプレーの状況やそこでの意味連関の様相を検討」[樫田，2019a：82] する必要があるという。ならばそれは一つの新しい見方の知識であり、その知識を得るためには対象への

より深い注目が必要となるだろう。そんな風にして、これまでの競技スポーツ（文化）とは異なる質を発見していくことが、今後求められている。

　そのためには、結論として月並みであるが、パラリンピックや障害に関する教育を進展させることが重要であるように思える。インペアメントやディスアビリティ、そしてパラリンピックに対する十分な知識、もしくはスポーツを楽しむ新しい知識を身につけることで障がい者スポーツやパラリンピックを豊かにしていくことができるのではないだろうか。

【注】
1) 本章は、これまで発表した文章［渡，2019］やその雛形となったシンポジウム（2019年5月17日の日本財団パラリンピックサポートセンター・日本福祉大学共催シンポジウム〜障がい者スポーツ振興におけるパラドクス　東京2020パラリンピック競技大会の成功を目指して）での発言をもとにして、大幅に加筆修正したものである。
2) 本稿では障害学もしくは障害社会学を参考に、「障害」を次のように捉えることとする。まず、主に個体側の「欠損」としての「インペアメント」と、主に制度や環境によって引き起こされる「ままならなさ」としての「ディスアビリティ」である。特に注記せずに「障害」と書いた場合はこの2側面を同時に意味して用いる。また、「障害」「障がい」、「障害者」「障がい者」の引用文以外での表記については、固有名詞やインペアメント・ディスアビリティの両面を同時に指しているときに「障害」を用い、一般名詞としては「障がい」「障がい者」を用いることとする。
3) 山崎・石井らのいう「競技性」は主に身体の残存機能に関わって設けられた分析上の操作的定義であると述べ、競技性の高低は競技の優劣を意味しないことに注意が必要である。
4) 2017年に筆者が行った障がい者アスリートと企業のマッチングおよびアスリートのマネジメントを行う企業の代表者へのインタビューから。
5) 一方、なぜアスリートは「障がいは言い訳に過ぎない」といえたのかを考えてみることが重要である［渡，2019］。
6) 本項については遠藤華英氏（早稲田大学／パラリンピックサポートセンター）から大きな示唆を得た。記して感謝したい。
7) ロンドン大会のメダル獲得数と参加選手数については相関係数 r=0.855（p<0.01）、リオ大会で相関係数 r=0.868（p<0.01）と高い相関を示している（メダル数が正規分布を仮定できないため Spearman の順位相関係数を IBM SPSS ver.24 を用いて分析した。以下の統計的検定も同様である）。
8) IPC の WEB サイトおよび国連の人間開発報告書（Human Development Report）、および国連統計部（UN-Statistics Division）からデータを採集した。ただし各統計によってカバーする国の範囲が異なったり、IPC 加盟の地域・国と国連加盟国のズレによって、一部の特に国連の統計にデータのないパラリンピック参加国・地域のデータは採用していない。特にリオパラリンピックではロシアのドーピング問題に関わり、IPA（Independent Paralympic Athletes）としての出場や難民選手としての出場があったため、メダル数等にも用いたデータと実数との間に異なりがある。分析にあたっては、人口については2011年のデータを、一人あたりの GDP については2011年の値を、HDI

については 2010 年の数値を変数として用いた。
9)　リオオリンピックとパラリンピックのメダル獲得数は Spearman の順位相関係数の検定
　　で相関係数 r=0.742（p<0.01）と、強い相関関係を見出すことができる。もちろん相関
　　であり因果ではないので、この傾向に当てはまらない国もある。日本はオリンピック
　　のメダル獲得数から予測されるパラリンピックのメダル獲得数が非常に少ない珍しい
　　国の一つである。このあたりの要因については別稿を期したい。
10)　この点については WATARI・IDEGUCHI［2018］で定量的な評価を試みている。
11)　シスジェンダーとは、ここでは、自らに割り当てられた（身体的）性別（いわゆるセ
　　ックス）と性自認（ジェンダーアイデンティティ）に違和を覚えない／覚えたことが
　　ない人、を指している。

【文献】

Beacom, A. and Brittain, I., 2016 "Public diplomacy and the International Paralympic Committee: Reconciling the roles of disability advocate and sports regulator", *Diplomacy & Statecraft*, 27(2), 273-294.

Brittain Ian,2016, "Leveraging the London 2012 Paralympic Games: What Legacy for Disabled People?," *Journal of Sport and Social Issues* 40(6), 499-521.

――――, 2019, "The Impact of Resource Inequality upon Participation and Success at the Summer and Winter Paralympic Games",『パラリンピック研究会紀要』12, 41-67.

Buts, C., and Bois, C. D., and Heyndels, B., and Jegers, M., 2013, "Socioeconomic determinants of success at the Summer Paralympics", *Journal of sports economics*, 14(2), 133-147.

De Bosscher, V., and Shibli, S., and Westerbeek, H., and van Bottenburg, M. 2015, *Successful Elite Sport Policies: An International Comparison of the Sport Policy Factors Leading to International Sporting Success (SPLISS 2.0) in 15 Nations*, Meyer and Meyer Sports: Oxford, UK.

海老原修, 2003,「ある身体ともつ身体―パラリンピック考：義足のモーリス・グリーン」, 海老原修編著『現代スポーツ社会学序説』, 杏林書林, 65-72.

遠藤華英, 2020, 日本財団パラリンピックサポートセンター『パラリンピック研究懇談会「障がい者スポーツを通じた国際協力の在り方」』報告資料.

Forber-Pratt, A.J., 2018, "Multiple Oppression and Tackling Stigma Through Sport", Brittain, I. & Beacon, A., edu. *The Palgrave Handbook of Paralympic Studies*, Macmillan Publishers:London.

藤田紀昭, 2013,「障害者スポーツの地平」, 日本スポーツ社会学会編『21 世紀のスポーツ社会学』, 創文企画, 124-130.

金子史弥, 2017,「2012 年ロンドンオリンピックとイギリススポーツ政策の変容」, 筑波大学体育学系編『筑波大学体育系紀要』40：29-42.

樫田美雄, 2019a,「障害社会学の立場からの障害者スポーツ研究の試み―『非障害者スポーツとしての障害者スポーツ』」, 榊原賢二郎編著『障害社会学という視座―社会モデルから社会学的へ反省へ』, 新曜社.

――――, 2019b,「いかにして障害者の文化を研究するか―『生活学的障害社会学』の構想」, 現象と秩序企画編集室編『現象と秩序』11, 21-32.

Houghton, E.J., Pieper, L.P., & Smith, M.M.,2017, "Women in the 2016 Olympic and Paralympic Games: An Analysis of Participation, Leadership, and Media Coverage. (Retrieved, January, 30, 2020, https://www.womenssportsfoundation.org/wp-content/uploads/2017/11/wsf-2016-olympic_paralympic-report-final.pdf).

International Paralympic Comittee,2019, *International Paralympic Committee Strategic Plan* 2019 to

2022. (Retrieved, February 12, 2020, https://www.paralympic.org/ipc-publications.).

松岡克尚，2018，「インペアメント文化のとらえ方とその可視化―障害文化、障害者文化との比較を通して」，関西学院大学人間福祉学部研究会編『Human Welfare』10（1），79-91.

Scope, 2013. "Paralympics legacy in balance as attitudes fail to improve." (Retrieved April 8,2018, https://www.politicshome.com/press-release/scope/57516/paralympics-legacy-balanceattitudes-fail-improve.).

WATARI,T. & Ideguchi, N.,2018,"The Medal Ratio of Countries At the Olympic Games and the Paralympic Games from a Socio-Economic Viewpoint", The 3rd Congress, International Academy of Sportology Program & Abstracts.

渡正，2018，「パラリンピックの開催―東京パラリンピックが生んだもの」，石坂友司・松林秀樹編著『1964年東京オリンピックは何を生んだのか』，青弓社.

―――，2019，「パラリンピックは多様性のある社会を実現できるのか」，『現代スポーツ評論』40，148-152.

―――，2020，「障害者スポーツとテクノロジー」菊幸一・井上俊編著，『よくわかるスポーツ文化論改訂版』，ミネルヴァ書房，72-73.

山田明，2013，『通史日本の障害者―明治・大正・昭和』，明石書店.

ヤマハ発動機スポーツ振興財団，2019，『平成30年度障害者スポーツ調査研究報告書』ヤマハ発動機スポーツ振興財団.

山崎貴史・石井克，2019，「障害者スポーツに関する新聞報道の変容：競技間格差に着目して」，北海道大学大学院教育学研究院編『北海道大学大学院教育学研究院紀要』134，117-130.

オリンピックとボランティア政策

金子史弥

1. 東京オリパラのボランティアをめぐる「問題」

　人生最高の夏。2020年、東京の夏。56年ぶりに、オリンピック・パラリンピックがやってきます。世界中から多種多様なひとびとが集い、世界中が注目する一世一代のこの大会を、一緒につくりあげてくれる仲間を募集しています。大会運営に直接関わってみたいと思う方。スポーツが大好きで応援したいと思う方。ただただ、思い出に残る夏を過ごしたいと思う方。大会当日のボランティアはもちろん、選手をサポートするボランティア、国内外から訪れる旅行者への観光・交通案内や、競技会場までの観客の案内など、様々なボランティアを募集しています。人生最高の夏をともに過ごしましょう。

（タウンワーク・日本財団ボランティアサポートセンター，n. d.）

　これは、東京2020オリパラのボランティア募集を周知するために作成されたリーフレットにある「呼びかけ文」である。東京2020オリパラのボランティアには、TOCOG（東京2020大会組織委員会）が募集し、各競技会場や選手村などにおいて直接的に大会の運営に関わる「大会ボランティア（通称「フィールドキャスト（Field Cast）」）」と、東京都をはじめ競技会場となる施設がある自治体（関係自治体）が募集し、空港や主要駅、観光地などで観客や観光客の案内を行う「都市ボランティア（通称「シティキャスト（City Cast）」）」の2種類が存在し、合計で11万人以上のボランティアが大会の運営に携わることになるといわれて

いる。これに各ホストタウン[1]が募集しているものを加えれば、その数は一層大きくなるだろう。後で詳しくみるように、近年のオリンピック・パラリンピックにおいてボランティアは大会の運営に欠かせないものとなっており、TOCOGも「ボランティアは、TOKYO 2020を動かす力だ」というメッセージのもと、大会の成功は「大会の顔」であるボランティアの活躍にかかっているとし、ボランティアへの積極的な応募・参加を呼びかけている。

　2013年9月7日のIOC総会で東京が2020年夏季大会の開催都市に決定して以降、大会のボランティアは大会を観戦することと並んで一般の人々が東京2020オリパラに「参加（Get Involved）する」方法として注目を集めてきた。こうした動向を反映してか、この間、『スポーツボランティア読本』[二宮, 2017]、『東京オリンピックのボランティアになりたい人が読む本』[西川, 2018]などスポーツボランティアや大会のボランティアになるための「指南書」が数多く刊行されてきた。これらの指南書では東京2020オリパラのボランティアという「一生に一度の機会」を逃さないための方策やアドバイスが示されるとともに、経験者による（その多くがポジティブな）体験談が紹介されてきた。

　しかし一方で、東京2020オリパラのボランティアをめぐっては、多くの批判があることも事実である。表1は東京2020オリパラのボランティアの応募要件を整理したものであるが、その募集要項（案）が公表された2018年3月28日、そして正式な募集要項が公表された同年6月11日以降[2]、「やりがい搾取」、「ブラック」、「動員」といった大会ボランティアを揶揄する言葉がメディアを賑わせている[3]。その主な批判点としては、ボランティア参加者の自己負担が大きいこと（交通費、宿泊費等）、過酷な労働環境であること（酷暑の中での活動）、専門性が高い仕事に関してもボランティアが活用されようとしていること、商業（主義）化が進んでいるオリンピックの運営に無償のボランティアが利用されようとしていること、学事暦の変更、ボランティア活動の単位化などを通じて学生（主に関東圏の大学生）が動員されようとしていることなどが挙げられる。

　こうした批判の影響を受けてなのか、いくつかの世論調査からは、東京2020オリパラの準備状況に対する「懸念」が少なくなる一方で、ボランティアに対する「懸念」は大きくなっていることが窺える。たとえば、NHK放送文化研究所が2016年より毎年実施している「東京オリンピック・パラリンピックに関する世論調査」によると、大会の準備状況に関して、第1回調査（2016年10月）の時点では「とても順調だと思う」＋「順調だと思う」と回答した人の割合は合計

表 1　東京 2020 大会ボランティアの応募要件（概要）

活動期間

・大会期間中及び大会期間前後において、10 日以上の活動を基本とする（連続での活動は 5 日以内）。

活動時間

・休憩・待機時間を含み、1 日 8 時間程度

応募にあたっての条件

・2002 年 4 月 1 日以前に生まれた方
・活動期間中において、日本国籍又は日本に滞在する在留資格を有する方

積極的に応募していただきたい方

・東京 2020 大会の大会ボランティアとして活動したいという熱意を持っている方
・お互いを思いやる心を持ち、チームとして活動したい方
・オリンピック・パラリンピック競技に関する基本的な知識がある方
・スポーツボランティアをはじめとするボランティア経験がある方
・英語、その他言語及び手話のスキルを活かしたい方

活動に当たりお渡しする物品等

・オリジナルデザインのユニフォーム一式（シャツ、ジャケット、パンツ、キャップ、シューズ、バッグ等）
・活動中の飲食
・ボランティア活動向けの保険
・活動期間中における滞在先から会場までの交通費相当（1000 円／日）
※オリエンテーション、研修及び活動期間中における滞在先までの交通費及び宿泊は、自己負担・自己手配

出典：TOCOG［2018］をもとに筆者作成。

で 18％だったのに対し、第 4 回調査（2018 年 10 月）の時点では 52％にまで上昇し、全体的には大会の準備状況に対する不安は薄れつつあることが読み取れる。一方で、大会に向けた準備としての「ボランティアの育成」に関しては不安だと感じている人が回を重ねるごとに増加しており、2016 年 10 月の時点では 18％だったものが、2 年後には 34％となっている。さらに、第 4 回調査では「東京 2020 大会ボランティアに参加したいと思わない」と回答した人にその理由を尋ねているが、回答者の半数以上（58％）が「仕事や家事、学校などで忙しいから」という時間的理由を挙げているものの、これに続く形で「移動や滞在の費用がないから」（37％）、「大変そうだから」（30％）、「外国人への対応に自信がないから」（26％）、「暑そうだから」（20％）と労働環境に関する理由が挙げられている。こうしてみると、メディアで展開された東京 2020 オリパラのボランティアをめぐる批判が、この問題に対する人々の意識にも少なからず作用していることが窺える。

　こうした「懸念」が示されていたにもかかわらず、2018 年 9 月 26 日から 12

月 21 日の間に行われた大会ボランティアの募集には、募集人数の 8 万人を大きく超える 20 万 4,680 人の応募があった。とはいえ、東京 2020 オリパラの大会ボランティアをめぐる一連の「騒動」は、日本における「ボランティア」観やそのあり方を「問題」化することとなった。

　東京 2020 オリパラのボランティアをめぐる批判がなぜ生じているのかを冷静に読み解こうとする試みの中で、仁平典宏と石坂友司はこの問題の論点を次の 2 点に整理している［石坂，2019；仁平，2018］。ひとつは、日本における「ボランティア」観の問題である。すなわち、ボランティアは福祉や災害復興など公共的意義があるものに対して行われるもの、人のために尽くすことを目的に行われるものであるはずなのに、商業イベントであるオリンピックにボランティアが用いられていいのか、やりがいや自己実現、就職に有利になる等の理由（「互酬性」）に基づいてボランティアを行ってもいいのかという点である。もうひとつは、ボランティアは本来「自発的」な活動であるはずなのに、大学や企業を通じて半ば強制的にボランティアが「動員」させられるのではないかという点である。これを仁平は「動員モデル」［仁平，2011］[4] と表現しているが、本稿の議論を先取りすれば、今回の東京 2020 オリパラのボランティアをめぐっては 2 つの「動員」に対する批判が見え隠れしていると感じられる。第 1 に、小笠原博毅と山本敦久が「参加型権力」と呼ぶ、「『感動』を共有するという図式のもとで、人びとを肯定的に参加へと駆り立てるような」［小笠原・山本，2019：20］、東京 2020 オリパラへのナショナリスティックな形での動員に対する批判である[5]。第 2 に、渋谷望［1999］や中野敏男［1999］が指摘したような、今日のネオリベラリズム的な政策を市民社会の側から「補完」するためのボランティアの「動員」に対する批判である。こうした「ボランティア」観や「動員モデル」による説明（批判）は、確かに一定程度説得力を持っているように感じられる。だが、これらの議論の多くはボランティアの応募要件やそれをめぐるメディア報道をもとに議論（批判）が展開されており、東京 2020 オリパラのボランティアをめぐり具体的にどのような政策が行われているのかを詳細には論じていない。また、こうしたモデルによって説明（批判）される現象が、日本（東京 2020 オリパラ）固有のものなのかも定かではない。

　一方、東京 2020 オリパラをめぐっては、大会後の「レガシー」をいかにして遺すのかという課題もある。たとえば、2016 年に刊行された『東京 2020 アクション＆レガシープラン 2016』で TOCOG は 5 つの柱を立て、各領域で大会のレ

ガシーを遺すことに取り組むとしている。この中で、ボランティアについては、1) スポーツ・健康、3) 文化・教育、5) 復興・オールジャパン・世界への発信、で言及されている。1) スポーツ・健康に関しては、取り組むべき課題として「スポーツを支える多様な人材の育成、スポーツボランティア文化の醸成」が挙げられている［TOCOG, 2016: 26］。3) 文化・教育に関しては、「若者の参加の機会・活躍のチャンスの創出」という教育に関わるレガシーを遺すための方策として、「大会運営ボランティアや大会に関連する活動への参画」が提示されている［TOCOG, 2016: 65］。さらに、5) 復興・オールジャパン・世界への発信では、オールジャパン、すなわち多くの人々が参画するための仕組みとしてボランティア活動を推進し、大会後の「ボランティア文化」の定着につなげるとしている［TOCOG, 2016: 88-89］。一方、東京都の『2020年に向けた東京都の取り組み』[6]でも、「大会を支えるボランティアの裾野を拡大するとともに、ボランティア文化の定着を目指す」とし、2024年度の都民のボランティア行動者率を40％（2016年度の値は21.6％）にまで引き上げることを目標にするとしている［東京都, 2015:34-36］。こうして、国、東京都においては東京2020オリパラの「レガシー」としての「（スポーツ）ボランティア文化」の醸成が掲げられているが、大会の開催は本当にボランティア文化の醸成につながるのであろうか。また、つながるとするのであれば、どのような取り組みが必要なのであろうか。

　そこで本章は、東京2020オリパラのボランティアをめぐる政策の内容を詳細に検討した上で、オリンピックボランティアをめぐる「ポリティクス」と日本におけるその特殊性を描き出すことを試みる。その上で、東京2020オリパラの（スポーツ）ボランティアに関わる「レガシー」について考えることを目的とする。具体的には、まず東京2020オリパラのボランティアに関わる政策的動向について整理した上で、オリンピック（IOC）におけるボランティアの位置づけと歴史的展開について確認する。次に、上記の問いについて考えるための「参照軸」として、2012年ロンドン五輪におけるボランティアをめぐる政策的動向とその「レガシー」について考察する[7]。こうした作業を通じて、日本における「ボランティア」のあり方と、東京2020オリパラの「ボランティア・レガシー」について展望してみたい。

2.　東京 2020 オリパラにおけるボランティア政策

　冒頭で述べたように、TOCOG および東京都は東京 2020 大会の「レガシー」として、大会を契機に「（スポーツ）ボランティア文化」を醸成することを目指している。では、具体的にどのような政策的取り組みが行われているのであろうか。

　2016 年 12 月、東京都と TOCOG は『東京 2020 大会に向けたボランティア戦略』という文書を刊行した。この文書は、「東京 2020 大会におけるボランティアの募集や研修などの運営のあり方、参加者の裾野拡大等について基本的な考え方を示すもの」［東京都・TOCOG, 2016：1］であるが、その冒頭で大会のボランティアは次のように位置づけられている。

　　東京で 2 回目の開催となる東京 2020 オリンピック・パラリンピック競技大会（以下「東京 2020 大会」という。）を、人々の心に深く残る歴史的な大会とするためには、オール東京・オール日本で大会の盛り上げを図ることが重要である。（略）。

　　これらを実現するためには、都民・国民一人ひとりに大会成功の担い手になってもらうことが必要不可欠であり、その中でも「ボランティア」活動への参加は、大会に関わる多くの人と一丸となって大会を作り上げることで、他では決して得られない感動を体験する貴重な機会となる［東京都・TOCOG, 2016：1］。

　その後、この文書では東京 2020 オリパラのボランティアの組織的位置づけ、役割、募集に向けた取り組み、応募条件（案）などが提示されているが、ここで着目したいのは以下の 3 点である。

　第 1 に、東京 2020 オリパラの大会ビジョンのひとつである「多様性と調和」を踏まえて、多様な参加者の活躍促進に取り組むことが謳われている点である。具体的には、障がい者のボランティア参加、児童・生徒のボランティア参加、働く世代・子育て世代のボランティア参加の促進に取り組むことが掲げられている［東京都・TOCOG, 2016：9］。

　第 2 に、参加気運の醸成に向けた方策として大会のボランティア等に関する情報発信（「東京ボランティアナビ」などのウェブサイトの活用、シンポジウムの

表 2　東京都ボランティア活動推進協議会　構成団体一覧（2018 年 6 月 29 日時点）

団体名	団体名
公立大学法人　首都大学東京	内閣官房東京オリンピック競技大会・東京パラリンピック競技大会推進本部事務局
国立大学法人　東京外国語大学	内閣府
一般財団法人　東京私立中学高等学校協会	文部科学省
公益社団法人　東京都専修学校各種学校協会	国土交通省
東京商工会議所	特別区長会（代表：荒川区）
一般社団法人　日本経済団体連合会	東京都市町会（代表：調布市）
公益社団法人　経済同友会	東京都町村会（代表：奥多摩町）
公益社団法人　企業メセナ協議会	北海道
公益財団法人　東京防犯協会連合会	札幌市
公益財団法人　日本財団パラリンピックサポートセンター	岩手県
社会福祉法人　東京都社会福祉協議会	宮城県
認定特定非営利活動法人　カタリバ	仙台市
特定非営利活動法人　せたがや子育てネット	利府町
特定 NPO 法人　難民支援協会	福島県
日本赤十字社　東京都支部	福島市
岡さんのいえ TOMO	茨城県
東京都国際交流委員会	鹿嶋市
東京都商店街振興組合連合会	埼玉県
東京都町会連合会	さいたま市
公益財団法人　笹川スポーツ財団	川越市
公益財団法人　東京オリンピック・パラリンピック競技大会組織委員会	朝霞市
公益社団法人　東京都障害者スポーツ協会	和光市
東京都障害者スポーツ指導者協議会	新座市
一般社団法人　東京都スポーツ推進委員協議会	千葉県
公益財団法人　東京都スポーツ文化事業団	千葉市
公益財団法人　東京都体育協会	一宮町
一般財団法人　東京マラソン財団	神奈川県
公益財団法人　日本オリンピック委員会	横浜市
公益財団法人　日本障がい者スポーツ協会	藤沢市
東海旅客鉄道株式会社	静岡県
東京国際空港ターミナル株式会社	伊豆市
東京地下鉄株式会社	小山町
一般社団法人　東京バス協会	狭山市
成田国際空港株式会社	東京都
日本空港ビルデング株式会社	
一般社団法人　日本民営鉄道協会	
東日本旅客鉄道株式会社	
公益財団法人　東京観光財団	
公益財団法人　日本観光振興協会	
独立行政法人　国際観光振興機構	

出典：東京都ボランティア活動推進協議会ウェブサイトをもとに筆者作成。

開催等）、「東京都ボランティア活動推進協議会」の設置が掲げられるとともに、裾野拡大に向けて 1)『共助社会づくりを進めるための東京都指針』、2) 外国人おもてなし語学ボランティア、3) おもてなし親善大使育成塾、4) オリンピック・パラリンピック教育、5) 東京 2020 参画プログラム、に取り組むとされている［東京都・TOCOG，2016：15-18］。

　第 3 に、都と TOCOG は「大会後のレガシー」としての「共助社会」実現のために 1) ボランティアに対する謝意や大会後を見据えた運営体制の構築を通じたボランティア活動気運の維持・継続、2) 活動環境の整備、活動機会の提供・マッチング機能の強化、運営ノウハウの共有などの大会後に向けた取り組みに臨むとしている［東京都・TOCOG，2016：19］。

　この中で特に興味深いのは、「東京都ボランティア活動推進協議会」と『共助社会づくりを進めるための東京都指針』である。まず、東京都ボランティア活動推進協議会は 2015 年に設立された組織であり、ボランティア気運の醸成や東京 2020 オリパラの成功に向けて大会ボランティアの運用体制の検討などに携わっている。表 2 はこの協議会の構成団体を示したものであるが、教育・学校関係、財界関係、医療・福祉関係、地域関係、スポーツ関係、交通運輸関係、観光関係、国の省庁、さらには東京都以外の競技会場になっている自治体（関係自治体）にいたるまで、まさしく「オール東京・オール日本」で東京 2020 オリパラのボランティアを推進しようとしていることがここからは窺える[8]。また、これに関連して、東京 2020 大会ボランティアのウェブサイトである「東京ボランティアナビ」には、東京都の都市ボランティア（シティキャスト）の募集[9]にあたって協力した団体・企業名が 8 団体と 33 社掲載されている。この中には東京 2020 オリパラの大会スポンサーに名を連ねている企業も数多く含まれている。加えて、協力内容についても応募勧奨（募集内容の周知）にとどまらず、ボランティア休暇の取得を促進したり、さらには新たにボランティア休暇制度を整備した企業が存在する点は注目に値する。

　一方、『共助社会づくりを進めるための東京都指針―ボランティア活動の推進を中心に―』は 2016 年 2 月に刊行された文書である。この中では、ボランティア活動は「支えられる人だけでなく、支える人にも充実感や喜びを与えるもの」であると定義された上で、これからの東京にはボランティア活動を含めた「共助社会」づくりが求められているとの認識が示されている［東京都，2016：前文］。それは「地域で人々が抱える課題が多様化、複雑化する中にあって、自らのこと

は自らで支える自助や、行政の役割による公助に加え、お互いに支え合う共助が、課題解決に有効な手段」であると考えられるためであるという［東京都，2016：1］。そして、東京2020オリパラの成功には多くのボランティア活動が不可欠であり、また、東京2020オリパラのボランティア活動を大会の「レガシー」として共助の精神を受け継ぐための原動力とすることが重要であると論じられている。こうして、政策的言説のレベルでは、東京2020オリパラのボランティアは東京都が目指す「共助社会」の構築に接続されている。

　上記の東京都、TOCOGにおける取り組みに加えて、国のスポーツ政策においても東京2020オリパラを契機にスポーツボランティアを推進しようという試みが見られる。2017年3月に刊行された『第2期スポーツ基本計画』の中で、国は、「スポーツを『する』『みる』『ささえる』スポーツ参画人口の拡大と、そのための人材育成・場の充実」のための施策のひとつとして、「2020年東京大会をはじめとするスポーツイベントをスポーツボランティア普及の好機として、スポーツボランティア育成に係る大学の先進事例の形成を支援するとともに、スポーツボランティア団体間の連携を促進することにより、日常様々な場面で活躍するスポーツボランティア参画人口の増加を図る」としている［文部科学省，2017：12-13］。

3.　オリンピックにおけるボランティア

　次に、オリンピックにおけるボランティアの位置づけとその歴史的展開について簡潔にみておきたい。オリンピックにおけるボランティアの歴史的展開について考察したミケル・デ・モラガスら［De Moragas et al., 2000］によると、現在のような形でボランティアが大会組織委員会のプログラムとして組み込まれるようになったのは、1980年レークプラシッド冬季五輪からであるという[10]。また、彼らはオリンピックの規模が拡大にするにつれて、組織委員会の中にボランティアの運営を担当する専門の部局が設置されるとともに、大会運営に関わるボランティアの数、役割も増えていったと指摘する。そこには、1984年ロサンゼルス五輪に象徴的にみられるように、大会運営が肥大化する中での経済的側面（＝経費削減）の意味合いもあったとされる［De Moragas et al., 2000: 143］。表3は1980年レークプラシッド冬季五輪以降の夏季、冬季オリンピック・パラリンピックにおける大会ボランティアの数の推移を示したものであるが、夏季、冬季大会ともにその数は増加傾向にある。

表3　オリンピック夏季大会（左）、冬季大会（右）における大会ボランティアの数

開催年	開催都市	ボランティア数
1984	ロサンゼルス	28,742
1988	ソウル	27.221
1992	バルセロナ	34,548
1996	アトランタ	47,466
2000	シドニー	46,967
2004	アテネ	45,000
2008	北京	100,000
2012	ロンドン	70,000
2016	リオデジャネイロ	50,000

開催年	開催都市	ボランティア数
1980	レークプラシッド	6,703
1984	サラエボ	10,450
1988	カルガリー	9,498
1992	アルベールビル	8,647
1994	リレハンメル	9,054
1998	長野	32,579
2002	ソルトレークシティー	22,000
2006	トリノ	18,000
2010	バンクーバー	18,500
2014	ソチ	25,000
2018	平昌	22,400

注：1996年アトランタ五輪について、デ・モラガスらによればボランティアの人数は60,422人となっている。しかし、IOCのウェブサイトでは表中の数字となっている。

出典：De Moragas et al.［2000: 144-145］およびIOCウェブサイトをもとに筆者作成。

ところで、過去の大会組織委員会やIOCにとって、大会ボランティアとはどのような位置づけにあるのだろうか。デ・モラガスらによると、大会の公式報告書の中ではじめてボランティアについての定義がなされたのは、1992年バルセロナ五輪の時であったという。この中で、ボランティアは「個人として利他的な立場から協働することに取り組み、オリンピック競技大会の運営に彼／彼女の最善を尽くし、金銭的報酬や他のいかなる報酬も受け取ることなしに彼／彼女に与えられた仕事をこなすものである」と定義されている［COOB'92, 1992: 381, cited in De Moragas et al., 2000: 134］。

一方、IOCは2012年12月5日の国際ボランティアデーを祝福するメッセージを寄せる中で、ボランティアを「大会の擁護者（Champions of the Games）」と表現し、次のように述べている。

ボランタリズムはオリンピック・ムーブメントのまさしく礎であり、また、コア・バリューのひとつである。それぞれの競技大会において、あらゆる年代、文化、出自の数千人もの人々が、責任を引き受け、名誉によって奉仕するという同じ意思に駆り立てられて、スポーツに対する感情と情熱、そしてスポーツの持つ理念である卓越性、尊重、友愛を共有しようとしている［IOC, 2012b］。

　加えて、2016 年 12 月 5 日に IOC のウェブサイトに掲載された「いかにして
オリンピックボランティアになるか」と題された記事では、オリンピックボラン
ティアの利益には次のようなものがあると紹介されている。

　　ボランティアは生涯続く利益を得ることができる。仕事でのつながりや新た
　な友人を作ることができる。特別な訓練を受けることができる。ユニフォーム
　や参加証明書を受け取ることができる。個人の成長にとっての素晴らしい機会、
　グローバルな祝祭に積極的に関わることの喜び、そしてそれから生じる満足を
　得ることができる［IOC, 2016］。

　こうして、オリンピックボランティアは、理念的にはオリンピックの価値を体
現するもの、オリンピック・ムーブメントの一部として位置づけられる一方で、
実践面においては大会運営を支える人的資源としてその重要性を増しているとい
うことができる。

4.　2012 年ロンドン五輪におけるボランティア政策と
　　その「レガシー」

　ここからは 2012 年ロンドン五輪におけるボランティア政策について記述する
とともに、それが遺した「レガシー」について検討していきたい。2012 年ロン
ドン五輪におけるボランティアのリクルート・育成に関わる政策的取り組みは、
1）大会関連ボランティアのリクルート・育成、2）大会の「レガシー」として
のボランティア文化醸成に向けた取り組みに分けることができる[11]。
　2012 年ロンドン五輪の大会関連ボランティアには、大会ボランティアである
「ゲームズ・メーカー（Games Maker）」と開催都市のロンドンや競技会場とな
った他の自治体において採用された都市ボランティアが存在した。ゲームズ・メ
ーカーのリクルート・育成は、LOCOG（ロンドン 2012 オリンピック・パラリ
ンピック競技大会組織委員会）が大会スポンサーであるマクドナルド社に委託し
て行われた。ゲームズ・メーカーの公募は 2010 年 9 月 15 日から 10 月 27 日に
かけて実施された。募集に際し、LOCOG のウェブサイトでは次のような呼びか
けがなされた。

　2012年ロンドン五輪のゲームズ・メーカーは大会の顔となるであろう。これは英国とは何たるかを示す機会でもある。それはつまり、卓越性、情熱、積極性である。この真にインスピレーショナルな状況に立ち向かいながら、人々は新たな友人関係を築き、スキルを発展させ、英国で開催される過去最大のイベントの中心で欠くことのできない役割を担うことになるだろう［LOCOG, n. d. a］。

　また、LOCOGの会長であったセバスチャン・コーも「ボランティアとして働くことは困難だがやりがいがあり、その報酬は生涯続くものになる。なぜなら、2012年ロンドン五輪のゲームズ・メーカーはまさに歴史を創る存在となるからだ」［LOCOG, 2010］と述べ、応募を呼びかけていた。

　表4はゲームズ・メーカーの応募要件をまとめたものであるが、これは東京2020オリパラの応募要件と比べても大きく変わらない。なお、ユニフォーム等の提供についてはアディダス社など他の大会スポンサーが協力した［Harris, 2012: 417］。また、ボランティア募集に際してはLOCOGのウェブサイトに「ゲームズ・メーカーの雇い主の皆様へ」というページが設けられ、自らの企業の社員がゲームズ・メーカーに応募する／採用された時の対応策などを紹介していた［LOCOG, n.d.b］。結果的に24万人を超える応募があり、一次書類審査を通過した10万人に対して2011年2月から2012年3月にかけてインタビューが行われた。そして最終的に7万人がゲームズ・メーカーとして採用された。採用されたボランティアに対しては2012年2月から7月の間に、マクドナルド社と大会スポンサーであったブリティッシュ・エアウェイズ社が作成したワークブックに基づき、オリンピック・パラリンピックや2012年ロンドン五輪についての基礎知識、ボランティアとして実際に担当する役割等に関する講習会・ワークショップが実施された。

　都市ボランティアに関しては、開催都市のロンドンでは2010月7月にロンドン市長のもと「チーム・ロンドン・アンバサダー（Team London Ambassadors）」プログラムが設立された。このプログラムには22,000人の中から選ばれた8,000人が採用され、大会期間中に市内43カ所で観光ボランティアとして活動した。同様の取り組みは競技会場となった他の自治体でも見られた。

　一方、2012年ロンドン五輪の「レガシー」としてのボランティア文化の醸成を目的に実施された取り組みの代表例としては、欧州社会基金、ロンドン開

表 4　2012 年ロンドン五輪大会ボランティアの応募要件

活動期間

・10 日以上の活動を基本とする（オリンピック、パラリンピック両方の場合は 20 日間以上）。
・3 日間の研修（最低 15 時間程度）への参加が求められる。

活動時間

・活動時間は 1 日あたり 8 時間から 10 時間程度（他に休憩時間あり）

応募にあたっての条件

・2012 年 1 月 1 日の時点で 18 歳以上の者
・英国の入管法に基づき、必要な要件を満たす者
・英語での会話ができる者、英語を読むことができる者
※選考にあたっては、多様性を尊重する

ゲームズ・メーカーとして望まれる姿勢

・プロフェッショナルとして、情熱的に、熱意を持って、精力的に、自らの最善を尽くして、真に記憶に残る大会の開催に協力できる
・我々の価値観を共有し、インスピレーショナルで、オープンで、尊敬の念を持ち、チームを優先し、際立った活躍をすることができ、そしてやればできるという姿勢がある

提供される物品等

・オリジナルデザインのユニフォーム一式
・活動中の飲食
・活動期間中における交通費（滞在先から会場まで、ロンドン市内、ロンドン市内から周辺会場）
※選考、研修及び活動期間中における滞在先までの交通費及び宿泊は、自己負担・自己手配

出典：LOCOG ウェブサイトをもとに筆者作成。

発公社、ロンドン特別区からの出資をもとに展開された「パーソナル・ベスト（Personal Best）」と、イングランドのスポーツ振興を担当する政府系機関であるスポーツ・イングランド（Sport England）が展開した「スポーツ・メーカー（Sport Makers）」というプログラムが挙げられる。前者は長期失業者に対して、ゲームズ・メーカーをはじめとしたボランティア活動に応募する際に必要とされる基本的なスキルを身につける機会を提供することを目的に展開され、2006 年から 2011 年の間に 500 名がその恩恵を受けた。一方、スポーツ・メーカーは「場所・人・プレイ（Places People Play）」というプログラムのひとつであり、スポーツボランティアの育成・支援を目的としていた。スポーツ・メーカーに対しては国営宝くじ（National Lottery）から 400 万ポンドの助成がなされ、その裨益者数は 2011 年 7 月からの約 2 年間で 5 万人以上であったといわれている。

　こうしたボランティア育成・支援プログラムに加えて、「ジョイン・イン（Join

In)」と「チーム・ロンドン（Team London）」という、ボランティアの登録・検索システムも整備された。ジョイン・インは、英国政府の市民社会局（Office for Civil Society）が国営宝くじからの助成と大会スポンサーであるブリティッシュ・テレコム社の支援を受けながら 2012 年 5 月に設立したウェブサイトであり、ゲームズ・メーカーをはじめとした 2012 年ロンドン五輪の大会ボランティア経験者に対して地域のスポーツクラブ、スポーツイベントにおけるボランティア機会に関する情報を提供することを目的としている。一方、2012 年にロンドン市長によって創設されたチーム・ロンドンは、ロンドン市民に対してロンドンにおける観光ボランティア、地域ボランティアの機会に関する情報を提供している。

　こうして 2012 年ロンドン五輪においては大会関連ボランティアのリクルート・育成だけでなく、大会の「レガシー」としてボランティア文化を醸成するための様々な政策的取り組みが行われた。投資された額を含めその試み自体は大変貴重だと考えられるが、一方でこれらの取り組みが「大きな社会（Big Society）」という政策理念を掲げたデイヴィッド・キャメロン保守党・自由民主党連立政権のもとで行われていた点は留意しておく必要がある。英国の経済史・社会政策を専門とする永島剛によれば、「大きな社会」という政策理念はキャメロンが前労働党政権を公共サービスに対する巨額の財政出動、中央政府による厳しい監視という点で「大きな政府（Big Government）」であると批判する中で登場してきたという。キャメロンは、「大きな政府」のもとでは財政悪化や官僚主義的弊害、人々の政府への依存体質が生じ、健全な「社会」の発展が望めないこと、そしてこの「社会」を再生するためには各コミュニティの政府からの自立を促し、市民の協調性・互助性を活性化すること、つまり「大きな社会」を構築することが必要だと主張した。ただし永島は政府の財政赤字の削減と個人の自助努力を促進し、「小さな政府」を目指しているという点で、「大きな社会」はいわゆるサッチャリズム的な新自由主義と連続性を有するものであると指摘する［永島, 2011：119-120］。政権の座について以降、キャメロンは「大きな社会」の構築に向けた戦略文書を刊行する。この中でボランタリー・セクターは「大きな社会」を構築するための重要な拠点として位置づけられ、そのための方策のひとつとしてボランティア活動、慈善活動が奨励された［HM Government, 2010: 3］。そして後述するように、この文脈において 2012 年ロンドン五輪をめぐるボランティア政策も「大きな社会」論と接続されることとなる。

　では、2012年ロンドン五輪をめぐるボランティア政策は、どのような「レガシー」を遺すことができたのだろうか。日本でもよく紹介されているように、ゲームズ・メーカーをはじめとしたボランティアの活躍は、大会関係者や各種メディアにおいて大会の「成功」の要因として賞賛された。たとえば、セバスチャン・コーはオリンピックの閉会式でのスピーチにおいて「我々のボランティアは素晴らしかった。彼ら／彼女らは限りない熱意と善意とユーモアを持ち合わせ、優雅に仕事をこなしていた。それは今大会の顔であったともいえる」と言及した[BBC, 2012]。また、当時のIOC会長であったジャック・ロゲも「我々は素晴らしいボランティアの笑顔と親切さ、そしてそのサポートを忘れることはないだろう。ボランティアはこの大会の本当に必要とされたヒーローだった」と賛辞を送った[IOC, 2012a]。

　また、英国の新聞各紙もその立場性の違いを超えてボランティアの活躍を賞賛した。たとえば、保守系のデイリー・テレグラフ紙は、英国の「ボランティア」文化と結びつけながら、ゲームズ・メーカーの活躍を次のように評している。

　　自発的な奉仕活動に対する生来の素質は、典型的に英国的なものである。オリンピック競技大会期間中我々が目にしたように、その素質はひとつのネーションとして我々がよく働くことを可能にさせたものである。（略）。ゲームズ・メーカーはその偉大なイベントの成功に大きく寄与し、世界中の人々の目に英国に対する好意的なイメージをもたらしたのだ [Telegraph, 2012]。

　一方、革新系のオブザーバー紙も、「紫と赤色のユニフォームをまとったボランティアたちは2012年ロンドン五輪と英国の顔であり続けた」と評価している[Observer, 2012]。

　さらに、キャメロン首相はパラリンピックの閉幕後、ゲームズ・メーカーの代表者を首相官邸に招き、2012年ロンドン五輪の成功とゲームズ・メーカーの活躍に対して「ビッグ・ソサエティ・アウォード（Big Society Award）」という賞を授与した。これを祝福するスピーチにおいて、キャメロンは「私は『大きな社会』について3年かけて説明しようとしてきたが、ゲームズ・メーカーはたった3週間の間でそれを見事に成し遂げてしまった」と述べている [Prime Minister's Office, 2012]。こうして2012年ロンドン五輪をめぐるボランティア政策は、政権によって「大きな社会」論と接続されたのである。ただし、ゲームズ・メー

カーの活躍が「大きな社会」の構築につながるかどうかという点に関しては、一定の留保が必要である。たとえば、文化・メディア・スポーツ省が大会直後に実施したゲームズ・メーカー 11,451 名を対象とした調査［Dickson and Benson, 2013］によれば、参加者の参加動機の上位 5 つは「一生に一度の機会だから」、「大会を成功させたいと思ったから」、「大会に関心があったから」、「大会に関わりたかったから」、「何か意味のあることをしたかったから」であったという。上記の結果を踏まえ、この報告書は、ゲームズ・メーカーは「自らのコミュニティへの還元という利他的な視点ではなく、イベント自体のユニークさに動機づけられていた」［Dickson and Benson, 2013: 5］と結論づけている。こうしてみると、ゲームズ・メーカーに限定すれば、人々は「一生に一度の機会」を求めて大会ボランティアに応募したのであり、その後ボランティア活動を継続、ひいては「大きな社会」の構築に貢献するかどうかは未知数であったと言わざるをえない。

　とはいえ、2012 年ロンドン五輪におけるボランティア政策に対するポジティブな評価（言説）は、大会後に刊行された評価報告書の中でも繰り返された。たとえば、文化・メディア・スポーツ省が 2013 年 7 月に刊行した報告書［Grant Thornton et al., 2013: 28-29］では、「大会はボランティアに対する情熱を増加させた」という見出しのもと、ゲームズ・メーカーやチーム・ロンドン・アンバサダーの取り組みが評価されている。さらに、後に紹介する「テイキング・パート（Taking Part）」調査の結果などに基づき、大会でのボランティアの活躍が多くのメディアや人々の関心を惹きつけ、その結果、人々のボランティアに対する意識を高めるだけでなく、実際のボランティア活動へと駆り立てていると指摘されている。また、2013 年 7 月から 2016 年 7 月まで、英国政府とロンドン市長は共同で『2012 年がインスパイアしたもの―2012 年ロンドン五輪のレガシー―』という報告書を毎年刊行したが［HM Government and Mayor of London, 2013, 2014, 2015, 2016］、この中ではジョイン・イン、チーム・ロンドン等の活動の成果が紹介されているとともに、以下に示すようなボランティア経験者の（ポジティブな）体験談が数多く紹介されている。

　2012 年ロンドン五輪のボランティアの機会を目にしたとき、私は応募する前はためらっていた。というのは、それは私にとって都合のいい場所の外で行われるものだったからだ。でも、［大会のボランティアは］私が行ってきたことの中で最高のことだと気付いたんだ。私はそれまで、あんなに多様な人々と

一緒に働くことなんてなかった。［大会ボランティアの経験は］私に自信を持たせ、私が仕事を探しているときの手助けとなった。私はボランティアをしている間に得たスキルのおかげで雇用契約を勝ち取ることができた。私はこれからも、チーム・ロンドンのイベントが大いに楽しくなるように手伝い続けるよ［HM Government and Mayor of London, 2013:57。括弧内は筆者による補足］。

　こうしてメディアや各種評価報告書が2012年ロンドン五輪のボランティアをめぐるポジティブな評価や「物語」に埋め尽くされる一方で、冷静に2012年ロンドン五輪をめぐるボランティア政策を評価しようとする試みも存在した。英国議会の下院会計委員会［House of Commons Committee of Public Accounts, 2013］と上院オリンピック・パラリンピックレガシー特別委員会［House of Lords Select Committee on Olympic and Paralympic Legacy, 2013］が刊行した報告書では、そのどちらもが大会におけるボランティアに関する政策的取り組みを一定程度評価しつつも、ジョイン・インの設立が大会直前になったことを例に、2012年ロンドン五輪のボランティア・レガシーを遺すための戦略・取り組みが十分ではなかったと批判している。加えて、両報告書はオリンピック・パラリンピックでのボランティア経験が、日常におけるスポーツボランティア活動へと必ずしもつながらない点を指摘している。
　では実際に、2012年ロンドン五輪の「レガシー」として、英国の人々のボランティア活動に対する意識・関わり方はどのように変化したのであろうか。表5は2005年より文化・メディア・スポーツ省が実施している文化・スポーツ活動に関する調査である、「テイキング・パート」調査の結果について整理したものである。この表からは第1に、2012年ロンドン五輪の開催が自身のボランティア活動に対する動機づけとなったと回答した人の割合が、大会の開催された2012/13年度を境に大きく伸びた（前年度の6.0％から9.8％）点が読み取れる。ここからは、各種報告書で論じられているように少なくともボランティア活動に対する意識の面では、2012年ロンドン五輪が英国の人々に変化をもたらしたことが確認できる。しかし第2に、ボランティア活動全般、スポーツに関わるボランティアへの参加率に関しては確かに2012/13年度には大きく増加しているものの、さらに個別の内訳を見てみると女性、16歳から24歳では増加傾向にあることが窺えるものの、総体的にみるとこの10年間の値は大きく変化していない。この点で、開催都市のロンドンを含め2012年ロンドン五輪が「ボランティア活

表 5　イングランドにおけるボランティア活動率、スポーツボランティア活動率の推移および
　　　2012 年ロンドン五輪のボランティア活動への影響（2005/06-2015/16 年度）

単位：パーセント

項目／年度	2005/06	2006/07	2007/08	2008/09	2010/11	2011/12	2012/13	2013/14	2014/15	2015/16
過去 12 か月の間にボランティア活動を行った	23.8	24.0	24.0	25.0	24.2	23.3	25.9	23.9	24.2	24.4
女性	24.7	24.9	26.0	27.4	26.0	25.7	28.0	26.0	26.1	25.3
男性	22.9	23.0	21.9	22.5	22.4	20.9	23.7	21.7	22.2	23.4
16 歳から 24 歳	24.7	25.5	26.0	27.6	28.5	28.3	34.9	28.4	31.3	28.9
25 歳から 44 歳	21.3	22.0	21.9	22.7	21.9	21.8	23.0	22.1	21.1	22.3
45 歳から 64 歳	25.8	25.4	24.4	26.5	25.0	23.5	25.6	24.0	24.4	23.1
65 歳から 74 歳	28.8	27.7	29.9	27.8	27.8	27.4	28.8	29.0	28.1	29.3
75 歳以上	20.1	20.7	21.0	21.8	19.5	16.7	20.3	17.6	19.4	22.9
ロンドン	23.8	22.6	24.1	23.7	23.4	23.8	29.9	22.6	23.3	26.3
過去 12 か月の間にスポーツに関わるボランティア活動を行った	19.2	19.4	19.6	21.3	20.7	17.5	21.9	19.1	20.9	19.3
英国が 2012 年ロンドン五輪の開催権を獲得したことはより多くのボランティア活動を行う動機づけとなった					6.6	6.0	9.8	8.9	9.9	7.4

出典：「テイキング・パート」調査ウェブサイト（https://www.gov.uk/government/statistics/taking-part-201516-quarter-4-statistical-release）をもとに筆者作成。

動への参加」という実践面において「レガシー」を遺したとは現時点では判断することが難しい。

5.　2 つの「動員モデル」と「レガシーをめぐる物語」を越えて

　本章では、東京 2020 オリパラのボランティアをめぐる政策的動向を検討した上で、2012 年ロンドン五輪の事例を参照軸としながら日本における「ボランティア」のあり方について考えることを試みた。また、東京 2020 オリパラのボランティアに関わる「レガシー」について展望することを目指した。

　本章を通じて明らかになったのは、第 1 に、IOC を含め、2012 年ロンドン五輪、

東京 2020 オリパラのボランティアをめぐる政策的言説には、小笠原・山本のいう「参加型権力」の要素が読み取れる点である。具体的には、そのどれもが「人生最高の夏」、「歴史的な大会」、「過去最大のイベント」、「歴史を創る」といった語彙を用いながら「一生涯の経験」としての大会ボランティアの意義を謳っていた。また、活動を通じて得られる経験・スキルを具体的に例示しながら、大会のボランティアが「互酬的」なものであり、「感動」を得られるものであることを強調していた。さらに、2012 年ロンドン五輪、東京 2020 オリパラどちらにおいても大会ボランティアのリクルート・育成を官民あげて支える体制が構築されていた。英国では企業（特に大会スポンサー企業）がボランティアのリクルート、育成においてビジネスとして／自発的に協力する構図が存在していた。一方、日本では「東京都ボランティア活動推進協議会」を通じてオール東京・オール日本の体制で東京 2020 オリパラのボランティア政策が展開されようとしている。第 2 に、政策的言説のレベルでは、2012 年ロンドン五輪、東京 2020 オリパラのどちらにおいても、大会のボランティアをめぐる政策がネオリベラリズム的な政策と「共振」させられている点である。すなわち、2012 年ロンドン五輪は当時のキャメロン首相が目指した「大きな社会」と、東京 2020 オリパラは東京都の目指す「共助社会」との接続が図られていた。こうしてみると、2 つの「動員」を目指す政治的／政策的試みは日本特有のものでなく、英国でも行われていたことが確認できる [12]。

　次に、2012 年ロンドン五輪の経験をもとに、「レガシー」としてのボランティア文化の醸成の可能性について検討してみたい。2012 年ロンドン五輪においては、大会ボランティアのゲームズ・メーカー、都市ボランティアのチーム・ロンドン・アンバサダーなどが大会を支え、その活躍は大会関係者やメディアによって大いに賞賛された。また、様々なボランティア育成・支援プログラムが展開されるとともに、ボランティアの登録・検索システムも整備され、こうした成果は参加者の「体験談」とともに各種評価報告書で好意的に評価された。

　しかしながら、英国議会下院、上院の報告書が指摘したように、英国政府がどの程度戦略的に 2012 年ロンドン五輪の「ボランティア・レガシー」を遺そうとしていたのかは、疑問が残る。特に、「パーソナル・ベスト」、「スポーツ・メーカー」といったボランティア育成・支援プログラムは時限付きのプログラムであり、プログラムで育成・支援したボランティアのその後の活用を含め、その成果が長期的なレガシーとして遺るのかは不透明である。また、「一生に一度の機会」

である 2012 年ロンドン五輪のボランティアと日常のスポーツボランティアの違いについての英国議会下院、上院の報告書の指摘は、レガシーとしてのスポーツボランティア育成のあり方を考える上で大いに示唆的である。さらに、判断するのは時期尚早かもしれないが、評価報告書ではポジティブな評価が並べられていたにもかかわらず、ボランティア活動率は大会前後で大きく変化はしていない。2012 年ロンドン五輪のレガシー計画について検討したマイク・ウィードは、「レガシー戦略の効力をめぐる議論は、レガシー戦略がいかなる成果をもたらし、それがどのように伝達されたかという点を理解するという政策プロジェクトではなく、2012 年大会に対する 93 億ポンドの公共投資を正当化するために何らかの成果を主張する政治的プロジェクト」に陥ってしまったと厳しく批判する［Weed, 2014: 282］。この指摘を踏まえるならば、2012 年ロンドン五輪のボランティア政策の評価は、現時点では「政治的プロジェクト」を補完するための「レガシーをめぐる物語」に終始してしまっていると考えられる。こうした批判や現状を危惧して、スポーツ・イングランドは英国政府の指示にそって 2016 年 12 月にボランティアの育成に向けた戦略［Sport England, 2016］を新たに策定した。こうした政策が今後、2012 年ロンドン五輪の「ボランティア・レガシー」をめぐる言説とどのように結びつき、また、実態としてどのような変化をもたらすのか、注視しなければならない。

　では、2 つの「動員モデル」による批判に絡め取られることなく、また、「レガシーをめぐる物語」に陥ることなく、東京 2020 オリパラの「ボランティア・レガシー」を遺すことは可能なのであろうか。筆者は、冷静に現状と向き合い、適切な方策を講じることでそれは可能であると考える。表 6 と表 7 は総務省統計局『社会生活基本調査』と笹川スポーツ財団『スポーツライフに関する調査』の結果の推移をまとめたものである。これをみると、ボランティア行動者率については 26%程度とこの 20 年間で大きな変化が見られないこと、男性よりも女性の行動者率が高いこと、全体的な傾向として 10 代、20 代と 70 歳以上で行動者率が低く、40 代、50 代、60 代の行動者率は高い（特に 40 代が高い）ことが窺える。一方、スポーツボランティアに関しては実施率は概ね 6%台から 8%台で推移しており、およそ 25 年の間に大きな変化は見られない。また、女性よりも男性の実施率が高く、年代別では 20 代が低く、30 代、40 代が高く（特に 40 代が高い）、50 代以降は年齢とともに実施率が下がっていく傾向にあるという特徴が窺える。こうしてみると、一般のボランティアとスポーツボランティアでは政策

表 6　ボランティア活動行動者率の推移（社会生活基本調査、1996 年－ 2016 年）

単位：パーセント

項目／年度	1996	2001	2006	2011	2016
ボランティア行動者率（全国）	26.9	28.9	26.2	26.3	26.0
女性	28.1	30.6	27.2	27.9	26.9
男性	25.1	27.0	25.1	24.5	25.0
10 歳から 19 歳	20.5	29.7	25.5	24.2	24.5
20 歳から 29 歳	14.9	18.9	17.2	18.7	17.2
30 歳から 39 歳	31.6	29.9	24.6	26.4	23.8
40 歳から 49 歳	35.3	36.5	33.5	34.6	31.8
50 歳から 59 歳	31.1	31.0	28.6	29.3	29.3
60 歳から 69 歳	30.5	30.9	30.1	27.9	29.3
70 歳以上	23.8	25.5	23.4	21.4	23.3

注 1：行動者率とは、ボランティア活動について「この 1 年間に何日ぐらいしましたか」という設問に対し、「1 日以上した」と回答した 10 歳以上人口に占める行動者の割合を示している。

注 2：1996 年の調査では、「ボランティア活動」ではなく「社会的活動」という言葉を用いて質問している。

出典：総務省統計局「社会生活基本調査」をもとに筆者作成。

表 7　スポーツボランティアの実施率（スポーツライフに関する調査、1994 － 2018 年）

単位：パーセント

項目／年度	1994	1998	2000	2002	2004	2006	2008	2010	2012	2014	2016	2018
ボランティア実施率	6.1	7.1	8.3	7.0	7.9	7.3	6.7	8.4	7.7	7.7	6.7	6.7
女性	3.2	4.9	5.1	4.1	4.5	5.0	5.8	5.9	5.1	5.8	5.4	5.3
男性	9.1	9.3	11.6	10.1	11.4	9.9	7.5	11.0	10.3	9.6	8.1	8.2
20 歳代	2.5	5.7	4.9	6.8	5.7	5.2	4.2	5.8	5.2	5.9	5.1	7.3
30 歳代	7.3	5.8	9.4	6.9	7.2	10.2	6.6	10.1	6.4	8.1	8.2	6.9
40 歳代	9.1	10.5	13.6	9.6	14.6	15.4	12.7	12.0	11.9	13.6	9.3	7.1
50 歳代	6.9	7.0	7.6	6.8	9.3	5.5	5.3	7.2	6.9	7.5	6.3	7.3
60 歳代	4.7	7.5	6.8	6.8	5.2	6.2	6.6	7.9	8.4	4.4	6.1	5.3
70 歳以上	4.3	4.0	5.5	4.8	4.5	2.2	4.0	6.6	6.6	5.7	3.9	6.3

注 1：実施率とは、過去 1 年間にスポーツボランティア活動を実施したことが「ある」と回答した人の割合を示している。

注 2：2014 年までは 20 歳以上、2016 年からは 18 歳以上を調査対象としている。

出典：笹川スポーツ財団「スポーツライフ・データ」をもとに筆者作成。

の対象とすべき層がやや異なることがわかる。この点を考慮しつつ、東京 2020 オリパラの大会関連ボランティアの応募者の性別、年齢層を踏まえて、大会を通じて高まった「ボランティア熱」をうまく継続させるような仕組みを考えることが今後重要になるだろう。

　また、2012 年ロンドン五輪の経験と比較するならば、日本ではすでに「東京ボランティアナビ」や日本スポーツボランティアネットワークが運用する「スポ

ボラ .net」などボランティアの登録・検索システムの制度はある程度確立されている。今後はこうした制度的基盤を強化しながらも、「パーソナル・ベスト」や「スポーツ・メーカー」のような具体的なボランティア育成・支援プログラムを一時的にではなく中長期的に展開することが望まれる。

　最後に、このボランティア「問題」を含む東京 2020 オリパラをめぐる批判の矛先がどこに向けられるべきかは、実際のところ見えにくいものになっている。これは、都市社会学者の町村敬志が 2005 年の愛知万博の開催をめぐる政治を分析する中で指摘したように、万博やオリンピック・パラリンピックのような国際的なメガ・イベントにおいては開催に関わる「当事者」が多岐にわたり、グローバル（IOC、TOP スポンサー、IF など）、ナショナル（日本政府、経済界、TOCOG、国内の大会スポンサー、JOC、JSC など）、ローカル（東京都をはじめとした関係自治体、ホストタウンとその住民、地元経済界、商工会議所、市民団体など）のレベルに意思決定と参加の舞台（アリーナ）が分断され、または複雑に入り組んでいるためだと考えられる［町村，2005：20-22］。このような状況にある中で、我々はどのような立場から東京 2020 オリパラボランティアの「問題」について論ずるべきなのであろうか。

　この点について示唆を与えてくれるのが、先に挙げた町村の研究である。彼はこの論考を締めくくる中で、「万博が引き起こすであろう混乱や論争に巻き込まれてしまう前に、まずはこれまで積み重ねられてきた経路を冷静に確認しておくこと、このことが、ポスト博覧会の方向を見定めていくためには必要であろう」と述べた［町村，2005：67］。東京 2020 オリパラに関わったボランティアが「一生涯の経験」を得て終わるのではなく、また、2 つの「動員モデル」や「レガシーをめぐる物語」に絡め取られない形で、ボランティア文化やスポーツ文化をどのように創っていくのか。東京 2020 オリパラまでの時間が限られている中、町村の姿勢に倣いながら冷静に「ポスト東京 2020 オリパラ」の方向を見定めることが今まさに求められている。

【注】
1)　たとえば横浜市、慶応義塾大学とともに英国のホストタウンとなっている川崎市は「英国代表チーム川崎キャンプサポーター」という名称で 300 名程度のボランティアを募集している（GO GB 2020 ウェブサイト https://gogb2020.jp/）。
2)　募集要項（案）から募集要項での主な変更点は、1) 活動期間について、「連続での活動は、5 日以内を基本とする」という文言が付け加えられたこと、2) 活動期間中における滞

在先から会場までの交通費（1000 円／日）が支給されるようになったことである。

3)　たとえば「『まるで動員』ボランティア促す通知、学事暦にまで言及」（『朝日新聞』
　　2018 年 9 月 18 日）、「猛暑、手弁当…『ブラック』扱いの五輪ボランティア 26 日から
　　史上最多の 11 万人募集開始　長野大会経験者『まずは体験を』と呼び掛け」（『産経新
　　聞』2018 年 9 月 24 日）。また、「無償ボランティア労働搾取」と批判する論者もいる［本
　　間，2018］。

4)　仁平は「動員モデル」を「ボランティア活動をマクロな社会レベルから観察し、本人
　　たちの善意や思いとは裏腹に、国家の政策や資本に動員されていると診断を下す枠組
　　の総称」と定義している［仁平，2011：2］。

5)　国家によるボランティアの「動員」の歴史については池田浩士［2019］、仁平［2011］
　　を参照。ただし、ここで留意したいのが「動員」のメカニズムの変化である。阿部潔
　　は、今日的な動員メカニズムのもとでは「主体性と自発性を尊重しながら『できるだ
　　け多くの』参画を呼びかける『オールジャパン』という理念」やオリンピック・レガ
　　シーの名のもと、「特定の主義主張やイデオロギーによって糾合されるのではなく、む
　　しろ各人の個別具体的な経済的な利益や利害に基づきながら、ある意味でゆるやかに、
　　別の言葉でいえば個々バラバラに、結果として統御されていく」［阿部，2016：52-53］
　　とする。

6)　この文書は、小池百合子都知事のもとで 2017 年 12 月に改訂されているが、ボランテ
　　ィアに関わる箇所については大きな変更は見られない。

7)　2012 年ロンドン五輪を「参照軸」とする理由は、同大会が東京 2020 大会招致委員会
　　［2013］等によって大会開催のあり方と「レガシー」を考える上での「モデル」と捉え
　　られてきたためである。なお、2012 年ロンドン五輪の事例（本章の第 4 節）については、
　　拙稿［金子，2017］の内容を新たな資料を用いて加筆・再構成する形で執筆する。

8)　町村敬志は、東京 2020 オリパラを支える「レジーム」形成における、このような縦割
　　り行政の枠を超えた「連結組織」の重要性を指摘している［鈴木ら，2016：89-91］。

9)　東京都のシティキャストには、36,649 名の応募があった。

10)　デ・モラガスらによれば、1980 年レークプラシッド冬季五輪以前にも大会を支える「ボ
　　ランティア」は存在したという（ボーイ／ガールスカウトや学生、軍人、関連するボ
　　ランタリー組織、有償ボランティア等による活動）。ここで「現在の形」として彼らが
　　表現するのは、大会組織委員会が組織を通じた「動員」ではなく主に個人に対する「募
　　集」という形で、ボランティアのリクルート、育成、展開を行うことを意味している。

11)　この点を記述するにあたっては関連する先行研究［Harris, 2012; Nichols, 2013;
　　Adamson and Spong, 2014; Nichols and Ralston, 2014; Lockstone-Binney et al., 2016］、
　　およびジョイン・インのウェブサイト［Join In, n. d.］を参照した。

12)　フィル・コーエンは 2012 年ロンドン五輪のボランティアは「LOCOG が推進する大衆
　　的愛国主義」と「キャメロンの『大きな社会』」というイデオロギー的な策略からは逃
　　れることができなかったと指摘している［Cohen, 2013: 209］。

【文献】
阿部潔，2016，「先取りされた未来の憂鬱—東京二〇二〇年オリンピックとレガシープラン
　　—」，小笠原博毅・山本敦久編『反東京オリンピック宣言』，航思社，40-58.
Adamson, J. and Spong, S., 2014, *Sport Makers Evaluation Final Report: March 2014*, CFE Research.
British Broadcasting Corporation, 2012, "London Olympics: Coe Praises UK 'Spirit of Generosity'"
　　(13 August 2012), Retrieved 17 December, 2019 from BBC News website, http://www.bbc.com/

news/uk-19246025

Cohen, P., 2013, *On the Wrong Side of the Track?: East London and the Post Olympics*, Lawrence and Wishart.

COOB'92, 1992, *Memoria Oficial de los Juegos Olimpicos de Barcelona 1992*, COOB'92.

De Moragas, M., Moreno, A. B. and Paniagua, R., 2000, "The Evolution of Volunteers at the Olympic Games," in De Moragas, M., Moreno, A. B. and Puig, N. (eds.) *Volunteers, Global Society and the Olympic Movement: International Symposium Lausanne 24th, 25th and 26th November, 1999*, IOC, 133-154.

Dickson, T. J. and Benson, A. M., 2013, *London 2012 Games Makers: Towards Redefining Legacy*, Department for Culture, Media and Sport.

Grant Thornton, Ecorys, Loughborough University, Oxford Economics and Future Inclusion, 2013, *Meta-Evaluation of the Impacts and Legacy of the London 2012 Olympic Games and Paralympic Games Report 5: Post-Games Evaluation Summary Report*, Department for Culture, Media and Sport.

Harris, M., 2012, "London's Olympic Ambassadors: A Legacy for Public Policy Implementation?," *Voluntary Sector Review*, 3(3), 417-424.

HM Government, 2010, *Building a Stronger Civil Society: A Strategy for Voluntary and Community Groups, Charities and Social Enterprises,* Cabinet Office.

HM Government and Mayor of London, 2013, *Inspired by 2012: The Legacy from the London 2012 Olympic and Paralympic Games,* Cabinet Office.

HM Government and Mayor of London, 2014, *Inspired by 2012: The Legacy from the Olympic and Paralympic Games Second Annual Report-Summer 2014,* Cabinet Office.

HM Government and Mayor of London, 2015, *Inspired by 2012: The Legacy from the Olympic and Paralympic Games Third Annual Report-Summer 2015,* Cabinet Office.

HM Government and Mayor of London, 2016, *Inspired by 2012: The Legacy from the Olympic and Paralympic Games Fourth Annual Report-Summer 2016,* Cabinet Office.

本間龍，2018,『ブラックボランティア』，角川書店.

House of Commons Committee of Public Accounts, 2013, *The London 2012 Olympic Games and Paralympic Games: Post-Games Review*, The Stationary Office Limited.

House of Lords Select Committee on Olympic and Paralympic Legacy, 2013, *Keeping the Flame Alive: The Olympic and Paralympic Legacy,* The Stationary Office Limited.

池田浩士, 2019,『ボランティアとファシズム―自発性と社会貢献の近現代史―』, 人文書院.

International Olympic Committee, 2012a, "London 2012 Opening and Closing Ceremony" (13 August 2012), Retrieved 17th December, 2019 from IOC website, https://www.olympic.org/news/london-2012-opening-and-closing-ceremony

International Olympic Committee, 2012b, "Volunteers, Champions of the Games" (4 December 2012), Retrieved 17 December, 2019 from IOC website, https://www.olympic.org/news/volunteers-champions-of-the-games

International Olympic Committee, 2016, "How to Become an Olympic Volunteer" (5 December 2016), Retrieved 17 December, 2019 from IOC website, https://www.olympic.org/news/how-to-become-an-olympic-volunteer

石坂友司, 2019,「メガイベントにおけるボランティア―東京2020オリンピック・パラリンピックへの提言―」, 後藤・安田記念東京都市研究所編『都市問題』, 110, 48-56.

Join In (n. d.) About Us, Retrieved 17th December, 2019 from Join In website, https://www.joininuk.

org/about-us/

金子史弥, 2017,「ロンドン 2012 オリンピック・パラリンピックにおけるボランティア政策」, 清水諭・友添秀則編『現代スポーツ評論』, 37, 創文企画, 101-112.

Lockstone-Binney, L., Holmes, K., Shipway, R. and Smith, K., 2016, *Evaluating the Volunteering Infrastructure Legacy of the Olympic Games: Sydney 2000 and London 2012,* International Olympic Committee Olympic Studies Centre.

London Organising Committee of the Olympic and Paralympic Games, 2010, "London 2012 Games Maker Volunteering Programme Opens to Public," Retrieved 17th December, 2019 from LOCOG website, https://www.webarchive.org.uk/wayback/en/archive/20101209182654/http://www.london2012.com/news/2010/09/london-2012-games-maker-volunteering-programme-opens-to-public.php

London Organising Committee of the Olympic and Paralympic Games, n.d.a, "Being a Games Maker," Retrieved 17th December, 2019 from LOCOG website, https://www.webarchive.org.uk/wayback/en/archive/20101209182605/http://www.london2012.com/get-involved/volunteer/being-a-games-maker/index.php

London Organising Committee of the Olympic and Paralympic Games, n.d.b, "For Games Maker Employers," Retrieved 17th December, 2019 from LOCOG website, https://www.webarchive.org.uk/wayback/en/archive/20101209182614/http://www.london2012.com/get-involved/volunteer/for-games-maker-employers/index.php

町村敬志, 2005,「メガ・イベントのグローバル・ローカル政治―国際機関・グローバル企業・地域社会―」, 町村敬志・吉見俊哉編『市民参加型社会とは―愛知万博計画過程と公共圏の再創造―』, 有斐閣, 19-74.

文部科学省, 2017,『第 2 期スポーツ基本計画』, 文部科学省.

永島剛, 2011,「イギリス『大きな社会』構想とソーシャルキャピタル論―『福祉国家』との関係をめぐって―」, 専修大学社会関係資本研究センター編『専修大学社会関係資本研究論集』, 2, 119-133.

中野敏男, 1999,「ボランティア動員型市民社会論の陥穽」,『現代思想』1999 年 5 月号, 青土社, 72-93.

Nichols, G., 2013, "Volunteering for the Games," in Girginov, V. (ed.), *Handbook of the London 2012 Olympic and Paralympic Games, Vol. 1: Making the Games,* Routledge, 215-224.

Nichols, G. and Ralston, R., 2014, "Volunteering for the Games," in Girginov, V. (ed.), *Handbook of the London 2012 Olympic and Paralympic Games, Vol. 2: Celebrating the Games,* Routledge, 53-70.

仁平典宏, 2011,『「ボランティア」の誕生と終焉―〈贈与のパラドックス〉の知識社会学―』, 名古屋大学出版会.

仁平典宏, 2018,「東京五輪ボランティアをやっぱり『やりがい搾取』と言いたくなるワケ―過去の『動員』を思い出す…―」,『現代ビジネス』, 講談社, 2018 年 8 月 23 日.

二宮雅也, 2017,『スポーツボランティア読本―「支えるスポーツ」の魅力とは？―』, 悠光堂.

西川千春, 2018,『3 大会のボランティアを経験したオリンピック中毒者が教える　東京オリンピックのボランティアになりたい人が読む本』, イカロス出版.

Observer, 2012, "Editorial: Olympics: the Games Volunteers Show us How a Big Society Could Really Work," 5 August 2012.

小笠原博毅・山本敦久, 2019,『やっぱりいらない東京オリンピック』, 岩波書店.

Prime Minister's Office, 2012, "Games Makers Win Big Society Award"(29 November 2012), Retrieved

17th December, 2019 from HM Government website, https://www.gov.uk/government/news/games-makers-win-big-society-award

渋谷望，1999,「〈参加〉への封じ込め―ネオリベラリズムと主体化する権力―」,『現代思想』1999 年 5 月号，青土社，94-105.

Sport England, 2016, *Volunteering in an Active Nation: Strategy 2017-2021,* Sport England.

鈴木直文・中村英仁・Gonzalez Grace・東原文郎・町村敬志，2016,「テーマセッション『オリンピックと社会正義』」，一橋スポーツ科学研究室編『一橋大学スポーツ研究』，35，74-98.

タウンワーク・日本財団ボランティアサポートセンター，n.d.,『Tokyo 2020 Volunteer』，タウンワーク・日本財団ボランティアサポートセンター.

Telegraph, 2012, "Telegraph View: Let's Embrace the Spirit of Volunteering," 19 August 2012.

東京オリンピック・パラリンピック競技大会組織委員会，2016,『東京 2020 アクション＆レガシープラン 2016―東京 2020 大会に参画しよう。そして、未来につなげよう。―』，TOCOG.

東京オリンピック・パラリンピック競技大会組織委員会，2018,『東京オリンピック・パラリンピック大会ボランティア』，TOCOG.

東京都，2015,『2020 年に向けた東京都の取り組み―大会後のレガシーを見据えて―』，東京都.

東京都，2016,『共助社会づくりを進めるための東京都指針―ボランティア活動の推進を中心に―』，東京都.

東京都・東京オリンピック・パラリンピック競技大会組織委員会，2016,『東京 2020 大会に向けたボランティア戦略』，東京都・TOCOG.

東京 2020 オリンピック・パラリンピック招致委員会，2013,『*Discover Tomorrow*』，東京 2020 オリンピック・パラリンピック招致委員会.

Weed, M., 2014, "London 2012 Legacy Strategy: Did It Deliver?," in Girginov, V. (ed.), *Handbook of the London 2012 Olympic and Paralympic Games, Vol. 2: Celebrating the Games,* Routledge, 281-294.

第3部

オリンピック・パラリンピックが変える地域

地域スポーツの行方
：地域のスポーツプロモーションはどのような人々が担うのか

水上博司

1. 地域スポーツの行方をめぐる「問い」

草の根のスポーツ組織への期待

まもなく国内4度目のオリンピック・パラリンピック競技大会（以下、オリパラ）の開催を迎える。夏季大会（1964、2020東京）と冬季大会（1972札幌、1998長野）を2度ずつ[1]。日本スポーツ界は1964年の初開催以来、2020年までの56年間に4度の開催を実現するのだ。これを他国の開催実績と比較すれば、その数字は世界の中でも数少ない開催実績国に含まれる［公益財団法人日本オリンピック委員会，2019］[2]。日本はオリパラの開催実績数だけをみても間違いなくアジアのスポーツ大国として世界から評価されてもおかしくはない。ましてや、その評価はオリパラだけの開催実績数ではなかろう。平成の30年間を振り返ってみても、この種の大会は、たびたび日本開催であった[3]。その実績数をカウントすれば、日本スポーツ界は大会の招致／準備／開催を絶えず繰り返してきた。こうした実績は、世界からも高い評価を受けている治安の良さや大会運営の几帳面さに裏づけられているのかもしれない。

さらに、その几帳面さは国内の競技団体が国内レベルの大小さまざまな規模の大会まで含めて高い水準の運営ノウハウを持っていることにも裏づけられよう。たしかに日本の中央競技団体は、大会運営に関わる諸制度を地方の各競技団体にも周知徹底させることで大会運営と出場選手間の公平性を担保してきた。言い換えれば、日本の中央と地方の競技団体の関係性は、互いに競技運営型の組織マネ

ジメントを維持することで中央と地方の相補的な統治性がつくられてきたのである［日下，1985，1988］。しかしながら、この統治性はスポーツアスリートらには競技会に出場できることがスポーツの継続化のモチベーションとなる一方で、競技会への出場を望まないライフスタイルスポーツを実践する人々には、そのメリットを感じられないスポーツ組織のイメージを作り上げてしまった。これを競技会型統治性への偏重として捉えれば、日本のスポーツ組織は競技スポーツに比して生涯スポーツの推進に必要な統治性を十分に備えていなかったと言っても言い過ぎではない。

　こうした統治性の課題に応えるためには、草の根レベルから「競技スポーツと生涯スポーツ双方のプロモーションを統合的に実現」［菊，2011：174］する地域スポーツ組織の発展が期待される。その代表的なものは、2000年に発表された「スポーツ振興基本計画」［文部科学省，2000］を受けて公益財団法人日本体育協会（現在の公益財団法人日本スポーツ協会、以下、JSPO）が翌2001年に発表した「21世紀の国民スポーツの振興方策」［財団法人日本体育協会，2001］の中で生涯スポーツを推進する組織として提唱されてきた。草の根レベルに視線を移してみれば、地域スポーツクラブの設立とその育成であることは明らかだ。競技スポーツ型統治性に偏った日本のスポーツ推進体制に対して、スポーツのする・みる・ささえるといった生涯スポーツのための統治性を備えた日本型クラブ組織への期待でもある［菊，2000，2011］。この組織こそ総合型地域スポーツクラブ（以下、総合型クラブ）だ。総合型クラブ政策は、1995年にスタートした後、「スポーツ振興基本計画」の中で全国の市区町村に少なくとも一つは設立するという数値目標が掲げられた［文部科学省，2000］。しかしながら、この数値目標化は、各地域に根付いてきた地域スポーツの歴史と実態を配慮しないまま拙速に総合型クラブの設立を行政が主導する状況を作り出してしまった。このため総合型クラブの施策推進に関する批判的言説は少なくない。

クラブマネジャーと社会関係資本

　こうした批判的言説が総合型クラブの施策課題を的確に指摘しているものであったとしても、私は東京2020オリパラ大会後、地域スポーツの行方を論じる際に総合型クラブのこれまでの25年近くにおよぶ実績は無視できないと思っている。今後、既存の競技団体が競技スポーツと生涯スポーツの両軸から、その統治システムの見直しを図るためには総合型クラブによる草の根レベルの実績から目

を逸らすことはできないのではないか。

　総合型クラブには JSPO が資格公認化したクラブマネジャーらの実績が蓄積されてきた。クラブマネジャーの資格認定プログラムには、総合型クラブを生涯スポーツの推進を担う組織として位置づけ、とりわけ、その統治システムを、どのように生み出していくのかといった課題に対して有益なカリキュラムと実践プログラムが組みこまれている［公益財団法人日本体育協会，2018；公益財団法人日本スポーツ協会，2019a］。

　そこで本章では、クラブマネジャーらのこれまでの実績を読み解くために、クラブマネジャーの研修と交流という社会空間に着目した。2004 年から 2018 年の15 年間にわたり全国をブロックに区分けして開催してきた研修交流型事業「ブロック別クラブネットワークアクション」（旧名称はクラブミーティング、以下、クラブミーティング）［公益財団法人日本スポーツ協会, 2019b］である。本章では、この社会空間を社会関係資本の形成基盤［水上・黒須，2019］[4] として位置づけることで地域スポーツの行方を読み解く研究視点になることを提唱したい。

　このような提唱に至る道筋を簡潔に紹介しておきたい。まず東京 2020 オリパラ大会後には「官主導」のトップダウン型施策ではなく、スポーツ実践者らによる「民主導」のボトムアップ型施策を意味する「スポーツプロモーション」［菊，2006；佐伯，2006］の実現化が重要な視点であることを確認する。その際、スポーツプロモーション施策が、どのようなスポーツ主体によって実現されるのかという点に関しては十分な検討がなされていないことも確認する。その上で1998 長野冬季五輪後のレガシー研究を取り上げ、地域のキーパーソンを中心に広がった人々のネットワーク、いわば社会関係資本が 1998 長野冬季五輪後の地域のスポーツプロモーション主体であったことを紹介する。こうした社会関係資本はなぜ形成されるのか、本章では、クラブミーティングという社会空間に着目し、この空間の意義を社会運動論のアルベルト・メルッチ［1997］が定義した「個人化のポテンシャル」から読み解いていく。「個人化のポテンシャル」とは、人々が多様な情報資源を交錯させる社会空間に身を置くことによって、自らの意思や行為を自己反省しながら選択的に次の意思や行為を決定できる個人の社会化プロセスを意味する。メルッチは、家庭などの私的な第一次集団や職場などの契約的な第二次集団の影響を受けることなく、社会関係が形成される空間として「個人化のポテンシャル」を提唱した［メルッチ，1997：43-48］。

　そこで本章では、この社会空間における「個人化のポテンシャル」の創出が、

地域におけるスポーツプロモーションの基盤的施策となり得る可能性を明らかに
していく。結論を先取りすれば、東京 2020 オリパラ大会後の地域スポーツの行
方は、「個人化のポテンシャル」を通じて形成されたクラブマネジャーを中心と
する社会関係資本が、地域のスポーツプロモーションを担う人々として重要な施
策対象、または研究対象として浮かびあがってくることであると言える。

2.　スポーツプロモーションのキーパーソン

スポーツプロモーションとは

　総合型クラブの草の根レベルの実績からスポーツ実践者らによる「民主導」の
ボトムアップ型施策を、どのように生み出すのかという点に注目していくと、ス
ポーツ社会学では、「スポーツプロモーション」という用語を無視するわけには
いかない。この用語を提唱した佐伯年詩雄の次の一文を紹介したい。

　「スポーツ『振興』と言う概念は、『官』が旗を振り、民を『動員』するパラダ
イムを連想させる。したがってその成果を『量』として求めるフレームにつなが
っている。これに対して『プロモーション』は、振興や奨励はもちろんであるが、『前
進』や『昇格』をも意味する。日本スポーツが新たなステージに向かうためには、
スポーツ発展の目標を量から質へ転換し、スポーツの文化的享受の質的向上を望
むわけであるから、行政主導の手垢のついた従来概念を離れて、ここにスポーツ
の主体性・内在的発展の力を強調する『スポーツプロモーション』を提唱するの
である」[佐伯，2006：ii]。

　プロモーションとは、主にマーケティング用語として汎用され、消費者の購買
意欲を喚起するために行う活動を総称して用いられる。ただ、これを受けてスポ
ーツプロモーションを、たとえばスポーツのする・みる・ささえるを活性化する
ために行う活動の総称として捉えるだけでは不十分である。佐伯の一文を読み解
くとスポーツプロモーション論では「官主導」から自立したスポーツ界の「主体
的・内在的発展の力」[佐伯，2006：ii]によってスポーツの推進体制を「民主導」
へ転換しなければならないことが強調される。一方、菊幸一のスポーツプロモー
ション論では「日々の生活のなかで行う側のスポーツへの文化的な論理（＝スポ
ーツに対する欲求と必要）にどれだけ基盤を置いて構想されているのかは未だに
明らかではないように思われる」と述べて、「官・民・学それぞれの立場からス
ポーツプロモーションのコンセプトをめぐる思想を鍛え、これを具現化していく

新たな政策システムが必要なのである」［菊, 2006：111］と主張する。

　このようにスポーツプロモーション論では、「従来のような官レベルの組織だけではなく、むしろスポーツ界に関わる法人レベルや民間レベルの組織」［菊,2006：106］が主体となったスポーツ推進体制が期待されているのである。そこで本章では、地域スポーツの「民間レベルの組織」として25年近くに及ぶ実績をもつ総合型クラブの可能性に期待し、キーパーソンでもあるクラブマネジャー間のネットワークに着目することからスポーツプロモーションを担う人々は誰なのか、といった問いに答えたいと思う。

クラブマネジャーを取り上げる理由

　ここで一人のクラブマネジャーの「地域スポーツ振興」をめぐる語りを取り上げてみたい。2000年に鹿児島県で設立された陸上競技をメイン種目とする総合型クラブ、NPO法人スポーツ・コミュニケーション・サークル（NPO法人SCC）代表の太田敬介[5]はクラブマネジャーの有資格者である。太田が語った次の言葉からクラブマネジャーを取り上げる理由を探ってみよう。

　　地域でスポーツ振興といえば、Jリーグのクラブを応援できることやプロ野球などのキャンプ地誘致、それに鹿児島国体成功、と叫ばれ、それが地方にいる私たちの地域スポーツ振興だ、という人は実に多いですね。でも実際にはほとんどの人にとって自分事として感じることができないのは現状としてあるのではないでしょうか。もっと身近なところから考えるべきなんじゃないかと思うんです

　この言葉には、東京2020オリパラ大会開催もキャンプ地誘致や2020かごしま国体成功の掛け声と同様に鹿児島の人々には自分事にしにくい遠いスポーツメガイベントでしかないという意味が込められている。東京2020オリパラ大会という国家行事（ナショナル・イベント）が主会場から地理的に離れた鹿児島だから自分事にできないのではなく、むしろクラブマネジャーとして総合型クラブを長年にわたり運営してきたからこそ「地域スポーツ振興」が東京2020オリパラ大会によって活性化の触媒になるとは思えないという心情が読み取れる。東京2020オリパラ大会の主会場となる関東圏では、スポーツ施設の新設や改修に公的資金が投入され、それが触媒となって地域スポーツの活性化につながるという

波及効果は期待できよう。しかしながら、主会場から離れた地方部ではスポーツ施設整備への公的資金投入は皆無に等しく、例えば訪日客への観光ツーリズムの促進や最先端技術の開発を担う地域産業の活性化に東京 2020 オリパラ大会が触媒になるかもしれないという期待を論じているだけに過ぎない［公益財団法人東京オリンピック・パラリンピック競技大会組織委員会，2019］[6]。

このように考えれば、太田が長年にわたり運営してきた総合型クラブから目を逸らさずに、クラブマネジャーという地域スポーツのキーパーソンが、東京2020 オリパラ大会後の地域スポーツの行方に対して、どのような資質を有しているのかという視点を提示した方がよいのではないか。2004 年からはクラブマネジャー間の研修交流型事業が始まった。2006 年には JSPO の公認スポーツ指導者として資格公認化された。これを契機に 2007 年には「全国スポーツクラブ会議」、2009 年には「総合型地域スポーツクラブ全国連絡協議会」（SC 全国ネットワーク）［公益財団法人日本スポーツ協会，2019c］が創設され、こうした会議の中枢メンバーはクラブマネジャーらとなった[7]。

3. 1998 長野冬季五輪のレガシーから

レガシー創出に貢献したキーパーソン

キーパーソンへの着目は、1998 長野冬季五輪後の 2 つのレガシー研究が示唆的である。共通しているレガシーは、キーパーソンを中心とした地域内外の人々によるネットワーク化を契機に新たなスポーツプロモーション主体が生み出されたことである。それはロバート・パットナム［2006］が「個人間のつながり、すなわち社会的ネットワーク、およびそこから生じる互酬性と信頼性の規範」［パットナム，2006：14］と定義した社会関係資本の形成と言い換えてもよい。では 2 つのレガシー研究をみてみよう。

石坂友司は「カーリングネットワークの創出と展開―カーリングの聖地・軽井沢／御代田の取り組み」において、軽井沢町と御代田町のキーパーソンらが、1998 長野冬季五輪前までに積み上げてきたカーリング人脈とその実践の歴史を礎にしながらカーリングの普及を志す人々のネットワークから生み出されたレガシーを明らかにした。具体的には複数のキーパーソンらが中心となって「地域横断的」な社会関係資本を形成し、これがカーリング場建設を実現するスポーツプロモーション主体となっていたことである［石坂，2013］。

　高尾将幸は「『遺産』をめぐる葛藤と活用─白馬村の観光産業を中心に」において、キーパーソンを中心とした白馬村内外の人々によって形成された社会関係資本が 1998 長野冬季五輪後の「観光産業の落ち込みから生じた失望感」を克服するためのスポーツプロモーション主体になっていくことを論じた。具体的には 1998 長野冬季五輪期間中に活躍したボランティアによる「HAKUBA Team'98」の結成をきっかけに「スペシャルオリンピックスを支援する会」の結成につなげ、この組織が 2005 年白馬村で開催された第 8 回スペシャルオリンピックスの開催においても重要な役割を果たしていたことを明らかにした。こうした実績はのちにボランティア組織や行政、大学、宿泊業者らの「緩やかなネットワーク」として社会関係資本を形成し、スノースポーツの普及と環境保全を主たる目的とした「一般社団法人白馬スポーツ・自然振興協議会」の設立にも結びついていくのである［高尾，2013］。

社会関係資本の形成基盤

　2 つのレガシー研究では、社会関係資本の形成から地域スポーツの「新たなステージ」[8]を生み出す法人等の組織化を通じて行政への提案活動（アドボカシー）や協働事業が実現していたことを明らかにした。ただ、ここで注意しなければならないのは、レガシーの創出がキーパーソンらを中心としたカーリングの普及やボランティア活動によるネットワーク形成だけではなく、次のような活性化プロジェクトやセミナーといった社会空間も含めて描かれていたことである。石坂は 2009 年の「軽井沢カーリング活性化プロジェクト」の創設が軽井沢のカーリングに「新たなステージ」を生み出したとし、このプロジェクトがキーパーソンらのネットワーク化を生み出す情報資源として重要な契機であったこと気づかせてくれる［石坂，2013：183］。また、高尾は、松本大学と日本体育・スポーツ政策学会との共催セミナーから「スポーツで白馬・大北地域を救えるか」をテーマとした新たなセミナー開催に繋がったことを「見逃せない」動きであったと論じた［高尾，2013：161］。

　すなわち、カーリングの普及やボランティア活動によるネットワーク形成に加えて活性化プロジェクトやセミナーといった社会空間で交錯する情報資源が地域スポーツの「新たなステージ」を生み出すネットワーク化を促進させていたのではないか。言い換えれば、この種の社会空間がキーパーソンらのネットワーク化、いわば社会関係資本を形成し、その当事者らに対して「新たなステージ」となる

地域スポーツの行方に気づかせてくれる役割を果たしていたのである。しかもそれは、セミナー等のリアル空間だけではない。対面的なリアル空間が非対面下での情報交換にも波及することは容易に想像できよう。水上は 2000 年代以降、急拡大した情報通信インフラに着目し、インターネットメディアを通じたバーチャル空間における情報資源の持続的な交錯と共有が社会関係資本の形成に大きな役割を果たしていることを論じている［黒須・水上，2017；水上・黒須，2019］。

　２つのレガシー研究は、情報資源の持続的な交錯と共有が可能となる社会空間を社会関係資本の形成基盤として位置づけ、そこからスポーツプロモーションへの可能性を論じることに気づかせてくれたのである。ではいったいこうした社会空間の意義を社会学的にどのように説明すればよいのか。そこで本章では、メルッチの「個人化のポテンシャル」［メルッチ，1997：43-48］の概念を用いてセミナーなどの学びの場を地域のスポーツプロモーションを担う人々が生み出される社会関係資本の形成基盤であることを論じてみたい。

「個人化のポテンシャル」とは

　「個人化のポテンシャル」を理解するためには、最初に人間の自発的意思がもたらす可能性を疑い、この自発性こそ人々の主体的参加を促す基盤的意思である、という主張に疑問を投げかけることが必要である。メルッチは、市民の主体的な参加による社会づくりを期待するにしても人間の自発的意思が生み出す可能性は限定的であるという［メルッチ，1997：43-48］。同じような疑問から「ボランティア動員型社会の陥穽」を論じた中野敏男も「ボランティアは、言葉の意味からすれば人々の「自発性」を示すものなのだけれど、現在の状況下でのそれを、直ちに「人間の主体の自立」の現れだなんて賛美できるのだろうか」と問いかける。加えて「自発的なボランティアは、それの社会的機能から考えればむしろ無自覚なシステム動員への参加になりかねない」［中野, 1999:75-77］という。すなわち自発的意思の裏に潜む動員型社会の課題を自覚しておかないと人々のネットワークが形成されているように見えても、それは「無自覚なシステム動員」でしかなく、市民参加型社会の主体にはなり得ないからである。

　こうしてメルッチは、市民参加型社会の主体は、情報通信インフラの急拡大を背景に多様な情報資源が持続的に交錯する社会空間から生み出されていくことに着目した。「個人化のポテンシャル」とは、情報資源が交錯する中で行為者が自らの属性や経験を踏まえて情報を選択的に受容し、主体的に自らの意思や行為を

決定できる個人の社会化プロセスを意味する[9)]。また中野は行為者間の関係に生じる「社会的諸権力の抗争の場」を解放し、フラットな社会関係が創出されること［中野，1999：84］、さらに水上は、「排他的・逸脱的な私的行為が，社会のなかで埋没しないように，個人が自己再帰的形式を獲得し，『公的市民』社会の一員となっていく」［水上・黒須，2016：561］ことを「個人化のポテンシャル」の重要な機能であると論じた。

　こうした機能を持つ社会空間こそクラブマネジャーらの研修交流型事業であったのではないか。そして、この社会空間で知り合ったクラブマネジャーらは、各々がSNS（ソーシャル・ネットワーキング・サービス）等を活用した情報の選択的受容を可能にしていたのではないか。こうした理由から本章は、「個人化のポテンシャル」を生み出す社会空間からさまざまな情報資源を入手し、それにもとづいて自らの意思や行為を選択的に決定できる個人の社会化プロセスを通じて社会関係資本が形成されていくことに着目したのである。

4.　クラブネットワークミーティング 2004-2018

クラブマネジャー制度の概要

　クラブマネジャーの資格認定制度は2006年から始まった。本節では、クラブマネジャーとは、どのような業務を担うスポーツ専門職であり、現状はどのようになっているのか、まずはその概要を簡潔に紹介しておこう。クラブマネジャーの資格には、アシスタントマネジャーとクラブマネジャーの2種がある。アシスタントマネジャーは「総合型地域スポーツクラブなどにおいて、クラブ員が充実したクラブライフを送ることができるよう、クラブマネジャーを補佐し、クラブマネジメントの諸活動をサポートする者」。クラブマネジャーは「総合型地域スポーツクラブなどにおいて、クラブの経営資源を有効に活用し、クラブ会員が継続的に快適なクラブライフを送ることができるよう健全なマネジメントを行う。また、総合型地域スポーツクラブなどに必要なスタッフがそれぞれの役割に専念できるような環境を整備する者」である。この制度では、クラブマネジャーのグレード化を図るべくアシスタントマネジャーとしての数年の業務実績と講習の受講を条件にワンランク上のクラブマネジャーへ昇格できる仕組みとなっている［公益財団法人日本体育協会，2018］。

　ではクラブマネジャー制度は、総合型クラブの施策推進において、どのよう

な位置づけがなされているのであろうか、次の数字からその一端を確認しておこう。2019 年度スポーツ振興事業助成の「総合型地域スポーツクラブ活動助成」に係る助成金総額は 541,283 千円である。このうちクラブマネジャーの配置に関わる助成金配分額は 225,819 千円であり、活動助成の 41.7% を占めている［独立行政法人日本スポーツ振興センター，2019］。総合型クラブの施策推進において、クラブマネジャーの配置は重要な施策であることがわかる数字であろう。

　JSPO は、クラブマネジャーの資格認定制度を誕生させる 2 年前の 2004 年度から文部科学省委託事業としてクラブマネジャーを対象（クラブマネジャーの有資格者でなくても参加は可能）とした研修型交流事業「クラブネットワークミーティング」をスタートした。初年度は東日本と中日本と西日本の 3 ブロック制で分散開催していたが、事業がスタートして 15 年が経過した 2018 年度には、スポーツ振興くじ助成事業として「ブロック別クラブネットワークアクション」に名称変更し、全国 9 ブロックで分散開催している。クラブミーティングは「ブロック内の総合型地域スポーツクラブ関係者が一堂に会し、総合型地域スポーツクラブの運営に必要な情報や課題解決に向けた具体的な取り組み事例等について情報共有を行い、クラブ育成・支援のためのネットワーク強化と各都道府県総合型地域スポーツクラブ連絡協議会間の連携体制をより一層促進する」ことが目的である。また主催は「総合型地域スポーツクラブ全国協議会」（以下、全国協議会）であり、企画運営は、「ブロック別クラブネットワークアクション実行委員会」（以下、実行委員会）が担当している［公益財団法人日本スポーツ協会，2019b；2019d］。

クラブネットワークミーティングの概要

　表 1 は、2004 年度から 2018 年度の 15 年間の開催実績を一覧にしたものである。開催総数は 153 回。クラブミーティングのプログラムテーマ数は 5 つの種別にして算出すると「全体テーマ」66、「講演＆ミニレクチャー」153、「グループワーク＆ディスカッション」385、「事例報告」248、「シンポジウム＆パネルディスカッション」93、「対談」5 で総数は 950 である。具体的なテーマをあげるとすれば、たとえば「クラブ創設に向けた取り組みについて」「クラブ作り"はじめの一歩"と"次の一歩"」「総合型クラブ設立に向けたプログラム作りのヒント」「ポジション・役割別にクラブ運営の諸問題を考えよう」「地域包括支援とスポーツクラブ」「総合型クラブの社会性から地域課題を考える」

表1　2004年から2018年までのネットワークミーティング（アクション）の開催実績の概要

西暦	和暦	開催回数	開催日数	テーマ数	全体テーマ	講演&ミニレクチャー	グループワーク&ディスカッション	事例報告	シンポジウム&パネルディスカッション	対談	ブロック数	名称	事業
2004	平成16	3	6	6	0	3	0	3	0	0	3	クラブネットワークミーティング	文部科学省委託事業
2005	平成17	3	6	6	0	3	0	3	0	0	3	クラブネットワークミーティング	文部科学省委託事業
2006	平成18	3	6	24	0	3	18	3	0	0	3	クラブネットワークミーティング	文部科学省委託事業
2007	平成19	18	18	72	0	0	54	0	18	0	9	クラブネットワークミーティング	文部科学省委託事業
2008	平成20	18	18	52	4	3	39	4	2	0	9	クラブネットワークミーティング	文部科学省委託事業
2009	平成21	18	27	126	11	12	44	53	6	0	9	クラブネットワークミーティング	文部科学省委託事業
2010	平成22	18	27	114	5	5	58	41	5	0	9	クラブネットワークミーティング	文部科学省委託事業
2011	平成23	9	18	86	8	11	36	29	2	0	9	クラブネットワークミーティング	文部科学省委託事業
2012	平成24	9	18	82	0	15	31	31	4	1	9	クラブネットワークミーティング	文部科学省委託事業
2013	平成25	9	18	59	1	14	26	13	5	0	9	クラブネットワークアクション	スポーツ振興くじ助成事業
2014	平成26	9	18	74	6	20	27	13	8	0	9	クラブネットワークアクション	スポーツ振興くじ助成事業
2015	平成27	9	18	60	8	10	14	14	14	0	9	クラブネットワークアクション	スポーツ振興くじ助成事業
2016	平成28	9	18	69	5	29	22	10	1	2	9	クラブネットワークアクション	スポーツ振興くじ助成事業 東京2020応援プログラム
2017	平成29	9	16	55	9	14	12	9	11	0	9	クラブネットワークアクション	スポーツ振興くじ助成事業 東京2020応援プログラム
2018	平成30	9	16	65	9	11	4	22	17	2	9	クラブネットワークアクション	スポーツ振興くじ助成事業 東京2020応援プログラム
合計数		153	248	950	66	153	385	248	93	5			

などテーマはブロック別や開催年別で特徴がでるなど、総合型クラブの運営課題やクラブマネジャーが獲得すべきマネジメントスキルの内容を確認できる貴重な分析対象となっている。クラブミーティングでは、テーマに関連した理論的・実践的な情報資源がクラブマネジャー間で共有され、個々のクラブマネジャーの実践に基づいて、その情報資源の選択的な受容が繰り返されていたと考えられる。
　ミーティングの開催にあたっては、全国協議会や実行委員会の中核的メンバー［公益財団法人日本スポーツ協会，2019d］であったクラブマネジャーらが、テーマや講師の決定、グループワークの企画やその手法の決定に際して積極的に参

画し、開催当日の実質的な運営役を担うなど重要な役割を果たしてきた。ただ2004 年のクラブミーティング初年度から、こうしたクラブマネジャーらの企画づくりと運営協力が実現していたわけではない。開催当初は文部科学省から委託事業を受けた JSPO が中心となってクラブミーティング事業を企画立案していたが、開催を重ねていくたびにクラブマネジャーらが JSPO と協働しながらクラブミーティングを企画できるようになっていく。すなわち JSPO がクラブマネジャーらの事業参画の機会を創出し、参画を通じた企画立案と運営協力が持続可能な仕組みとなるようインフラ整備をしてきたのである。

ネットワークミーティングのテーマ分析

　クラブミーティングのプログラムテーマを分析することは、クラブマネジャーにどのような職能が期待されていたのかを知ることでもある。分析対象は 950のプログラムテーマである。これをテキストマイニングという統計手法を用いて分析した。テキストマイニングとは、テキスト文内の「語句・単語を抽出しコード化、カテゴリー化、タグ化などを通してテキスト情報を数値として扱い易い形とし情報検索や情報抽出を行う」ものである［大隅・保田，2004：155］。この手法は多数のテキスト文から、ある定性的な特徴を量的データとして可視化できるメリットがある。ただテーマはあらかじめテキストマイニング分析を想定したものではない。したがって、分析データに対する考察者の恣意的解釈を避ける配慮は必要である。そこで本章では、全体的な傾向を把握することにとどめ、その情報資源の多様性から「個人化のポテンシャル」を生み出す社会空間であることを確認したい。

　表 2 は 2004 年から 2018 年までの 15 年間を 5 年毎に 3 ステージ（〈2004-2008〉、〈2009-2013〉、〈2014-2018〉）に区分をし、950 のテーマを構成する語句総数2,340 に対して出現頻度が 3 以上の語句を上位下位別にランキングしたものである。表中の「上位とは、ある区分内で用いられた語句の頻度が、全体の出現頻度に比べて相対的に多いことを意味し、下位とはその逆に、その区分であまり重要ではない語句」［大隅・保田，2004：151］であることを意味している。上位 5位までをみると〈2004-2008〉では、「既存団体」「確保」「支援」「目的」「あり方」の順位、〈2009-2013〉は「拠点・施設」「toto 助成」「スタッフ・マネジャー」「NPO」「都市部」の順位、〈2014-2018〉は「障がい者スポーツ」「事例」「地域課題」「導入」「他分野」の順位となっている。上位 6 位以下と下位の 1 位から 10 位を含めて 3

表2　3ステージ別にみたテーマ

	〈2004-2008〉 サンプル数：155, 構成要素数：62	〈2009-2013〉 サンプル数：456, 構成要素数：175	〈2014-2018〉 サンプル数：314, 構成要素数：161
上位1	既存団体	拠点・施設	障がい者スポーツ
上位2	確保	toto助成	事例
上位3	支援	スタッフ・マネジャー	地域課題
上位4	目的	NPO	導入
上位5	あり方	都市部	他分野
上位6	活動	自主・自立	世代交代
上位7	会費	スポーツ基本法	地域づくり
上位8	理解	基礎・土台	健康
上位9	連携	検証	自律
上位10	人材	山間部	対策
下位10	解決	理解	行政
下位9	関係団体	地域課題	理念
下位8	事業計画	活動	事業
下位7	ネットワーク	あり方	設定
下位6	創る	支援	スタッフ・マネジャー
下位5	ビジョン	事例	財源
下位4	地域づくり	連携	拠点・施設
下位3	プログラム	目的	会費
下位2	障がい者スポーツ	既存団体	既存団体
下位1	自主・自立	障がい者スポーツ	確保

※構成要素数：2340, サンプル数：950（除外されたサンプル数：25）

ステージを特徴づけるような類語の集まりを確認することはできない。ただクラブマネジャーらが総合型クラブの設立や運営に関わって多様な情報資源をクラブミーティングから入手し、コミュニケーションの材料にしていたことは明らかである。〈2004-2008〉では、総合型クラブの設立に向けて「既存団体」との調整や人材・スタッフの「確保」という実践的なマネジメント業務が問われる一方で、総合型クラブの「目的」や「あり方」といったビジョンの情報資源が多い。その後〈2009-2013〉では、総合型クラブの「拠点・施設」の確保から「toto助成」条件としての「スタッフ・マネジャー」の配置、さらには「NPO」法人格の取得など運営基盤の整備がテーマとして上がっていた。加えて2011年に制定された「スポーツ基本法」がテーマ化されていることもわかる。〈2014-2018〉では、東京2020オリパラ大会の開催決定を受けて、「障がい者スポーツ」のテーマの設定が必須化されている。また「事例」を通じて全国の総合型クラブの運営実態を入手することや「地域課題」や「他分野」との積極的な接点を考えようとする姿勢がテーマに表れている。このように3ステージに見られるテーマに総合型クラブの発展プロセスを意識したクラブミーティング企画への配慮を確認できる。

表3-1　3ステージのプログラム別にみたテーマ

講演＆ミニレクチャー

	〈2004-2008〉 サンプル数:12, 構成要素数:13	〈2009-2013〉 サンプル数:55, 構成要素数:69	〈2014-2018〉 サンプル数:81, 構成要素数:86
上位1	スタッフ・マネジャー	スポーツ基本法	他分野
上位2	役割	動向	障がい者スポーツ
上位3	設立	方向	導入
上位4	しくみ	2020 東京五輪	ドイツのクラブ
上位5	事業	成立	地域づくり
上位6	理解	体罰・暴力行為	歴史・変遷
上位7		地域活性化	2020 東京五輪
上位8		役割	情報収集・提供
上位9		情報収集・提供	公益性
上位10		地域密着型	効用

グループワーク＆ディスカッション

	〈2004-2008〉 サンプル数:107, 構成要素数:48	〈2009-2013〉 サンプル数:190, 構成要素数:112	〈2014-2018〉 サンプル数:81, 構成要素数:82
上位1	確保	課題	財務・会計
上位2	理念	toto 助成	経営
上位3	人材	確保	財源
上位4	財源	不安	事業計画
上位5	事業	NPO	自主・自立
上位6	目的	都市部	人材確保
上位7	支援	会員	ビジョン
上位8		環境づくり	対策
上位9		解決	関係団体
上位10		山間部	地域課題

事例報告

	〈2004-2008〉 サンプル数:12, 構成要素数:8	〈2009-2013〉 サンプル数:164, 構成要素数:110	〈2014-2018〉 サンプル数:63, 構成要素数:64
上位1	活動	中心	プログラム
上位2	設立	小規模クラブ	事例
上位3	先進クラブ	指定管理者制度	取り組み
上位4	ビジョン	指導者	ヒント
上位5	取り組み	ニーズ	自慢
上位6		進め方	シニア・高齢
上位7		行政	事業
上位8		学校	障がい者スポーツ
上位9		災害・震災復興	活動
上位10		事業計画	解決

シンポジウム＆パネルディスカッション

	〈2004-2008〉 サンプル数:20, 構成要素数:12	〈2009-2013〉 サンプル数:21, 構成要素数:26	〈2014-2018〉 サンプル数:50, 構成要素数:66
上位1	課題	立場	課題
上位2	設立	スタッフ・マネジャー	行政
上位3	活動	活性化	関係
上位4	会費	創る	教育支援
上位5	あり方	運営	協働
上位6	行政	期待	特徴・特性
上位7		現実	部活動
上位8		次世代	つまずき・失敗
上位9		準備	指定管理者制度
上位10		自慢	ネットワーク

表 3-2　3 ステージのプログラム別にみたテーマ

全体テーマ

	〈2004-2008〉 サンプル数：4, 構成要素数：8	〈2009-2013〉 サンプル数：25, 構成要素数：43	〈2014-2018〉 サンプル数：36, 構成要素数：52
上位 1	つかみ・つかむ・つかもう	改革	ネットワーク
上位 2	スタート	ビジョン	活用
上位 3	育成	スタート	プロデュース
上位 4	本質	めざす・目指す・目指せ	継続
上位 5	運営	ネットワーク	変革
上位 6	設立	検証	みんな・皆
上位 7		人材育成	コミュニティ
上位 8		共有	つかみ・つかむ・つかもう
上位 9		継続	スタッフ・マネジャー
上位 10		成果	実現

※構成要素数：2340, サンプル数：950（除外されたサンプル数：25）, ※※「対談」の 5 テーマは除外

　表 3 は、「講演＆ミニレクチャー」「グループワーク＆ディスカッション」「事例報告」「シンポジウム＆パネルディスカッション」のテーマと「全体テーマ」を加えた 5 プログラムについて 3 ステージ別に上位 1 から上位 10 の語句をリストしたものである。それぞれのサンプル数から出現頻度 3 以上を分析対象とした。「講演＆ミニレクチャー」では、〈2004-2008〉の「スタッフ・マネジャー」「役割」、〈2009-2013〉の「スポーツ基本法」「動向」、〈2014-2018〉の「他分野」「障がい者スポーツ」となっている。「グループワーク＆ディスカッション」では、〈2004-2008〉の「確保」「理念」、〈2009-2013〉の「課題」「toto 助成」、〈2014-2018〉の「財務・会計」「経営」となっている。「事例報告」では、〈2004-2008〉の「活動」「設立」、〈2009-2013〉の「中心」「小規模クラブ」、〈2014-2018〉の「プログラム」「事例」となっている。「シンポジウム＆パネルディスカッション」では、〈2004-2008〉の「課題」「設立」、〈2009-2013〉の「立場」「スタッフ・マネジャー」、〈2014-2018〉の「課題」「行政」となっている。「全体テーマ」では、〈2004-2008〉の「つかみ・つかむ・つかもう」「スタート」、〈2009-2013〉の「改革」「ビジョン」、〈2014-2018〉の「ネットワーク」「活用」となっている。「講演＆ミニレクチャー」「シンポジウム＆パネルディスカッション」では、「スタッフ・マネジャー」が上位 1 と上位 2 の出現頻度であり、グループワークや事例報告のような討論参加型ではないプログラムのテーマの特徴となっている。また「スポーツ基本法」「動向」「行政」「他分野」のように総合型クラブを取り巻くスポーツの動向やスポーツ行政や他分野の施策動向などをテーマとしている。これに対して「グループワーク＆ディスカッション」や「事例報告」では、「toto 助成」「財務・会計」「経営」といった総合型クラブの運営上の実務的なノウハウがテーマとなっていた。また

「中心」「小規模クラブ」にみられるように総合型クラブの事例報告では、多様な組織規模や運営状況に応えたテーマが設定されていたことがわかる。

5. 社会関係資本によるスポーツプロモーションへ

　前節では、クラブミーティングのプログラムテーマの特徴とその多様性を確認することができた。表2と表3で示したような多種多様なテーマは、日々のマネジャー業務の悩みや不安を共有し、それを克服に導くような選択的な情報受容を可能にしていた。本章で示したテキストマイニングの結果から本節で示す解釈と提言には、やや飛躍した主張であることも否めないが、地域スポーツの行方を論じる上での重要な視点であると思われるので、躊躇せずに論じておきたい。

　総合型クラブ政策は、スポーツ行政が施策化したものであるが、その施策の全国展開においては、JSPOがスポーツ行政と総合型クラブを仲介する中間支援組織の役割を果たしていた。このことは水上が言及するように「スポーツ行政府の官僚的・非弾力的な政策優位性を払拭し、スポーツの既存制度や慣習の制約から解除可能な情報資源を受容」[17]できる社会空間として捉えることができる［黒須・水上，2017：505］。すなわち既存の行政システムを超えるような「逸脱行為や文化的実験」に当てはまる施策化のアイディアが情報資源として優位性をもつ社会空間である［メルッチ，1997：59-60］。このように捉えれば、クラブミーティングでは、地域におけるスポーツプロモーションを実質化できる創造的な意見やアイディアを受容する可能性を持っていたと考えられる。

　「個人化のポテンシャル」の社会空間では、クラブマネジャーは、地域のスポーツプロモーションを担うべく、「新しいステージ」に向けた創造的な意見やアイディアを個人的に躊躇なく提案する。自由と自律にもとづく個人化の表われである。提案されたアイディアや施策案は排除されない。異質な個人的意思であっても尊重し、相互に応答しあい支え合う関係が「個人化のポテンシャル」のもとで成立する共同性なのである。さらにこの考え方は、社会学的には、スポーツ組織のボトムアップ型統治、いわば民主主義化を後押しする。パットナムは、『哲学する民主主義』の中で社会関係資本とは「調整された諸活動を活発にすることによって社会の効率性を改善できる、信頼、規範、ネットワークといった社会組織の特徴」［パットナム，2001：206］をもつとも言った。「調整された諸活動」こそ自由と自律にもとづく個人化が暴走しないよう複数の個人が相互に応答し合

いながら共同性を構築する。言い換えれば、個人の自己主張ばかりによって混乱を組織内に生じさせることなく、個々人を互いに協力しあう共同性の主体として成長するための諸活動である。個人化を出発点として多くの他者からの承認にもとづく脱個人化を誘導し、それによって生み出されるのが共同性なのである。この流れこそパットナムが強く意識した民主主義の統治性を有する「市民共同体（civil community）」［パットナム，2001：103-110］の共同性に当てはまる。「個人化のポテンシャル」とは、個人化から脱個人化を促す共同性を持続するための社会空間であるとも言いきれよう。こうした社会空間こそ社会関係資本を形成する基盤なのだ。私は本章で取り上げた研修型交流事業のクラブミーティングが、地域のスポーツプロモーションを担う人々の自由と自律にもとづいた参画の機会を保証しているからこそ社会関係資本の形成につながっていくのではないかと思う。

　最後にもう一度整理し、提言をして本章を終えたい。クラブミーティングは「個人化のポテンシャル」を生み出す社会空間であった。それゆえに地域のスポーツプロモーション主体へ導く情報資源の受容を可能としていたこと。また、選択的に地域のスポーツプロモーションに必要な諸活動の決定ができていたこと。そして、その社会空間を持続的に維持するための主体的参画がクラブマネジャーらによってなされていたこと。メルッチの「個人化のポテンシャル」は、第一次集団や第二次集団の影響下から解放された人々が、共通の関心をもって情報資源の交錯と共有を図る目的的な社会空間であり、その空間は多様な情報が多元的に湧き上がってくる特徴をもっていた。すなわち、上からの行政的なトップダウン情報だけの受け手ではなく、行政的な政策情報も、草の根的な実践情報も含めて多元的な地点から情報資源の交錯と共有を可能にしていたのである。そうした社会空間こそ「個人化のポテンシャル」の機能を果たし、同時に分野や職域を超えた多様な人々との社会関係資本が形成されていく基盤となるのではないか。東京2020オリパラ大会後、こうした社会関係資本は、競技スポーツと生涯スポーツを統合化したスポーツ推進体制を民主的に構築する「市民共同体」の基盤としての可能性を持つはずである。

　クラブミーティングは、東京2020オリパラ大会後の地域スポーツの行方に「新たなステージ」を切り開く社会関係資本のための人的資源を蓄積してきた。日本スポーツ界は東京2020オリパラ大会後、クラブマネジャーの研修型交流事業を縮小化することなく、むしろ質量ともに事業拡大を構想し、JSPOを通して優先

的に事業費の資金投下をするべきである。クラブマネジャーは、東京 2020 オリパラ大会後の地域のスポーツプロモーションのキーパーソンであることを自覚化できるプログラムづくりとテーマ設定を進めなければならない。さらにクラブマネジャーらの職的基盤が確立できるようプロフェッショナル化への道筋も検討しなければならない。そのためにはスポーツ社会学が東京 2020 オリパラ大会後、地域のスポーツプロモーションを担うキーパーソンのプロフェッショナル化を構想し、スポーツの民主化の基盤となる「市民共同体」を生み出す社会関係資本の研究を蓄積しなければならないのである。

【付記】本稿は、JSPS 科研費 JP17K01739, JP18H03145 の研究成果の一部である。

【注】
1) 1964 東京夏季パラリンピック大会は、国際身体障害者スポーツ大会の名称で第一部を国際ストーク・マンデビル競技会（国際大会）、第二部を身体障害者スポーツ大会（国内大会）の二部制であった。1972 札幌冬季パラリンピック大会は未開催である。
2) 2020 年までの国別ランキングは、第 1 位アメリカ 8 回、第 2 位フランス 5 回、第 3 位日本 4 回である［公益財団法人日本オリンピック委員会，2019］。
3) 平成時代（1989 年から 2018 年）の 30 年間でワールドカップはサッカー 1 回（2002）、バレーボール 7 回（1991、1995、1999、2003、2007、2011、2015）。ユニバシアード 1 回（1995）、アジア競技大会 1 回（1994）。世界選手権は陸上競技 2 回（1991、2007）、水泳 1 回（2001）、体操 2 回（1995、2011）などである。
4) 水上は、インターネットツールを活用したスポーツ組織間の双方向型の情報共有が図られてきた社会空間に着目し、この社会空間が社会関係資本を形成する基盤であることを明らかにしてきた［水上・黒須，2019］。
5) 2019 年 3 月 29 日に鹿児島県の NPO 法人スポーツコミュニケーションサークルの事務所にて太田敬介氏へインタビューをおこなった。
6) 東京 2020 アクション＆レガシープランの参画プログラムは既存の行政等の事業を認証しているだけに過ぎない。しかもその実施形態は学校や企業、地域組織を通じた組織・団体の動員型の参画プログラムである。
7) 「全国スポーツクラブ会議」は総合型クラブ関係者らが発起人を募って独自に創設したネットワーク組織である。「総合型地域スポーツクラブ全国連絡協議会」は、「全国で活動する総合型地域スポーツクラブの定着・発展を促進するため、その円滑な運営に資する情報交換や交流の活性化をはかることを目的として設立した公益財団法人日本スポーツ協会の組織内組織」である。2018 年 7 月時点では 47 都道府県 2,769 クラブが加入している［公益財団法人日本スポーツ協会，2019c］。
8) 石坂は「軽井沢カーリング活性化プロジェクト」をきっかけに行政との連携や新規の事業化を総称して「新たなステージ」と記述した。これを受けて本章では本文中に地域スポーツの推進をめぐる新たな組織化や事業化など施策の新展開が生み出されることを「新たなステージ」と記述した［石坂，2013］。
9) 中野もメルッチの「個人化のポテンシャル」の概念を取り上げることで強要される動

員型ボランタリズムを乗り越える市民「参加」のあり方を考える手がかりになるという。
［中野，1999］。
10）メルッチは「国家社会を基盤として「公」の領域の既存制度や慣習の制約から一旦解除されるような情報資源の受容」［メルッチ，1997：16-22］が必要であるという。

【文献】

独立行政法人日本スポーツ振興センター，2019，「2019 年 4 月 15 日報道発表，平成 31 年度スポーツ振興事業助成助成金配分額」，2019 年 8 月 5 日取得，https://www.jpnsport.go.jp/sinko/Portals/0/sinko/sinko/pdf/h31haibun_souhyou.pdf

石坂友司，2013，「カーリングネットワークの創出と展開―カーリングの聖地・軽井沢／御代田の取り組み―」，石坂友司・松林秀樹編『〈オリンピックの遺産〉の社会学―長野オリンピックとその後の十年―』，青弓社，168-189.

菊幸一，2000，「地域スポーツクラブ論―『公共性』の脱構築に向けて―」，近藤英男ほか編『新世紀スポーツ文化論（体育学論叢 4）』，タイムス，86-104.

菊幸一，2006，「スポーツ行政施策からスポーツプロモーション政策へ」，菊幸一ほか編『現代スポーツのパースペクティブ』，大修館書店，96-112.

菊幸一，2011，「スポーツ政策と公共性」，菊幸一ほか編『スポーツ政策論』，成文堂，159-182.

日下裕弘，1985，「わが国におけるスポーツ組織の形成過程に関する研究 (I)」，『仙台大学紀要』，17，29-43.

日下裕弘，1988，「わが国におけるスポーツ組織の形成過程に関する研究 (II)」，『仙台大学紀要』，20，1-17.

公益財団法人日本オリンピック委員会，2019，「オリンピック開催地一覧＆ポスター」，2019 年 8 月 5 日取得，https://www.joc.or.jp/games/olympic/poster/

公益財団法人日本スポーツ協会，2019a，「日本スポーツ協会公認スポーツ指導者資格概要」，2019 年 8 月 5 日取得，https://www.japan-sports.or.jp/coach/tabid58.html

公益財団法人日本スポーツ協会，2019b，「ブロック別クラブネットワークアクション（旧名称：クラブミーティング）」，2019 年 8 月 5 日取得，https://www.japan-sports.or.jp/local/tabid508.html

公益財団法人日本スポーツ協会，2019c，「総合型地域スポーツクラブ全国連絡協議会（SC 全国ネットワーク）」，2019 年 8 月 5 日取得，https://www.japan-sports.or.jp/local/tabid512.html

公益財団法人日本スポーツ協会，2019d，「総合型地域スポーツクラブ事業紹介」，2019 年 8 月 5 日取得，https://www.japan-sports.or.jp/local/tabid393.html

公益財団法人日本体育協会，2018，『公認スポーツ指導者制度オフィシャルガイド 2018』，公益財団法人日本体育協会.

公益財団法人東京オリンピック・パラリンピック競技大会組織委員会，2019，「アクション＆レガシー」，2019 年 8 月 5 日取得，https://tokyo2020.org/jp/games/legacy/

黒須充・水上博司，2017，「公益財団法人日本体育協会と情報ネットワーク支援 NPO の相補的関係性―「動員」と「象徴的運動」の関係から創出される公共圏をめぐって―」，『体育学研究』，62，491-510

メルッチ，1997，山之内靖ほか訳，『現在に生きる遊牧民―新しい公共空間の創出に向けて―』，岩波書店.

水上博司・黒須充，2016，「総合型地域スポーツクラブの中間支援ネットワーク NPO が創

出した公共圏」,『体育学研究』, 61, 555-574.

水上博司・黒須充, 2019,「総合型地域スポーツクラブと情報ネットワーク支援 NPO の関係性から形成された社会関係資本—東日本大震災の支援寄付をめぐって—」,『体育学研究』, 64, 151-168.

文部科学省, 2000,『スポーツ振興基本計画』, 文部科学省.

中野敏男, 1999,「ボランティア動員型市民社会論の陥穽」,『現代思想』, 27(5), 72-93.

大隅昇・保田明夫, 2004,「テキスト型データのマイニング—定性調査におけるテキスト・マイニングをどう考えるか—」,『理論と方法（Sociological Theory and Methods)』, 19(2), 135-158.

パットナム, 2001, 河田潤一訳,『哲学する民主主義—伝統と改革の市民的構造—』, NTT 出版.

パットナム, 2006, 柴内康文訳,『孤独なボウリング—米国コミュニティの崩壊と再生—』, 柏書房.

佐伯年詩雄, 2006,『スポーツプロモーション論』, 明和出版.

佐伯年詩雄, 2014,「スポーツ組織と市民社会／地域社会—スポーツクラブの歴史社会学—」, 黒須充・水上博司編『スポーツ・コモンズ—総合型地域スポーツクラブの近未来像—』, 創文企画, 35-69.

高尾将幸, 2013,「『遺産』をめぐる葛藤と活用—白馬村の観光産業を中心に—」, 石坂友司・松林秀樹編『〈オリンピックの遺産〉の社会学—長野オリンピックとその後の十年—』, 青弓社, 150-167.

財団法人日本体育協会, 2001,『21 世紀の国民スポーツ振興方策』, 財団法人日本体育協会.

東京2020オリパラ大会で東京はどう変わるか
：東京五輪の開催と都市TOKYOの変容

小澤考人

　本章では、東京2020オリパラ大会の開催を機に、都市としての東京がどのように変容を遂げるのか、という点を論じてゆく。以下ではまず、近代オリンピックと都市開発との関係性について検討し（1節）、次に東京で開催されるオリンピックの前回大会として、1964東京五輪における都市開発について整理する（2節）。そのうえで東京2020オリパラ大会の場合について、現在進行形でどのような都市開発の動向が見出されるのか（3節）、またその特徴とはどのようなものかを明らかにし（4節）、総じて東京2020オリパラ大会の開催を契機として、東京という都市がどのように変わってゆくのかを展望したい。

1.　オリンピックと都市開発

　オリンピックと都市開発の結びつきは、21世紀の現在、ますますクローズアップされる主題となっている。では、もともと両者の結びつきは自明のものかといえば、必ずしもそうではない。そこで近代オリンピックの来歴をたどりながら、都市開発との関係性を検討してみよう。

　周知のように、近代オリンピックは19世紀末にフランスのクーベルタン男爵の発案と尽力によって誕生した。クーベルタンの思い描いた「オリンピズム」の精神には、古代ギリシャに由来する心身の均衡の取れた理想的な人間像とともに、国民国家間の戦争が相次ぐ時代を背景に、国際スポーツの場における各国の若者

の交流と相互理解が国際平和に結びつくという理想があった［和田，2018］。オリンピックが「平和の祭典」と呼ばれ、またスポーツとともに文化の祭典と位置づけられるのはこのためである。やがて 20 世紀のオリンピックは、ナチスドイツのベルリン大会や東西冷戦下のボイコット合戦のように、ナショナリズムや国際政治の舞台へと巻き込まれてゆくが、基本的には都市開発を目的としたイベントではなく、せいぜいそれは脇役の位置を占めるに過ぎなかったといえる。

　しかし 20 世紀末から 21 世紀にかけて、オリンピックがスポーツビジネスの仕組みを導入していくプロセスと並行して「都市開発」というモチーフが大きく前景化する。1992 バルセロナ五輪を皮切りに、オリンピックというメガイベントの開催がホストシティでの都市開発を促進する機会（触媒）として活用されるという事態が、広く意図的に行われるようになってきたのである［Kassens Noor, 2012；原田，2016］。しかもこの傾向は、21 世紀初めに IOC がオリンピック・レガシーを提唱し、「オリンピック憲章」（第一章）に「オリンピック競技大会開催のポジティブなレガシーを開催都市および開催国に残すことを推進する」という一文が加えられたことで、いわば公認のお墨付きを得ることになった［Gold & Gold, 2016］。

　IOC のレガシー構想とは、20 世紀末にかけて開催都市の莫大な費用・労力の負担、および環境負荷などオリンピック開催に伴う問題点が指摘される中で、こうした多様なコストを伴うメガイベントを一過的なお祭りとして浪費するのではなく、イベント実施に伴うポジティブな持続的効果を期待するというものである。具体的には、①スポーツ施設や交通インフラ、都市計画などの「有形のもの」と、②文化的価値の創造・再発見やボランティア、およびナショナルプライドなどの「無形のもの」があり、スポーツ・社会・環境・都市・経済の 5 分野が想定されている［間野，2013］。要するに、こうした多様な側面でポジティブなレガシーを残す限りにおいて、オリンピックの開催と存続には意義があるという趣旨であるが、ここで一目瞭然であるように、有形（ハード）のレガシーを代表するのが「都市計画」を含む「都市開発」である。こうして 21 世紀のオリンピックでは、IOC のレガシー構想と結びつくことで、「都市開発」というモチーフが主役級の存在感をもって前景化してくることになる[1]。それを象徴する近年の大会が 2012 ロンドン五輪であり、これを先行モデルと位置づける東京 2020 オリパラ大会においても、都市開発は重要な位置を占めることになる。

2. 東京 2020 オリパラ大会における都市開発の概要と特徴

　では、あらためて東京 2020 オリパラ大会を機に、都市としての東京はいかなる変容を遂げようとしているのか。以下ではまず、前回大会の 1964 東京五輪との対比を補助線として検討していこう。

都市開発をめぐる二つの東京オリンピックの対比

　あらかじめ都市開発の側面を中心に、1964 年と 2020 年の二つの東京オリンピックについての特徴を提示すると、以下のようになる。

　第一に、1964 東京五輪では競技会場をはじめ、道路や鉄道など都市のインフラそのものを整備していく必要があり、現在の東京の都市基盤が形作られる契機となったのに対し、東京 2020 オリパラ大会ではゼロからの都市開発ではなく、前回大会を機に形作られた既存の都市基盤のもとでバージョンアップやアップデートを進めていくという意味で、再開発のレベルでの都市開発がメインである、という特徴を指摘できる。

　第二に、1964 東京五輪では同年 10 月のオリンピック開催期間に間に合わせる必要があったことから、都市開発の側面から見ると、1959 年の招致決定前後から会期直前という〆切までの約 5 年間のうちに完成させる短期集中型の作業工程の度合いが高かったといえる。これとは対照的に、東京 2020 オリパラ大会では既存の都市インフラを前提としつつ、競技場の半分はヘリテージゾーンとして既存施設を使用するという事情から、会期直前までに完成させるタイプの都市開発の側面はその一部に過ぎない。むしろ会期をまたぎ、2020 年代の半ば過ぎに完成を見るまで作業工程が続くような複数の都市開発プロジェクトが同時進行している、という点に特徴がある。

　第三に、両大会を取り巻く文脈として観光・集客の側面に注目すると、都市開発をめぐる別の対照性が浮かび上がる。オリンピックのようなインターナショナルな国際大会は、極東の日本列島に外国人旅行者が訪れる象徴的なイベントになるが、1964 東京五輪ではいまだ戦後復興から間もない局面で、外国人向けのシティホテルや宿泊施設など受入れ環境をゼロから築く局面にあった。これに対して東京 2020 オリパラ大会では、グローバルな国際移動が活発化する 21 世紀の文脈の中で、世界トップクラスのインバウンド（訪日外国人旅行者）増加を経験

している。それゆえ両大会を取り巻く観光・集客面での対照性は、都市開発にも異なるインパクトを与えることが見込まれる。

　そこで以下では、両大会の特徴と対照性を補助線としながら、二つの東京オリンピックにおける都市開発の様相について、それぞれクローズアップして検討していこう。

1964 東京五輪における都市開発の特徴

　1964 東京五輪は、第 18 回夏季オリンピック競技大会として、1964 年 10 月 10 日から 24 日までの 15 日間にわたって開催された（20 競技・163 種目、選手 5152 人参加）。では、そもそもこの大会は日本にとっていかなる意味をもっていたのか。

　「幻」と消えた 1940 東京五輪に代わり、いまだ戦後復興の渦中にある 1952 年 5 月にオリンピック再招致の動きが始まった。1955 年の IOC 総会で落選したものの、1958 年の第 3 回アジア競技大会の開催実績をもとに、1959 年の IOC 総会で日本はアジア初のオリンピック開催権を獲得した。その当時をよく物語るエピソードとして、東京大会施設整備責任者の話では、欧米における「従来の開催都市にとっては、耕されている畑に種を播く程度の仕事で済んだが、東京においては、山を切り崩して畑を作ることから始めるぐらいの違いがある」との認識であったという［上山, 2009：40］。それはつまり、欧米の開催都市では既存の都市基盤のうえで会場整備を行う程度であったのに対し、1964 東京五輪の場合には都市インフラ自体を築いたうえでさらに会場建設も行うという意味で、いわばゼロからのスタートであることを意味していた。

　1964 東京五輪は、こうして「東京改造」と呼ばれる都市開発の機会となった。ちなみに 1952 年に再招致に名乗りを挙げた時点では、敗戦から立ち直り「平和国家」として国際社会に復帰した日本の姿を海外に示したいという意図に基づくものであった［古川, 1998］。だが 1959 年の開催決定時には、すでに高度成長のプロセスが始まり首都圏への人口集中が本格化する中で、当時 100 万台に迫る自動車の急増とそれに伴う渋滞の悪化、そして鉄道の通勤ラッシュなど、東京の都市基盤全体が深刻な問題を抱えることが明白になっていた［石坂・松林, 2018］。その中でオリンピック開催が「東京改造」の好機として捉えられ、高速道路や環状線などの道路整備をはじめ、新幹線や地下鉄の建設、上下水道の整備などが次々と進められていったのである。

　では実際、どのように「東京改造」がなされたのだろうか。この点を経費面の
データから見ていこう。経済学者の斎藤潤によれば、まず経費の全体は、（1）大
会関連支出（＝①直接経費と②間接経費）と（2）大会誘発支出から構成される。（1）
大会関連支出には、①直接経費として（a）大会運営に要する費用と（b）競技
会場建設などに伴う施設整備費のほか、②間接経費として道路や鉄道など交通イ
ンフラの整備に要する費用が含まれる。ちなみに1964東京五輪の（1）大会関
連支出の総額は、名目値（当時の貨幣価値）で総額9873億円であり、このうち
①直接経費は総額265億円（対GDP比0.1%）、うち（a）大会運営費が99億円、
（b）施設整備費が166億円であり、②間接経費が9608億円（対GDP比3.0%）
であったと公表されている［斎藤，2019］。①直接経費のうち（b）施設整備費
としては、サブ会場となった駒沢オリンピック公園（陸上競技場、体育館、屋内
球戯場、第一・第二球戯場等）、建築家・丹下健三が設計した国立代々木競技場（第
一・第二体育館等）、江の島ヨットハーバー、日本武道館などの建設費用のほか、
メイン会場となった国立霞ヶ丘陸上競技場の建築費用などに充てられた。
　他方、②間接経費の9608億円は、経費全体のうち約97%と大部分を占める。
具体的には、首都東京の姿を大きく変貌させた象徴的なシンボルとして、首都高
速道路や東海道新幹線の建設、地下鉄の延伸と新規着工（丸の内線と日比谷線
の全線開通、東西線の着工）など、インフラ整備の大事業に充てられた。実際、
1959年に設立された首都高速道路公団のもと、オリンピック関連道路に指定さ
れた1号羽田線から4号新宿線の一部の建設が急ピッチで進められ、また用地
買収の問題から日本橋の上を走る区間が誕生するなど、高架構造のもと空の上を
走る首都高によって東京の景観は「未来都市」のように一変した。同様にオリ
ンピック道路として、メイン会場である明治神宮外苑の国立競技場と駒沢のサブ
会場を結ぶ国道246号線の青山通りと玉川通りが整備された。このうち青山通
りでは都電が撤去され、さらに首都高の数倍ともいわれる巨額を投じて店舗の立
ち退きを伴う拡幅工事が行われ、「新しいビルとプラタナスの並木、水銀灯に彩
られた通り」に生まれ変わった［上山，2009：64；秋尾，2009］。また当初予定
された朝霞選手村からのオリンピック道路として、環状7号線の西側もわずか5
年のうちに整備された。
　そのほか（2）大会誘発支出に関連して、オリンピックの開催準備によって誘
発された民間の設備投資として、羽田空港とのアクセスを改善するため浜松町ま
でをつなぐ東京モノレールが建設されたほか、シティホテルの代表格となるホテ

ルオークラ（1962 年）、ホテルニューオータニや東京プリンスホテル（1964 年）
など、外国人観光客を見込んだ民間資本による都市開発の動きが活発化した。
例えば 1960 年から 1962 年にかけて宿泊業界が受けた融資額は 400 億円を上回
るといわれるほど、国際的なスタンダードを満たすシティホテルが 1964 年東京
大会の会期までに東京周辺に数多く誕生していった［石坂・松林，2018；斎藤，
2019］。

　さらに忘れてはならないのは、この 1964 東京五輪までの日本では、そもそも
舗装されていない自動車道路も多く、土埃や泥が舞う道の脇には、下水施設も完
備されずに雑排水のドブが流れ、し尿は汲み取り式のままという都市生活の光景
が広がっていたという事実である。したがってオリンピック開催は、「外国人に
見られて恥ずかしくないように」という対外的な羞恥心が強制力として働く中で、
一般道路や上下水道の整備に加えて、近代的な都市生活のライフスタイル自体を
作り出す機会となった。例えば東京都は首都美化推進本部を設置し、1962 年 12
月から毎月 10 日を「首都美化デー」と定め、都民自身による運動を喚起しなが
ら、「蚊とハエ」を退治し、下水施設を整備し、側溝のドブをさらい、街のゴミ
を清掃していくという、首都の美化に向けたムーヴメントを進めていった［上山，
2009：72；石坂，2009］。またこの時期、並行して「三種の神器」と呼ばれた家
庭電化製品が普及していった。冷蔵庫や洗濯機とともに、1964 年の会期までに
白黒テレビが 90％近くの家庭に登場し、メディアイメージをつうじて国民全体
をオリンピックの視聴者として巻き込んでいくことになる。かくしてこの時期、
都市としての東京は、近代的な都市生活の基盤を形成することになった［苅谷ほ
か，2015］。

3.　東京 2020 オリパラ大会における都市開発の概要

　およそ半世紀余りを経て、二度目のオリンピック開催となる東京 2020 オリパ
ラ大会は、第 32 回夏季オリンピック競技大会が 2020 年 7 月 24 日から 8 月 9 日
までの 17 日間にわたって行われ（33 競技・339 種目、選手 11090 人参加）、ま
たパラリンピック競技大会が 8 月 25 日から 9 月 6 日の会期で開催される予定で
ある（22 競技・540 種目、選手 4400 人参加）。招致レースでは 2016 年夏季五輪
の招致に一度失敗したものの、2013 年 9 月の IOC 総会で東京はマドリードとイ
スタンブールを抑え、東京 2020 オリパラ大会の開催権を獲得した。これ以降ス

ポーツ界の熱気は高まり、首都圏周辺では道路や鉄道、マンション、オフィスビル、ホテル開発、スタジアム建設など都市開発の動きも活発化することとなった。

　それでは、東京 2020 オリパラ大会に伴う現在の都市開発は、いかなる様相を呈しているのか。またその特徴とはどこにあるのか。まずは 1964 東京五輪のケースと同様に、経費面のデータを確認しておこう。東京オリンピック・パラリンピック組織委員会が 2018 年に公表した予算計画では、①直接経費は 1 兆 4500 ～ 6500 億円（対 GDP 比 0.3%）で、（a）大会運営費が 6450 億円、（b）施設整備費が 7050 億円、予備費が 1000 ～ 3000 億円であるという［斎藤, 2019］。また、②間接経費については、多様な試算があり得るとしたうえで、みずほ総研の推計値 2 ～ 3 兆円（対 GDP 比 0.4 ～ 0.5%）を参考に、以上を合わせた（1）大会関連支出は、総額 3 兆 4500 ～ 4 兆 650 億円（対 GDP 比 0.6 ～ 0.8%）であると推測されている［斎藤, 2019］。以下では、東京 2020 オリパラ大会に伴う①競技会場の配置と整備、②交通システムの整備・改善、③首都圏における都市開発の事例について、それぞれ検討していくこととする。

競技会場の配置と整備

　まず、東京 2020 オリパラ大会における競技会場の配置プランを確認すると、競技会場は大きく、ヘリテージゾーンと東京ベイゾーンに分かれている（図表 1）。ヘリテージゾーンとは、前回の 1964 東京五輪で使用された既存の競技施設を活かしたエリアで、メイン会場である新国立競技場のほか、東京体育館や代々木競技場、日本武道館および国技館、東京スタジアムなどがある。これに対して東京ベイゾーンとは、晴海・有明・豊洲など東京湾の埋立地に面したエリアで、有明アリーナや有明テニスの森、お台場海浜公園、東京アクアティクスセンター、幕張メッセなどがあり、新設されるスタジアムが数多く存在する。

　この二つの競技会場は、晴海の選手村を要として二つの円が交差し無限（∞）の形を示すことから、レガシーが無限に広がるイメージを象徴するとされる[2]。なお東京 2020 オリパラ大会では、2016 年夏季五輪の招致計画を引き継いで「コンパクトな大会」を掲げており、後に経費削減に伴う既存施設の活用で会場所在地が広域化したものの、全体としては中心となる晴海の選手村から半径 8 キロ圏内に大半の競技会場が収まる配置となっている。また東京 2020 オリパラ大会のメイン会場は、2016 年夏季五輪の招致計画では晴海が予定されたが、交通の利便性などの観点から明治神宮外苑に決まり、国立霞ヶ丘競技場を取り壊して新た

図表 1　2020 年東京大会の競技会場
出典：東京オリンピック組織委員会

に建設される運びとなった。新国立競技場については周知のように、デザインや
予算問題などが噴出し、白紙撤回を経て建築家・隈研吾の設計案（予算 1490 億円）
に決まった。かくしてヘリテージゾーンと東京ベイゾーンを中心に、競技会場の
整備が進行している。

交通システムの整備と改善

　次に、②間接経費に関連して、交通インフラの整備について検討する[3]。東京
2020 オリパラ大会の円滑な開催に資するため、首都圏における空港・道路・鉄
道など交通インフラの整備が進められている。このうち主要なものとして、羽田・
成田両空港を首都圏空港の二大ハブと位置付け、発着枠の拡大など機能を強化し
ていくとともに、これらを結ぶ幹線道路として、首都圏の三環状線（中央環状線、
外環道、圏央道）の整備が急ピッチで進められている（図表 2）。また晴海の選
手村と都心部も含む各競技会場、および IOC メンバーや各国際競技団体会長等
が利用する IOC ホテルを結ぶ大動脈として、環状 2 号線と環状 3 号線、および
首都高晴海線の建設が進められている。とりわけ環状 2 号線は、会期中にオリン
ピック・レーンとして大会関係者だけが通行できる専用レーンを設け、BRT（バ
ス高速輸送システム）の整備・運行により、選手村と都心の各競技会場とを短時
間で結ぶ重要な輸送ルートとして位置づけられている。またすでに首都高晴海

図表 2　首都圏 3 環状線道

出典：国土交通省［2019］

線の豊洲〜晴海間が 2018 年 3 月に開通し、環状 2 号線の豊洲〜築地間が同年 11 月に暫定的に開通したことは、メディアでも大きく報じられた[4]。そのほか東京港トンネルの整備をはじめ、概算事業費で約 6300 億円におよぶ首都高速道路の大規模改修・更新も進められる計画である。

　また国土交通省の旗振りによって、オリンピック開催に伴う交通需要の増加に対応するため、羽田空港と都心部の駅などを結ぶ深夜早朝のアクセスバスの運行（2014 年 10 月開始）やタクシーの定額運賃サービス（2015 年 3 月適用）を開始するなど、空港アクセスの改善に向けてサービスの充実化が図られている。そのほか鉄道輸送の面では、空港アクセスの改善や輸送力の強化、利便性の改善を念頭に、現在進行形のものも含め複数のプロジェクトが進められている。具体的には、東北縦貫線（上野東京ライン）の開業、都心直結線（押上駅付近〜新東京駅〜泉岳寺駅付近の約 11 キロ）の整備、羽田空港アクセス新線の整備、東京 8 号線（有楽町線）の延伸計画と都心部・臨海地域地下鉄構想、リニア中央新幹線の開業予定（2027 年に東京〜名古屋間）などである。

　こうして東京 2020 オリパラ大会の開催を機に、1 日で最大約 92 万人、会期中の観客と大会スタッフで合計約 1010 万人ともいわれる交通需要の増加を考慮し、さらに会期後も見すえた首都圏の交通インフラの整備として、上記のような取組みが進捗している。

首都圏の各エリアで並走する都市開発のプロジェクト

　次に、競技会場や交通システムから目を移し、東京 2020 オリパラ大会に連動

して首都圏の各エリアで進行している都市開発のプロジェクトについて、主要な事例を検討していこう。これらはいずれも完成予定が 2020 年代半ば過ぎ（2025〜 2027 年頃）と言われ、ここではプロジェクトの現在進行形を紹介することで、その未来形を展望することになる [5]。

　まず東京駅周辺に目を向けると、大手町・丸の内・有楽町エリアから日本橋・八重洲・京橋エリアにかけて、都市開発プロジェクトが進行している。もともと東京駅と皇居を結ぶ位置にある丸の内エリアでは、三菱地所が開発主体となり、丸ビル（丸の内ビルディング）と新丸ビル（新丸の内ビルディング）を 2000 年代に入って竣工し、オフィス街の中にブランドショップや歩行者空間が共存するエリアを作っていた。2016 年には隣接する大手町に三菱地所が着手した超高層ビルとして、「星のや東京」がオープンしたことはよく知られる。さらに現在、この隣接エリアに「東京駅前常盤橋プロジェクト」と銘打ち 10 年計画で 2027年までの完成を見すえ、4 棟の超高層ビルの開発プロジェクトが始動している。かつては江戸城の玄関口に当たり、未来に向けて新しい東京のシンボルとしての位置を占めるというコンセプトであるという。

　また東京駅の八重洲側から日本橋にかけてのエリアでも、再開発が相次いでいる。具体的には、三井不動産が開発主体となり、官民および地元と一体となって日本橋地域の活性化と街に新たな魅力を創造するべく、「日本橋再生計画」を推進している。その一環として「日本橋室町東地区開発計画」と銘打ち、オフィス、商業施設、賃貸住宅、多目的ホール等の機能を融合させた大規模複合開発を推進し、5 つの街区におよぶエリア全体を再開発の対象としている。いわゆる「COREDO 室町」として知られる商業施設を中心とする複合ビルをはじめ、「COREDO 日本橋」（日本橋一丁目三井ビルティングの通称）や日本橋三井センターなどエリア全体の再開発をつうじて、かつて江戸時代には世界有数の賑わいを見せていたという日本橋の活気と賑わいを再現し、街歩きの楽しさを演出する計画である。

　ちなみに 1964 東京五輪に伴う都市開発のシンボルとして、当時は「未来都市」の象徴であった首都高速道路は、21 世紀に入ると「日本橋川に空を取り戻す会」（日本橋みち会議）などを中心に、日本橋の上空を走る高架構造が景観・水質の悪化や大気汚染の要因であるとして改善の声が上がり、首都高地下化による景観の回復、快適な歩行空間の創出、水辺空間の再生に向けた機運が高まってきた（図表 3）。その結果、東京 2020 オリパラ大会の開催後、都心環状線の江戸橋〜神田

図表 3　日本橋の風景
出典：筆者撮影

橋ジャンクションまでを地下化し、高架橋を撤去する方針が固まった[6]。こうして日本橋は空を取り戻し、新たに木造の日本橋を隣に架けるなど、江戸時代の雰囲気と賑わいを取り戻すことになるという。

　虎ノ門・六本木エリアは、皇居の南側の港区エリアにおいて、現在多くのビルの建て替えが進行中である。開発主体は森ビルであり、虎ノ門ヒルズ（2014 年開業）の一帯に多くの関連するビルが立ち並ぶ運びとなっている。この虎ノ門エリアに至る道路としては、2014 年 3 月に環状 2 号線の延伸区間として虎ノ門―新橋間（通称「新虎通り」）が開通しており、地下の幹線道路を車が走り地上に二車線分の幅広い歩道が確保されたことで、この一帯をオープンカフェが立ち並ぶ「東京のシャンゼリゼ通り」として、観光客やビジネスマンが立ち寄る賑わいのある空間にする取組みが進められている[7]。

　そのほか田町・品川間のエリアで、都内最大級ともいわれる都市開発のプロジェクトが始動している。JR 東日本による「品川開発プロジェクト」であり、もともと品川車両基地の移転により用地が確保されたことでスタートした再開発の取組みである。2020 年には山手線の新駅（「高輪ゲートウェイ駅」）が新設され、駅周辺には「グローバルゲートウェイ品川」というコンセプトのもとで複数の高層ビルが立ち並ぶ計画である。このエリアは羽田空港にきわめて近い立地であり、また新駅からリニア中央新幹線が発着する予定であることから（2027 年に東京〜名古屋間）、「日本の玄関口」から近い首都圏における交通の結節点として、戦

略的な重要性を高めていると指摘される⁸⁾。

　また渋谷エリアでも、“百年に一度”と言われる大規模な再開発プロジェクトが進行中である。まず渋谷駅の構内そのものが大きく建て替え中であり、銀座線渋谷駅を移設するなど、複雑に入り組んだ駅構内を大規模に改良するプロセスが進行中である。また 2 棟の超高層ビル（セルリアンタワーと 2012 年開業のヒカリエ）の間に、6 棟のビルが立ち並ぶことになっている。開発主体は東急不動産であり、2018 年 9 月に完成した超高層ビルの複合施設「渋谷ストリーム」にはグーグル日本本社が入居するなど、渋谷エリアは IT 産業などクリエイティブ産業のビジネス拠点として存在感を示し始めている。そのほか近隣の明治神宮外苑エリアでは、2018 年 11 月に「東京 2020 大会後の神宮外苑地区のまちづくり検討会」によるまちづくり指針が策定され、東京 2020 オリパラ大会後に「世界に誇れるわが国のスポーツの拠点」として、都内 4 か所のうちの一角をなすスポーツクラスターとして生まれ変わることが予定されている。

　以上のように、東京 2020 オリパラ大会に連動しながら、首都圏の各エリアで複数の再開発プロジェクトが進行している。その大部分は、民間の大手デベロッパーによる超高層ビルを中核とする都市開発であるが、それを支える制度上の枠組みを補足しておきたい。2011 年 8 月に総合特別区域法（平成二十三年法律第八十一号）が制定され、内閣官房が「国際戦略総合特区」事業を開始したことを受けて、東京都はその一つに「アジアヘッドクォーター特区」を申請して認可された。その戦略的なねらいは、特定エリアで大幅な規制緩和や税制優遇策、財政・金融支援を行うことで、ビジネスをしやすい環境を作り企業誘致を容易にし、国際競争力の高いエリアを創出することにある。東京都はその際、シンガポールや香港とのグローバルな都市間競争に立ち遅れないよう、アジア地域の業務統括拠点や研究開発拠点の集積を目指し、新たな外国企業を誘致するプロジェクトに着手したのである。これがいわゆる「アジアヘッドクォーター特区」であり、「世界で一番ビジネスのしやすい国際都市づくり」を念頭に、①外国企業が日本企業とビジネスしやすい環境づくり、② 24 時間活動する国際都市としての環境整備、③外国人が暮らしやすい都市づくり、という三つの柱を重視しながら、東京に新たな国際ビジネス拠点を創ろうというものである。ちなみに、「東京都心・臨海地域」「新宿駅周辺地域」「渋谷駅周辺地域」「品川駅・田町駅周辺地域」「羽田空港跡地」の 5 地域が選ばれ（2016 年 11 月に「池袋駅周辺地域」が追加）、該当するエリアでは、本節で紹介したような都市開発のプロジェクトを制度面で下支

えする役割を果たしているといえる。

　ちなみに以上の事例からも明らかであるように、東京2020オリパラ大会に伴う都市開発は、東京の東部エリアに位置する都心部と湾岸エリアを中心に行われている。この点は、競技会場が東京ベイゾーンとヘリテージゾーンに位置することとも連動している。1964東京五輪では、明治神宮外苑のメイン会場と駒沢のサブ会場とを結ぶ中間地点の選手村が渋谷区（現在の代々木公園）に位置していたが、これに対して現在、都市開発の中心が東京の西から東へと移動している。実際1990年代後半から最近までの約20年間で、都心部と湾岸エリアで超高層マンションが林立し、東京湾からの景色を一変させただけでなく、例えば中央区の人口が2倍になるなど9)、東京の人口移動も上記事態と深く関わりがある[Nakazawa, 2014]。

4.　2020年東京大会における都市開発の特徴

　以上のように東京2020オリパラ大会をめぐって、①競技会場の配置と整備、②交通システムの整備・改善、③首都圏における都市開発の事例について、それぞれ整理と検討を行ってきた。ではひるがえって、2020年東京大会に伴う都市開発の特徴はどこにあるのか。

現在の都市開発を促す文脈と背景

　前述のとおり、1964東京五輪における「東京改造」は、交通インフラなど都市基盤それ自体の構築であり、都市化と産業化という近代化の社会変動のプロセスの中で、後に東京一極集中へと向かう人口移動の趨勢を伴いながら、いわば日本社会の「内部の力学」に大きく後押しされた都市開発であったといえる。これに対して、東京2020オリパラ大会に伴う都市開発は、すでにある東京という都市の再開発の面でアップデートに資するとしても、前回大会とは質的に大きく異なる都市開発の側面が浮かび上がる。

　では、その理由はどこにあるといえるだろうか。本章の見るところ、東京2020オリパラ大会に伴う都市開発をつき動かしているものは、日本社会の「内部の力学」ではなく、「外部の力学」によってもたらされている。端的には、ますますグローバル化する国際経済の動向とともに、訪日外国人旅行者の増加によると考えられる。この点を関連するデータで確認しておこう。図表4は、日本の

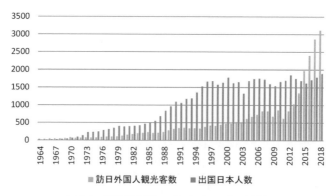

図表4　国際観光客数のデータ（1964年〜現在）
出典：日本政府観光局（JNTO）

国際観光客数のデータである。1964年当時の訪日外国人旅行者数が約35万人で出国日本人旅行者数は約13万人であり、2018年現在ではそれぞれ約3119万人と約1895万人となっており、両者の間には100倍前後の開きがある。そもそも戦後、1964東京五輪を機に日本人の「海外渡航の自由化」が初めて認められたように、オリンピック開催は敗戦後の文脈から日本を国際社会の舞台へと開く転換点となった。これに対して東京2020オリパラ大会の場合、2003年に始まるビジットジャパンキャンペーンを機に観光立国の実現が叫ばれる中、特に2013年から世界トップクラスのインバウンド増加を経験している [10]。実際、アジア諸国の経済発展という外的条件のもと、世界各国への訪日プロモーションをはじめ、中国・東南アジア（ASEAN）諸国向けのビザ発給要件の緩和、格安航空会社（LCC）の就航拡大・増便、アベノミクス以降の円安傾向、東京2020オリパラ大会の開催決定などを背景に、インバウンドは毎年のように"過去最高"を記録している。日本列島に初めて1000万人を超えて、3000万人を上回る外国人旅行者が訪れるという最近数年の経験は、日本社会に大きなインパクトをもたらさないはずはないだろう。

　以上のように、日本社会の「外部の力学」によるインパクトを想定するとき、東京2020オリパラ大会に伴う都市開発には、いかなる特徴が見出されるのか。いいかえると、現在進行形の都市開発をつうじて、東京という都市はどのような未来像を目指していると捉えられるのか。

「国際観光ビジネス都市」TOKYO というビジョン

　東京 2020 オリパラ大会に伴う都市開発は、大会開催後にどのような東京の姿を創造し、未来に残していくのかという観点と関わるといえる。そこで東京 2020 オリパラ大会のレガシー構想として、東京都オリンピック・パラリンピック準備局による「2020 年に向けた東京都の取組―大会後のレガシーを見据えて」を確認すると（図表 5）、8 つのテーマのうち 7 番目に、①世界一のビジネス都市東京を実現する、および②東京を世界有数の観光都市にする、というビジョンが見出される[11]。これを要するに、東京は「国際観光ビジネス都市」としての未来像を求めていることが判明する。

　同様の構想は、東京都が公表した「東京都長期ビジョン」(2014 年 12 月)や「2020 年に向けた実行プラン」（2016 年 12 月）にも記されている[12]。そこで共通の未来像として、①「世界をリードするグローバル都市」や「国際金融・経済都市」、および②「世界に開かれた国際・観光都市」という構想が見出される。前者①では、特区制度等を活用して外国企業を誘致し投資の活性化を図りながら、国際金融都市の実現を目指すことが表明されている。前述の「アジアヘッドクォーター特区」に伴う超高層ビルの都市開発もその一環であるといえる。他方、後者②についても「国際観光都市」の実現を目ざして具体的な施策が行われている。では、その内容とはどのようなものかという関心から、以下の事例を紹介しておきたい。

　例えば、東京都の「外国人旅行者の受入環境整備方針」（2014 年 12 月策定）に注目してみよう。ここには訪日外国人旅行者の急増を背景に、東京 2020 オリパラ大会までの 5 年間で、外国人旅行者が安全かつ快適に移動・滞在できるよう

図表 5　東京 2020 オリパラ大会のレガシー構想

①競技施設や選手村のレガシーを都民の貴重な財産として未来に引き継ぐこと

②大会を機に、スポーツが日常生活にとけ込み、誰もがいきいきと豊かに暮らせる東京を実現すること

③都民とともに大会を創りあげ、かけがえのない感動と記憶を残すこと

④大会を文化の祭典としても成功させ、世界をリードする文化都市東京を実現すること

⑤オリンピック・パラリンピック教育を通じた人材育成と、多様性を尊重する共生社会づくりを進めること

⑥環境に配慮した持続可能な大会を通じて、豊かな都市環境を次世代に引き継ぐこと

⑦大会による経済効果を最大限に生かし、東京、そして日本の経済を活性化させること

⑧被災地との絆を次代に引き継ぎ、大会を通じて世界の人々に感謝を伝えること

出典：東京都オリンピック・パラリンピック準備局「2020 年に向けた東京都の取組」

に、受入れ環境の整備に集中的に取組むことが示されている。その際、①多言語
対応の改善・強化と、②情報通信技術の活用、③国際観光都市としての標準的な
サービスの導入、④多様な文化や習慣に配慮した対応、⑤安全・安心の確保、と
いう 5 つのポイントが明記されている。

　このうち①「多言語対応の改善・強化」については、以下の取組みが進捗して
いる。すなわち、2014 年 3 月に東京都に「2020 年東京オリンピック・パラリン
ピック大会に向けた多言語対応協議会」が設立され、「外国人旅行者が円滑に移
動し、安心して快適に滞在できる都市環境の向上を目指す」ことを基本理念とし
て、①交通機関や道路等における案内表示・標識、②飲食・宿泊など観光サービ
ス施設における案内表示・標識、③音声案内、パンフレット、ICT ツールなど各
種の情報媒体を対象に取組みが進められている。言語としては、「日本語と英語
およびピクトグラムによる対応を基本」としつつ、必要に応じて「中国語・韓国
語その他も含めた多言語化」の実現が目標とされ、観光庁が策定した「観光立国
実現に向けた多言語対応の改善・強化のためのガイドライン」（2014 年 3 月）と
連動しながら、これまでのような日本人による日本人のための公共機関のサイン
や言語表示について、これを多言語表示へとシフトしていく作業が現在進められ
ている［小澤，2019］。これは狭義の都市開発そのものではないが、「言語景観」
［庄司ほか，2009］という観点から見ると [13]、これまでの東京という都市の風景
が変わることを意味している。

　また、官民一体となって東京圏での受入れ環境を整備していく中で、特に訪日
外国人旅行者が多く訪れる「重点整備エリア」として、東京 2020 オリパラ大会
の競技会場周辺のほかに、都内 10 地域（新宿・大久保、銀座、浅草、渋谷、東
京駅周辺・丸の内・日本橋、秋葉原、上野、原宿・表参道・青山、お台場、六本木・
赤坂）が位置づけられている。この重点整備エリア内では、外国人旅行者が「徒
歩 2 ～ 3 分圏内で観光情報を得られる環境」を実現することを目的として、具
体的には、①観光案内所（インフォメーション・センター）、②街中での観光案
内（ボランティア）、③観光案内標識（多言語表示やピクトグラム等を含む）、④
デジタルサイネージ、⑤無料 Wi-Fi、などの設置・拡充が目指されており、それ
ぞれについて 2020 年までの整備に向けて数値目標も掲げられている。

　具体的な事例を見ておこう。2019 年現在までに、東京都内には東京観光情報
センターが 5 か所設置され（都庁、バスタ新宿、羽田空港、京成上野、多摩）、
日本語・英語・中国語・韓国語で観光情報の提供がなされている。そこでは訪日

外国人旅行者に対して、東京の食・文化・産業などの魅力を発信し、チケット販売や宿泊予約などを行う仕組みである。また 2020 年までの整備目標として、羽田空港国際線旅客ターミナル内の東京観光情報センターの利用時間を 24 時間化し、また上記の都内 10 地域の重点エリア内に観光案内窓口を約 200 か所設置することが掲げられている。なるほど「新しい東京」の風景の一コマとして、図表 6 のようなインフォメーションセンターを都内各所で見かける人も多くなっているのではないだろうか。なお観光案内サービスに関する情報については、東京都の観光公式サイト（「GO TOKYO」）からウェブ上でも確認することができ、「東京の楽しみ方」「エリアガイド」「見る＆遊ぶ」「旅の計画」といった項目の中から、ウェブの閲覧者が必要な観光情報を得ることが可能になっている。

　こうした取組みは、観光立国に向けた国家的戦略に伴う一連の観光政策とも連動している。例えば、新宿御苑の開園時間延長や園内カフェのリニューアル、日比谷公園のリノベーション、迎賓館赤坂離宮の一般公開とライトアップ、さらに博物館・水族館の夜間営業などナイトタイムエコノミーの活用に至るまで、東京の都市空間を「訪れる人」にとってより魅力的に、かつアクセス可能にするという点では、上記一連の動向と密接に関連している。また、2016 年末から 2020 年にかけて都心部のホテルを中心に約 3 万室の増加（約 31％増加）が見込まれるなど、"30 年に一度の活況" といわれるほどにホテル開発が加速しているほか、2018 年 6 月施行の住宅宿泊事業法（民泊新法）でルールを定めた相次ぐ「民泊」

図表 6　「日本橋観光案内所」（インフォメーションセンター）
出典：筆者撮影（2018 年 12 月）

の広がりもまた、同じく上記のようなインバウンド急増に対応した現象として理解することができる。

　以上のように、現在進行形の都市開発については、前節で見たようなハードの超高層ビルの開発ばかりでなく、外国人旅行者など「訪れる人」（ビジター）が円滑に移動・滞在できる環境の整備を目的とした、ソフトなアップデートともいうべき取組みが進められていることに注意しておきたい。こうした現象は、いわゆる狭義の都市開発とは異なるが、今ある都市の形を「訪れる人」がよりアクセスしやすい形へと変換していくという点で、「新しい東京」へと作り変えていくことに貢献する。いいかえると、今ある東京をさらに国際観光都市へとリノベーションしていくような取組みであり、東京 2020 オリパラ大会に伴う都市開発の重要な側面の一つとして理解できる。これを 1964 東京五輪の都市開発と対比するとき、当時のハード中心のインフラ開発とは大きくイメージの異なる形で、現在ソフトなリノベーションが東京および全国各地に進行し始めている、ということになる。

「共生社会」というコンセプト

　関連する観点から、東京 2020 オリパラ大会の開催に向けて、都市のアクセシビリティ向上に向けた取組みが進行している。2012 ロンドン五輪でも地下鉄駅の段差解消やエレベーター設置など、都市のアクセシビリティ向上の施策がレガシーとして高く評価された。日本でも特にパラリンピック開催を念頭に、東京都のレガシー構想も掲げるとおり（図表 5 の 5 番目）、「共生社会」の実現というコンセプトが重要な課題として浮上している。

　この観点から、障がい者団体の参加を得て策定された「ユニバーサルデザイン 2020 行動計画」を確認すると、「共生社会」とは、障がいの有無や性別・年齢を問わず、誰もが分け隔てなく包摂され、多様な能力を発揮できる活力ある社会の姿であるとされる。その際、障がいに伴う社会的障壁を取り除くために、国民の教育と意識改革による「心のバリアフリー」のほかに、街中の段差や狭い通路、わかりにくい案内表示などを見直すなど、「ユニバーサルデザインの街づくり」が必要であるという。

　こうして公共機関や道路・建築物等の移動の円滑化に必要となる施設建設・改修工事などを念頭に、アクセシブルな環境整備のための指針を定めた「Tokyo2020 アクセシビリティ・ガイドライン」が 2017 年 3 月に策定され [14)]、これに基づき、

① 2020 東京五輪の開催に向けて競技会場やアクセス経路で重点的にバリアフリー化を進め、②全国各地で高水準のユニバーサルデザインを推進することになった。後者②に関連して、2016 年 3 月の「明日の日本を支える観光ビジョン」では、「観光先進国を実現するため、障がいのある人、高齢者、家族連れや重い荷物をもった人など、すべての旅行者がストレスなく快適に観光を満喫できる環境づくり」が必要との観点から、全国各地の観光地や交通機関などで上記ガイドラインに沿った高水準の「ユニバーサルデザインの街づくり」を推進することが位置づけられた。例えば、1 日の乗降客数が 3000 人以上の旅客施設や特定道路について、2020 年度までに原則 100％のバリアフリー化を実現するなど、バリアフリー法の基本方針に定める整備目標を達成していくほか [15]、障がい者や高齢者をはじめ誰もが積極的に利用できる ICT 活用の歩行者移動支援サービスの普及を進め、またマスタープラン制度を創設して全国各地の地域で「バリアフリーのまちづくり」への取組みを強化していくという [16]。

　以上のように現在進行形の都市開発では、前述の外国人旅行者のケースと並行して、高齢者や障がい者を含む移動困難者の観点からも、訪れる人（ビジター）が円滑に移動・滞在できる環境の整備を目的とした、ソフトなアップデートが進められているという事実を確認できる。

5.　展望と課題

　以上のように、本章では東京 2020 オリパラ大会に伴う都市開発について、主に 1964 東京五輪との対照性を補助線としながら、現状の動向と特徴を検討してきた。1964 東京五輪は、都市化と産業化のプロセスの中で日本社会の「内部の力学」に後押しされながら、都市のインフラ自体を整備し、現在の東京の都市基盤を形づくる契機となった。これに対して、東京 2020 オリパラ大会の場合には、「外部の力学」ともいうべきグローバル化とインバウンド増加を背景としながら、これに対応する形で都市開発やリノベーションが進行している。本章の検討から浮かび上がるように、現在進行形の都市開発をつうじて東京という都市が向かう未来像とは、いわゆる国際観光ビジネス都市としての姿である。また〈移動や観光の円滑化〉という観点を共通項としながら、アクセシビリティ向上に向けてソフトなリノベーションが進行している。総じてこれらの動向は、経済のグローバル競争とグローバルスタンダードへの対応という両側面を伴っていると考えられ

る[17]。

　ところで都市開発に注目することは、社会的課題にどのように対応するかという点も含め、当該社会がどのような構想のもとで未来社会のあり方を築こうとしているのか、という問題の次元とも結びついている。2012ロンドン五輪の場合には、開催準備のプロセスから大会開催後の現在に至るまで、レガシー構想の核心――開発から取り残された貧困エリアの産業廃棄地を再生し、未来社会の理想的なビジョンを実現すること――をきわめて高い戦略的な一貫性をもってイーストロンドンの具体的エリアに実現していた［小澤，2017］。ひるがえって日本社会の場合にそれが鮮明であるかといえば、必ずしもそうではない。すでに掲げられた構想の一つ一つ――"若者に未来を""グローバル都市東京の競争力向上""共生社会の実現と多様性の肯定""持続可能性に配慮した大会"等々――は、欧米でいわれる課題と重なるが、それらが東京2020オリパラ大会というメガイベント開催のうちに、全体として有機的に結び付いているかといえば、そうは見えない。さらにいえば、現在デベロッパーごとに進行している超高層ビルによる再開発についても、もはや古い開発主義の名残りであるとする批判的な指摘もある。

　その意味で東京2020オリパラ大会を機に、都市としての東京／TOKYOがどのように変容するかという課題は、今後さらに注意深く追跡と検証をするとともに、有意義な問題提起を行っていく必要があるといえる。また本章では紙幅の制約上、環境問題と持続可能性の側面、人口減少など社会的課題への対応、東京の特定エリア内の問題などについては言及していないが、あわせてそうして視点と分析の重要性についても補足しておきたい。

【注】
1)　例えば［Kassens-Noor, 2012; Gold&Gold, 2016］などを参照。オリンピック・レガシーと都市開発に関する主題については、欧米の研究者の間でも注目度が高く、当該部分に関する多くのオリンピック研究が近年生み出されている。
2)　東京オリンピック・パラリンピック組織委員会［2019］を参照。
3)　本節の記載は、主として国土交通省［2019］などを参照。
4)　築地市場の移転に際し、豊洲市場の土壌汚染除去に伴い遅延が生じ、このため2020年までは暫定開通となり、地下トンネル区間も含めた全線開通は2022年予定となった。
5)　本節の記載は、主として株式会社日本政策投資銀行［2014］、市川［2012，2019］、日経アーキテクチャ［2019］、および各事業の公開情報等を参照。
6)　首都高日本橋地下化検討会で当方針が確定した。現在、日本橋地域ルネッサンス百年委員会において、日本橋地域の再活性化に向けて地域一丸となり取組みが進捗している。

7) いわゆる「東京シャンゼリゼプロジェクト」は、舛添前都知事の都政下で指導した取組みであり、公共空間である道路を活用して、例えばオープンカフェを設置するなど「賑わいの場」を創出し、地元と共にまちの活性化を図る取組みを指す。

8) 市川［2012］などを参照。

9) なお中央区の人口は 1997 年に約 72000 人となって下げ止まり、約 10 年後の 2016 年には約 143000 人へと事実上 2 倍に増加した。

10) 興味深いことに、2013 年はインバウンド急増とオリンピック招致決定が重なるタイミングとなった。偶然的な側面もあるが、観光立国の実現に向けた施策とオリンピック招致への文脈が結びついていたという事実の帰結でもある。

11) 具体的には、①グローバル社会に適応した国際ビジネス環境を整備し、世界的な国際金融都市を実現し、世界から資本・人材・情報が集まる世界一のビジネス都市東京を実現すること、②外国人旅行者が快適に滞在できる環境整備とおもてなしを実現し、また東京と日本各地が連携して広域的な取組みで外国人旅行者の誘致を推進する、という点が強調されている。

12)「東京都長期ビジョン」は舛添前都知事の時代に、また「2020 年に向けた実行プラン」は小池都知事の都政下で策定された。これらは英国ロンドン市にとっての「ロンドンプラン」のように、「新しい東京」をどのように実現するかという指針であり、東京都による都市政策の中長期プランとして位置づけられる。

13)「言語景観」および「街の公共サイン」に関する文献としては、庄司ほか［2009］、本田［2017］などを参照。

14) 当ガイドラインの策定に際しては、国際パラリンピック競技大会の承認を得ている。

15) バリアフリー（新）法とは、「高齢者、障害者等の移動等の円滑化の促進に関する法律」（平成 18 年法律第 91 号）のことで、2018 年にその一部を改正する法律案が閣議決定された。

16) 前述の「ユニバーサルデザイン 2020 行動計画」［ユニバーサルデザイン 2020 関係閣僚会議、2017：20］を参照。

17) なお「訪れる人」の観点から都市の魅力を高め、集客施設を洗練しアクセシビリティの環境を高めるという取組みは、早くから指摘されるとおり［橋爪，2002，2009］、東京に限られる話ではなく、国内的にも大阪市のケースをはじめ 21 世紀の世界の各都市で進行している事態である。

【参考文献】

秋尾沙戸子，2009，『ワシントハイツ―GHQ が東京に刻んだ戦後―』，新潮社.

古川隆久，1998，『皇紀・万博・オリンピック―皇室ブランドと経済発展―』，中央公論社.

Gold, J.R. & Gold, M. M. ed., 2016, Olympic Cities, 3rd ed., Routledge.

原田宗彦，2016，『スポーツ都市戦略―2020 年後を見すえたまちづくり―』，学芸出版社.

橋爪紳也，2002，『集客都市―文化の「仕掛け」が人を呼ぶ―』，日本経済新聞社.

橋爪紳也，2009，『創造するアジア都市』，NTT 出版.

本田弘之他，2017，『街の公共サインを点検する―外国人にはどう見えるか―』，大修館書店.

市川宏雄，2012，『山手線に新駅ができる本当の理由』，メディアファクトリー.

市川宏雄，2019，『日本と東京のこれから―2050 年を見据えたインフラ整備のあり方―』 JICE report: Report of Japan Institute of Construction Engineering, 34, 30-51.

石坂友司，2009，「東京オリンピックと高度成長の時代」，『年報・日本現代史』，14，143-185.

石坂友司・松林秀樹編，2018，『1964 年東京オリンピックは何を生んだのか』，青弓社.

株式会社日本政策投資銀行，2014，「東京オリンピック・パラリンピック前後のインフラ整備・都市開発の計画・構想の状況」，『（仮称）東京オリンピック・パラリンピック前後のインフラ整備・都市開発を契機としたビジネス機会の創出に関する調査関連報告』．

苅谷剛彦ほか編，2015，『ひとびとの精神史 4—東京オリンピック(1960 年代)—』，岩波書店．

Kassens-Noor, E., 2012, *Planning Olympic Legacies: Transport Dreams and Urban Realities*, Routledge.

国土交通省，2019，「2020 年東京オリンピック・パラリンピック競技大会に向けた国土交通省の取組」，2019 年 10 月 9 日取得，http://www.mlit.go.jp/common/001274737.pdf

間野義之，2013，『オリンピック・レガシー—2020 東京をこう変える—』，ポプラ社．

Nakazawa, H., 2014, "Tokyo's "Urban Regeneration" as the Promoter of Spatial Differentiation: Growth Coalition, Opposing Movement and Demographic Change", 法学新報 121（3・4），1-31.

日経アーキテクチュア編，2019，『東京大改造マップ 2019-20XX—日経の専門誌が追う「激動期の首都」—』，日経 BP 社．

小澤考人，2017，「オリンピックというイベントと観光・ツーリズムの可能性—2012 年ロンドン大会のレガシー戦略から 2020 年東京大会への視点を探る—」，岸真清他『基本観光学』，東海大学出版部，151-182.

小澤考人，2019，「オリンピックと『多言語対応』再考—何のための多言語対応か？—」，多言語社会研究会・「ことばと社会」編集委員会編『ことばと社会』，21，28-51.

斎藤潤，2019，「経済的な観点からみたオリンピック・パラリンピック」，『会計・監査ジャーナル』，31，86-94.

庄司博史・バックハウス・クルマス，2009，『日本の言語景観』，三元社．

東京 2020 大会後の神宮外苑地区のまちづくり検討会，2018，「東京 2020 大会後の神宮外苑地区のまちづくり指針—〈取りまとめ〉—」．

東京オリンピック・パラリンピック組織委員会，2019，「会場」2019 年 10 月 22 日取得，https://tokyo2020.org/jp/games/venue/

東京都，2014，『外国人旅行者の受入環境整備方針—世界一のおもてなし都市・東京の実現に向けて—』．

東京都オリンピック・パラリンピック準備局，2015，『2020 年に向けた東京都の取組—大会後のレガシーを見据えて—』．

上山和雄，2009，「東京オリンピックと渋谷、東京」，老川慶喜編『東京オリンピックの社会経済史』，日本経済評論社，39-74.

ユニバーサルデザイン 2020 関係閣僚会議，2017，『ユニバーサルデザイン 2020 行動計画』．

和田浩一，2018，「近代オリンピックの創出とクーベルタンのオリンピズム」，小路田保直他編『〈ニッポン〉のオリンピック—日本はオリンピズムとどう向き合ってきたのか—』青弓社．

学校体育のこれからと地域

原 祐一

1. オリパラ教育の動向と学校体育

　東京 2020 オリパラ大会開催に向けて東京都教育委員会は、オリンピック・パラリンピック学習読本やホームページ［東京都教育委員会，2019］を開設しながら、オリンピック・パラリンピック教育（以下、オリパラ教育）を広く推進している。そこでは、都内全ての公立学校 2,300 校の幼児・児童・生徒 100 万人を対象とし、年間 35 時間の授業を 2016 年から 2020 年までの 5 年間実施するという数値目標を掲げ取り組んでいる。また、同様の動きは東京都のみならず東京 2020 教育プログラム「ようい、ドン！」［公益財団法人東京オリンピック・パラリンピック競技大会組織委員会，2019a］によって全国の教育委員会を起点としながら、各校での取り組みが推奨されているところである。公教育に政策としてオリパラ教育を導入することは、現在の学校期にいる幼児・児童・生徒全員に効率よく大会の意義やオリパラの価値を伝達可能にし、膨大な投資の意味づけとこれからのスポーツ文化の方向性に影響を与えることになる。このような東京 2020 オリパラ大会を契機とした営みは、無形レガシーの一つに「教育」が重要な役割を担っていると認識されているからであろう。また、世界で最初にオリンピック教育を組織的に行ったのが 1964 東京五輪である［真田，2015a］から、我が国においてオリパラと教育の関係を検討することは重要な意味を持つ。
　今回、具体的なレガシーとして掲げられているのは、「今後 5 年間で蓄積されるノウハウや人的ネットワーク等を活用し、学校における多様性への理解、国際

交流、伝統、文化理解、ボランティア等の取り組みを、大会後も長く続く教育活動として発展させていく」[東京都教育委員会，東京都オリンピック・パラリンピック教育基本方針，2017] ことである。そして、このレガシーを具体化すべく東京都教育庁は、都内の小・中・高等学校の教員を集め、実践研究の成果を公表している [東京都教育委員会，2019]。

　これらのことから、オリパラ教育を実施することが、学校体育はもとより学校教育を変容させていくことが予見される。

　本稿では、オリパラ教育を起点に、学校体育・学校教育がいかに変わる可能性を有しているのかについて考えてみたい。その際に補助線として、「学校体育」の歴史的変遷を幻の 1940 東京五輪、1964 東京五輪と関連づけながら検討するという時間軸と、東京 2020 オリパラ大会に関わって学校内外で子ども達にどのような教育機会が提供されているか、海外に向けた取り組みであるスポーツ・フォー・トゥモロー（以下、SFT）政策がどのように提供されているかを検討するという空間軸を引き、顕在的カリキュラムだけではなく、知らず知らずのうちに伝達される潜在的カリキュラムにまで思考を広げながら本稿の目的に迫ることとしたい。

2.　これまでの東京五輪と日本の学校体育

　日本の学校体育は、戦前から戦後にかけて時代変化とともに、その目標や内容が変わってきたという歴史がある。この歴史認識を学校体育とオリパラの関係から再整理しておくことは、非常に重要な意味を持つことになろう。なぜなら政策としての学校体育が、安定化・固定化したものではなく、常に変化を伴ってきているからである。よって、東京 2020 オリパラ大会やオリパラ教育が学校体育に影響を及ぼしたり地域におけるスポーツに影響を及ぼしたりする可能性を検討する際、示唆に富むことになろう。

　まずは、幻となった 1940 東京五輪を起点にその前後で学校体育がどのように変容してきたのかについておさえてみたい。

　1940 東京五輪を開催しようとした当時、日本のスポーツ状況について橋本[2014] は、幻の東京オリンピックをめぐって東京市が万博と共に行うことで都市振興を行おうと意図していたのに対し、大日本体育協会はオリンピックを招聘できるほどスポーツが発展していなかったため誘致は時期尚早であるという認識

をしていたと指摘する［橋本，2014］。このことが示すように、一部の大学生やエリートによって行われていたスポーツは、市民や子ども達の中に広がってはいなかったと考えられる。実際に1940東京五輪の開催理由に「国民体育上裨益する所少なからざるべく」［東京市役所，1939］と示されていることからも、1940東京五輪を活用し、体育を普及しようとしていたことが垣間見える。ただし、この国民体育が指す内容については、注意する必要がある。学校教育において「体育」という用語が政策上使用されたのが、1947年の学校体育指導要綱であるから、現在の学校教育とは異なる文脈において体育が考えられていたことは言うまでもないが、この国民体育をめぐる意味は、人によってその含意するところが異なるという問題を抱えている。それは、真田［2015b］の、1940東京五輪開催意図が組織委員会と嘉納治五郎とで、捉え方が異なっていたという指摘からわかる。1938年に返上する際に示されている組織委員会のロジックは、オリンピックが青年の体位向上を目的とし、体育を行うことが挙国長期抗戦の体制を維持することを可能にするという認識であるのに対し、嘉納は体育を行うことで体力のみならず、道徳的にも、若々しく人生を過ごすことにおいても可能性がひらかれ、若者の体育への関心を高めることが重要と捉えていた［真田,2015b］。このズレは、体育という用語をめぐって、当時から様々な解釈がなされていたということに他ならない。

　ここで当時の学校教育における「学校体育」の内容について、少し整理をしておきたい。1940東京五輪前後の教科名は、「体術・体操・体錬」科と名称が変更されていく真っ只中にあった。戦前の日本では、富国強兵政策に基づいて近代化への対応を目指す中で、「強兵」のために身体を鍛えるという「身体の教育」が目指され、「体術科」という教科のもと教育が行われていた。そして、身体の教育をするために内容として行っていた兵式体操を教科名にする「体操科」へと引き継がれていき、1941年までその教科名が使用されていた。何れにしてもそこでは身体を規格化し、優秀な兵士になるために鍛えていくことが目的とされていた。そして第一次世界大戦を受け、軍国主義、国家主義の色彩が強まっていくことを受けて、より強い身体を目指し、「身体を鍛錬し精神を練磨して闊達剛健なる身体を育成し献身奉公の実践力に培を以て要旨とす」とした「体錬科」へと変容してきたのが学校体育のルーツである。学校教育の中で「教育される身体」は、スポーツを卓越した水準で行うことよりも、政治的な色彩を帯びた整列・行進、身体の機能向上に有効な体操が内容として位置づけられながら規律・訓練されて

いたのである。

　では、学校体育の前身である戦前の「体術・体操・体錬」科の目的は、1940年に開催予定であった幻の東京オリンピックの背景にあったオリンピックの理念とはどの様な関係にあったのだろうか。クーベルタンが 1935 年にラジオ演説で提唱している「近代オリンピックの哲学的原理（Die philosophischen Grundlagen des modernen Olympismus）」では、当時のオリンピズムを「宗教性」、「高貴さと純粋さ」「城内平和」、そして「芸術と精神が競技に加わることによる美」に求めていた。日本だけでなく、様々な国や都市が誘致活動の中で、オリンピックとは何かが問われ、オリンピズムの解釈に様々な課題や問題点が生まれ［関根, 2016］てはいるものの、時の政治とは距離をおきつつ、「平和の祭典」への志向がみられる。結局のところこの様なオリンピズムとは連動しないまま当時の学校体育は、集団で体操を行うことによって田舎の子どもも都会の子どもも、規格化された兵士や工場労働者になるべく、均質な身体形成が意図されていたといえる。

　また幻の東京 1940 大会の開催方針にあった「国民精神の発揚と古今諸文化の志現に留意し挙国一致の事業とする」というナショナリズムの論理は、その当時の政治的な思想を反映するという意味で、学校体育とともに戦時下の影響を色濃く反映するものであったといえよう。中村［1989］は、当時のオリンピック競技組織が十分に存在していなかった点を総会の経緯から読み解き、オリンピック誘致活動は、スポーツ界からの内発的な要求ではなかったと指摘する［中村, 1989］。結局は、戦争によって学校教育も幻の東京オリンピックも「富国強兵」の影響を受けた形で、平和の祭典とは程遠いところに「身体」が位置づけられていくのである。

　戦後、日本は軍国主義や極端な国家主義を排し、民主主義国家・文化的国家への転換を目指すべく、教育改革を行っていく。そして、GHQ の元、1947 年に学校教育法を制定し、現在の義務教育システムを構築していった。同年に、「体錬科」から「体育科」へと名称変更する中で、体操という教材にかわり、スポーツという教材を用いて民主主義社会に適合する市民へ教育する手段として「運動・スポーツを通した教育」がなされるようになった。スポーツを用いて、他者と協力することや、ルールやマナーを守る民主的な人間形成が目指されていく。スポーツを用いることで民主主義社会を形成していくということにおいて、教育の目的は、スポーツをいかに使うのかという手段的な思考へと集約されていく。

　ここまでみてきたように学校体育は、単にスポーツを教えるということ以上

に、教育という文脈の中に位置づけられる制度であるがゆえに、その当時の政権や社会が有している「価値」への導きといった視点が色濃く反映される。よって、このような民主的な人間を育てるために運動やスポーツを手段として用いる運動手段論的な思想によって教育がなされてきたのである。では、この文脈の中で1964東京五輪と学校体育がどのように連動してきたのかについて整理してみたい。

　まず、1958（昭和33）年に改定された学習指導要領では、「運動自体の構造を重視する体育」を志向する。その背景には、高度経済成長に伴う必要な科学技術や知識の習得と幅広いエリート選抜があった。戦後復興の中で、科学技術をいかに子ども達へ教育するのかという文脈の中で、体育も内容が構造化、体系化されていくことになる。基礎的な運動能力を向上させるために、適切な行わせ方を詳細に記述し、心身の健全な発達を図り、活動力を高めることが目指された。このように運動技能を向上させることを目的にし「運動文化の類型」がなされ系統性を意識するようになった背景には、少なからず1964東京五輪に向けた競技スポーツの隆盛があったといえる。スポーツと科学が金メダルを取るという目的のもと急速に近づいていった当時、社会全体の科学技術への関心とも相まって、学校体育の中にもスポーツ「内容」の科学化の波が押し寄せたのである。

　また文部省は、1964東京五輪によって競技スポーツに関心が高まる一方で、国民の体力問題にも取り組んでいく。その一歩として、国民の体力に関する情報収集を目的とし、スポーツテストを導入したのが、1964年である。このスポーツテストは、運動能力テスト（50m走、走り幅跳び、ハンドボール投げ、懸垂腕屈伸、ジグザグドリブル、連続逆上がり、持久走）と体力診断テスト（反復横跳び、垂直跳び、背筋力、握力、伏臥上体反らし、立位体前屈、踏み台昇降運動）によって構成され児童生徒の体育的行事となった。スポーツテストは、文部省によって国民の体力データを集積することに成功しただけでなく、児童生徒に、体力の重要性を価値づけるとともに、体力を高めることを目的化するマインドセットができたという側面もある。そして、それぞれの身体を体力という形で、序列化し選抜することに繋がっていく。1964東京五輪の機運によってこのような調査が位置づけられ、定着していったことで、現在でも新体力テストとして実施されている点はレガシーといっても過言ではなかろう。しかし、様々な場所でその平均値が競われ、何のための体力なのかが問われないまま、高めることが「良いこと」であるような思考については、今一度検討する必要がある。

　1964 東京五輪を終えてみると、金メダル 16 個を含む計 29 個のメダルを獲得したという点で、国際競技力の向上に対してある程度の成果が見えたといえる。しかし、海外のトップアスリートの身体を目にした国民は、体力・体格的な見劣りを認識することになる。時代的には、高度経済成長によって生活は豊かになり体格は戦時下よりも良くなっていったが、この認識が学校体育をどのように変えたのだろうか。

　1968（昭和 43）年の学習指導要領においては、「適切な運動の経験」と「体力の向上」がより明確に位置づけられていく。それは、具体的な目標において「運動能力」・「運動技能」よりも「強健な身体を育成し、体力の向上を図る」という項目が第一に掲げられるようになっていることからも読み取れる。このような文部省の意図は、「業間体育」を生み出すことにつながった。業間体育とは、授業と授業の合間の休み時間を使って、体力トレーニングを行うことを指す。そして業間体育は、学校全体で体力の向上を目指すことになり、晴れの日も雨の日も様々なトレーニングをすることが強いられていったのである。トレーニングの仕方は、カードに色を塗ったり、クラスでの達成目標にしたりと工夫されているとはいえ、子ども達の休み時間が奪われたことには変わりない。1964 東京五輪によって、日本人の身体が相対化され、体格や運動能力の見劣りというコンプレックスを生み、学校体育政策に「体力向上」が色濃く組み込まれていったとも言えよう。

　また、1964 東京五輪のレガシーとして、学校外のスポーツ環境が変容したことはよく取りあげられることである。学校教育の中に閉じられていた児童生徒のスポーツは、様々なスポーツクラブが民間の運営によって提供されるようになったことで、学校外でのスポーツの機会が増えている。スイミングクラブが全国に普及していき、体操クラブなど「習い事」としてのスポーツが子ども達に提供されるようになった。このことは、学校体育による体力向上政策に対して、スポーツクラブにおけるプレイとしてのスポーツという構造を生み出している。子ども達の余暇を業間体育のような体力向上に焦点を当てたことによる反動として、「体育嫌いのスポーツ好き」を生み出した。目的の見出しにくい「学校体育」に対して、自発的・主体的参加を促す「スポーツクラブ」の隆盛によって、子ども達は運動をする子どもとそうでない子どもに二極化していく。このような事態は、強制的な学校体育が子ども達の意欲を削ぐことになることを認識可能にした。つまり、1964 東京五輪後の政策によって、学校体育は奇しくも体育嫌いを生み出した結果、スポーツの位置づけや本質を問う契機になったわけである。

　上記のような 1964 東京五輪前後で行われた学校体育政策は、子どもとスポーツの関係を問い直す契機となり、1977 年に大きな政策転換を行うことにつながっている。高度経済成長期から低成長期に入るにつれて、様々なことが見直されるようになり、社会全体として「ゆとり」が求められるようになっていくと同時に、生涯教育という文脈とも相まって、学校体育は「生涯スポーツ」を念頭に置いた教育内容へと転換がなされた。「運動そのものの楽しさ」を「生涯を通じて」実践していくことが教育内容となり、「運動・スポーツの教育」実践が広がっていく。1964 東京五輪によって組織立てられていった、スポーツ少年団やスポーツ指導者、体育指導員制度（現スポーツ推進委員制度）によって地域に開かれたスポーツ実践の場が広がることによって、改めて学校体育においてスポーツそのものを教えるという運動目的論的な思考へと変容し、この流れが学校体育の骨格を形成し現在まで引き継がれている。

3.　東京 2020 オリパラ大会に関わるオリパラ教育

　3 回目の誘致に成功した東京 2020 オリパラ大会は、学校体育や学校教育にいかなる影響を及ぼすのであろうか。まずは、新学習指導要領の（保健）体育に関連する位置づけについてみておきたい。

　2018 年告示の小学校学習指導要領解説体育編では、オリンピック・パラリンピックに関する指導について「各運動領域の内容との関連を図り、ルールやマナー遵守することやフェアなプレイを大切にすることなど、児童の発達の段階に応じて、運動を通してスポーツの意義や価値等に触れることができるようにすること」が新たに指導計画の作成と内容の取り扱いに示された ［文部科学省，2018a］。

　中学校学習指導要領解説保健体育科では、器械運動や陸上競技、水泳、球技がオリパラの主要な競技として発展してきたという成り立ちを関連づけて教えることが示されている。そして、体育理論の第 3 学年「文化としてのスポーツの意義」において、「オリンピックやパラリンピック及び国際的なスポーツ大会などは、国際親善や世界平和に大きな役割を果たしていること」を教えることが位置づけられている。また、指導計画の作成と内容の取扱いにおいて、オリパラに関する指導を充実させるために、障がい者スポーツを体験することなどの工夫をすることが示されている ［文部科学省，2018b］。

　2019 年告示の高等学校学習指導要領保健体育編については、改定の趣旨でスポーツの意義や価値等の理解につながるように「東京オリンピック・パラリンピック競技大会がもたらす成果を次世代に引き継いでいく観点から、知識に関する領域において、オリンピック・パラリンピックの意義や価値及びドーピング等の内容等について改善を図る」と示されている［文部科学省，2019］。

　各学校期において体育の中でのオリパラ教育の扱いに温度差が見られると同時に、その内容については、スポーツの歴史や価値を関連づけながら指導することにとどまっている。特に小学校は、教員養成段階でオリパラ教育を体系的に触れた教員は殆どいない。また、中・高等学校の教員についても、大学教育において体系的に学んだ教員がいるわけではない。筑波大学、鹿屋体育大学、早稲田大学がオリパラ教育について発信しているものの、すべての教員が学ぶ機会とはなり得ていないのが現状である。もちろん、東京都を中心に教員研修がなされつつあるものの、地方との温度差はかなりある。つまり、現状では（保健）体育科の中でオリパラ教育を推進するという方針は、学習指導要領によって示されてはいるものの、現場の教員にとって具体的内容が見えにくい。故に各教員が新たに教材研究をする必要性が生まれているのである。そこで活用されているのが、学校体育という教科に閉じない形で提供されている、オリパラ教育の資料と取り組み事例である。

　現在、東京 2020 オリパラ大会に向けて行われているオリパラ教育において、教員が容易にアクセスできるものは、東京都教育委員会が作成している「東京都オリンピック・パラリンピック教育プログラム」、公益財団法人東京オリンピック・パラリンピック競技大会組織委員会が作成している「ようい、ドン！」、公益財団法人日本障がい者スポーツ協会日本パラリンピック委員会と日本財団パラリンピックサポートセンターが公益財団法人ベネッセこども基金と共同で国際パラリンピック委員会が作成した教材を日本版に開発した「I'mPOSSIBLE」［I'mPOSSIBLE 日本版事務局，2019］、公益財団法人日本オリンピック委員会が作成している「JOC の進めるオリンピック・ムーブメント」［公益財団法人日本オリンピック委員会，2014］や IOC が指導者向けに作成している「オリンピックの価値教育の基礎」（日本語訳）［公益財団法人日本オリンピック委員会，2018］等が挙げられる。これらに加え、各都道府県や市区町村単位で作成された教材があるが、基本的には上記の内容をベースに作成されている。

　ここでは、特別な予算措置がされている東京都に焦点を当ててみたい。東京都

は、各学校に 30 万円を、重点校にはさらに 20 万円の予算措置をし、学習読本
や映像教材の作成配布、教員向けの指導書や実践事例集などを用意し教員研修を
行いながらオリパラ教育を行っている。2020 年に向けた教育庁の予算要求概要
において、オリンピック・パラリンピック教育の推進事業として 1,091 百万円の
予算計上がなされており［東京都財務局, 2019］、次の 7 事業が挙げられている。

① 東京都オリンピック・パラリンピック教育実施方針に基づき、都内全ての公
　立学校で、「ボランティアマインド」「障害者理解」「スポーツ志向」「日本人
　としての自覚と誇り」「豊かな国際感覚」の 5 つの資質・能力を重点的に育
　成するため、「東京ユースボランティア」「スマイルプロジェクト」「夢・未
　来プロジェクト」「世界ともだちプロジェクト」の 4 つのプロジェクトを推
　進

② 東京都オリンピック・パラリンピック教育の集大成として、子ども達が東京
　2020 オリパラ大会で競技を直接観戦したり、大会に関連したボランティア
　に参画したり、子ども達一人一人に、人生の糧となる掛け替えのないレガシ
　ーを残していくための取り組みを実施【新規】

③ 優れたオリンピック・パラリンピック教育の取り組みを展開した学校等に対
　する顕彰を実施

④ 児童・生徒の主体的・自主的なボランティアを推進するため、都独自の取り
　組みである「東京ユースボランティア・バンク」を運用し、ボランティア情
　報を積極的に発信

⑤「スマイルプロジェクト」の取り組みとして、障害者スポーツへの理解促進
　と普及啓発を図るため、パラリンピック競技応援校の指定、「東京都公立学
　校パラスポーツ交流大会」の実施、パラスポーツ体験を通じた被災地等の学
　校との交流、関係機関との協力による都立特別支援学校の体育施設の活用を
　促進

⑥「夢・未来プロジェクト」において、オリンピアン・パラリンピアンや外国
　人アスリート等の学校派遣により、児童・生徒との交流活動を充実

⑦「世界ともだちプロジェクト」において、都内公立学校における各国との交
　流を深化させるため、「国際交流コンシェルジュ」を活用

以上のような事業計画に対して東京都は、膨大な予算をオリパラ教育として
投入し、事業を推進していることがみて取れる。なお、このオリパラ教育は、
2016 年度から 2020 年度まで 5 年計画［東京都教育委員会, 2019］とし、この

期間後にも発展させながら継続できる活動を目指しており、段階的な取り組み
が計画されている。それは、準備期間を経て第Ⅰフェーズから第Ⅲフェーズに
分けられる。第Ⅰ（2016 ～ 2017 年）フェーズでは、ボランティアマインドの情
勢や障害者理解教育の推進などを本格的に指導する期間。第Ⅱフェーズ（2018
～ 2019 年）では、オリパラ参加予定国・地域への理解・交流等を深めていくと
ともに、障害者理解やボランティア活動などの取組を一層活性化させる期間。第
Ⅲフェーズ（2020 年以降）では、選手村での歓迎イベントや競技会場での観戦・
応援、大会ボランティアや観光客等をサポートする都市ボランティアへの参加、
文化プログラムやライブサイトなど大会関連イベントへの参加など、大会や関連
事業を直接・間接に子ども達が支え、体験する取組を行うことが予定されている。
しかし、これらのフェーズは東京都側のロードマップであり、学年ごとにどのよ
うな学びが深められていけば良いのかといった視点でのカリキュラムではない。
例えば、2016 年に小学 5 年生の児童は、2020 年には中学 3 年生となっており、
どのような学びがカリキュラムとして準備され、いかにポートフォリオされてい
るのかについては、不透明なままである。熱心な教員によって、ある学年の学び
が体系化されたとしても、5 年間を通してどのようなオリパラ教育を受けるのか
といった長期的な視点から体系化されたカリキュラムにはなっていない。つまり
輪切り型であるフェーズ期にその学年にいた子ども達に提供される可能性を持っ
ており、学齢期に必要な内容としてオリパラ教育が提供されない可能性を最初か
ら孕んでいるのである。

　なお、②の新規事業である実際の東京 2020 オリパラ大会の観戦については、
公立小・中学校の児童生徒に対して「学校連携観戦プログラム」として、100 万
人規模のチケットを東京都が準備することとなっている。この 100 万人規模の
チケットは、全体の 10 分の 1 の割合を占めている。このような東京都の予算措
置や取組は他県の追随を許さず、東京都とその他の地域の教育格差を生み出し
ている。また、チケットの抽選販売の過熱化によって、当選しなかった多くの人々
がいる中で、特権としてチケットが用意されることは、東京都とその他の地域の
子ども達にどの様な教育格差を産み出すのかについては、今後検討する必要があ
ろう。また、計画段階ではあるが、あまり人気のない種目が選択されていたり、
混雑緩和のために試合終了時刻の 30 分前に競技場を後にしなければならないよ
うな事案も出てきており、なぜ観戦するのか、そこでの教育的な意図は何かが、
マネジメントの問題によって歪められるようなことも懸念されている。席を埋め

るという発想と競技を観ればオリパラ教育になるという発想は、結局のところ試合中にあるエリアの観戦者がいなくなるという、奇妙な事態を生み出すことにもなりかねない。

　では、具体的にオリパラ教育は何を目標とし、どのような内容を行うのかについて整理してみたい。スポーツ庁が 2015 年から「オリンピック・パラリンピック教育に関する有識者会議」を開き、2015 年に中間まとめ［文部科学省，2015］を示し、2016 年 7 月に「オリンピック・パラリンピック教育の推進に向けて（最終報告）」［スポーツ庁，2016］がまとめられている。東京都のプログラムや「ようい、ドン！」においては、この報告書を受けて資料が作成されている。

　東京都のみならず全国の小中学校を対象としている「ようい、ドン！」のプログラムについてみてみよう。この「ようい、ドン！」プログラムは、公益財団法人東京オリンピック・パラリンピック競技大会組織委員会によって作成されており、チャレンジ精神やフェアプレー精神などのスポーツの価値を理解したり、障がいのある方や海外の文化などの多様性に関する理解を深めたりするきっかけになるように学校向けに教材やイベント・プログラムが提供されている。

　オリパラ教育が子ども達に与えるレガシーとして、次の 3 点が具体例と共に掲げられている。

○自信と勇気
　失敗を恐れず自ら行動を起こす人材、将来に向かって自信と勇気を兼ね備えた人材を育てていく。
　　具体例：アスリートが競技する姿を見たり、競技体験をすることで、「やってみよう」という気持ちを湧き立て、苦手な科目にチャレンジしたり、自分の考えを進んで発言するようになる。
○多様性の理解
　障がいの有無、人種、言語等、様々な違いがあることを理解しつつ、共につながり、助け合い、支え合って生きていく力を身に付ける。
　　具体例：障がいを持った生徒や異なる人種の生徒に対しどう接してよいかわからなかった生徒が、オリンピック・パラリンピックを通じて、お互いを理解する機会を創出する。
○主体的・積極的な社会参画
　東京 2020 オリパラ大会を契機に、国際社会や地域社会の活動に関心を持って、

主体的、積極的に社会に参画できる人材を育てていく。

　　具体例：国際視点の授業や語学を使う機会が増加し、他国との関わりが増え、
　　　　　　大会後も都市同士がつながる。

　これらが、東京 2020 オリパラ大会の教育に関わるレガシーとして位置づけられている。具体的には、オリパラの教育とオリパラを通した教育に大別され、それぞれに教育がなされていく構造になっている。

　東京都では、オリパラの究極の目標である「平和でより良い世界の構築に貢献する」という目標と教育基本法及び学校教育法における教育の目標の一つである「伝統と文化を尊重し、それらを育んできた我が国と郷土を愛するとともに、他国を尊重し、国際社会の平和と発展に寄与する態度を養う」という目標に高い親和性があるとし、①新たな取組を始めるのではなく、日々の様々な教育活動に関連付けていく、②知識の習得だけではく、体験や活動を通じて学びを深めていく、③各学校の特色ある教育活動を家庭や地域を巻き込む取組に発展させることが示されている。これらは、体育の授業だけではなく総合的な学習の時間も含め教科横断的に取り組むことが強調されているのである。しかし、オリパラ教育を受けたことのない教師が、オリパラの内容や理念を理解し、他教科も含めてカリキュラム・マネジメントができるかについては、困難を伴うことが予想される。だからこそ、第一に「新たな取組を始めるのではなく」という文言が示されるわけである。オリパラ教育の重要性は理解できるものの、コンソーシアムを組織し、重点校を指定しても、その担当教員のみが頑張るという構造を乗り越えるのは難しいのが現状であろう。ここに、現代の学校教育システムの課題と限界があることが表出する。

　また、オリパラ教育のレガシーに、学校教育と地域との繋がりを志向していることから、1964 東京五輪とは異なったレガシーを残そうとしていることが分かる。ただし、③の家庭や地域を巻き込むのは教員にとってはハードルが高い。オリンピアンやパラリンピアンを招聘して講演をする際にも、大規模校であれば子ども達以外に地域の人を巻き込むことは難しいし、日常的にある程度ネットワークがなければ、日々の授業を地域に広げ取り組むのは難しいのが現状であろう。

　それでも、良い実践をシェアできるような仕組みが準備されている。様々な取組は、「ようい、ドン！スクール（東京 2020 教育プログラム学校事業認証）」という形で、情報が集約されるようなシステムになっている。その目的は、「オリ

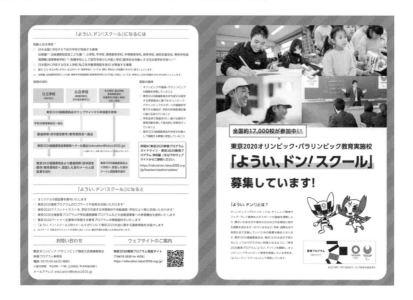

ンピック・パラリンピック教育が全国に広がり、児童・生徒がオリンピック・パ
ラリンピック、スポーツの価値を学習する機会や、多様な国や文化に触れる機会、
アスリートと交流できる機会等を促進し、2020年やその先に向けた、次代を担
う人材を育てること」［公益財団法人東京オリンピック・パラリンピック競技大
会組織委員会，2019a］であるという。実際のリーフレットは、上掲の通りで、
現在全国47都道府県、政令指定都市、日本国外の公立・私立・国立学校等の合
計18,015校が認証されている（2019年9月1日時点）。都道府県別の認証校を
見ても、それぞれの自治体に大きな差があり、取り組みが盛んな関東とその他の
地域では、異なる様相を見せているのが現状であるが、少しずつその数も増えつ
つある。

　なお、学校外の取り組みも見られる。スポンサー企業、政府・地方自治体、大学、
非営利団体等による東京2020オリパラ大会関連イベントが、「東京2020参画プ
ログラム」［公益財団法人東京オリンピック・パラリンピック競技大会組織委員
会，2019b］として全国各地で行われており、そこではあらゆる分野で東京2020
オリパラ大会がきっかけとなって社会が変わるような、社会に対する教育的な側
面が意図されている。8つのテーマは、スポーツ・健康、街づくり、持続可能性、
文化、教育、経済・テクノロジー、復興、オールジャパン世界への発信である。
これらの取り組みによってオリパラの機運醸成を狙い、地域住民や関係団体等と

の連携や、活動の知名度向上と連携の拡大、次世代とのつながりやレガシーの創出がメリットとして掲げられている。すでにこれまでなされていたスポーツイベントも、オリパラとの関連で名称を変更したり、サブテーマとしてオリパラを掲げたりしながら、社会全体で機運を高めるために取り込まれていっている。ただし、レガシーコンセプトである①日本文化の再認識と継承・発展、②次世代育成と新たな文化芸術の創造、③日本文化の世界への発信と国際交流、④全国展開によるあらゆる人の参加・交流と地域の活性化と合致することが求められている。この点からすれば、非常に抽象度が高く、一見するとオリパラとの関係が見えないものも含まれているのは事実であろう。

　以上、見てきたように学校体育は、様々な形で東京 2020 オリパラ大会と連動しながらその目的や内容を捉え直そうとしている。また、参画プログラムによって子ども達だけでなく企業や地域の大人も教育することを通して、スポーツのあり方について問い直すことも画策されている。このように東京 2020 大会におけるオリパラ教育をみてみると、「身体の教育」「運動・スポーツを通しての教育」「運動スポーツ」の教育へと歴史的変遷をたどってきた学校体育は新たなフェーズに突入していくようにみえる。それは、「スポーツからひろがる教育」と呼べるかもしれない。つまり、スポーツを起点とし、様々な社会的学びをつなげていくということである。

　しかし、これらの具体的なプログラムについては、体験型の内容が多く、持続可能な形で学び続けるという視点は、若干弱いように思われる。学校教育の中にとどまらない参画プログラムによって、地域での学びは広がる可能性を持っているものの、制度論的に学校の内と外を分けて組織しなければならないという限界がある。それぞれの内容を個別に準備することによって、かえってその結びつきを見えなくしてしまう側面がある。教育を意図的計画的な営みとして捉えることで、人の分断と内容の分断を起こすことが構造上生まれてしまうのである。故に、様々な人々が学ぶ機会を創出し、いつか誰かが内容をつなげたり意味付けたりすることを期待するような、個人にその学びの責任が任せられるようになっている。もちろん、個人の中でオリパラに関わる様々な学びの内容をつなげていく人々が、地域や社会にたくさん生まれることで、期待すること以上のことを生み出す可能性は残されているが、この点については今後の取り組みにかかっている。

4.　学校体育の輸出

　東京 2020 オリパラ大会のレガシーとして、日本の学校体育やスポーツ文化を
海外に輸出しようとする SFT 政策についても押さえながら、さらに空間軸をひ
ろげてみよう。SFT は、2013 年の東京 2020 オリパラ大会が決定した際に、安倍
首相が構想を打ち出したことによって広く知れ渡るようになった政策である。
2014 年から 2020 年までに開発途上国を始めとする 100 を越す国々で、1000 万
人以上の人々を対象に①スポーツを通じた国際協力及び交流、②国際スポーツ人
材育成拠点の構築、③国際的なアンチ・ドーピング推進体制の強化支援事業に取
り組むとされている。このことは、まさに海外に対して日本の学校体育やスポー
ツ文化の良いところを輸出するという、教育的な営みを含んでいる。この SFT は、
コンソーシアムが作られており、2019 年 10 月の時点でスポーツ関連団体 135 団
体、NGO/NPO 等 99 団体、地方自治体・関連団体 42 団体、民間企業 108 団体、
大学 23 団体、その他 19 団体の合計 427 団体が組織化されている。現在のとこ
ろ活動レポートは 555 件掲載されている［スポーツ・フォー・トゥモロー・コ
ンソーシアム，2019］。SFT の詳細については、前章を参照していただきたい。
　本章では学校体育と地域に焦点を当てた取り組みであり、筆者自身も関わった
カンボジアの学習指導要領作成プロジェクトについて取り上げてみたい。
　カンボジア王国は、30 年近く内戦を繰り返しており、ポル・ポト時代におい
ては知識人が処刑され、様々な教育システムが破壊されている。このことにより、
学校の校舎が破壊されただけではなく、教員の 8 割が殺されたり強制労働で命を
落としている。そのような歴史から立ち上がる際に、学校体育でも学習指導要領
を作成し、新たな教育をしたいというカンボジア政府の要請もあり、認定 NPO
法人ハート・オブ・ゴールド（以下、HofG）が中心となって支援が行われ、小
学校の学習指導要領と指導書が作成されてきた。その後、SFT や独立行政法人国
際協力機構（以下、JICA）の助成を受けて中学校学習指導要領の作成に取り組
んでいる。実施期間は、2015 年 10 月から 2016 年 12 月に独立行政法人日本ス
ポーツ振興センターと HofG とが共同して、カンボジア教育・青年・スポーツ省
に対して支援を行っている。なお、この学習指導要領は、2016 年に現地の政府
に認定を受けており、これに基づいて今後、カンボジアの体育の充実が図られる
ところである。具体的な内容としては、作成プロセスで学習指導要領等の執筆の

ためのワークショップ、日本の研究者の招聘、モデル州でのワークショップ、中央研修会などが行われている。日本の学校体育で培われた知見が、カンボジアの政府に伝達され、海外に輸出されていった点において、評価すべきことであろう。また、カンボジアの場合は日本だけでなく東南アジアでの視察等もしているが、日本の支援や日本の考え方を取り入れるべく内容が決定されている。もちろん、このような国への支援は 2020 東京オリパラ大会に関わって、突然できたわけではなく、従来から JICA や NGO の取り組みが実を結び、小学校の学校体育に対する様々な支援に対する信頼関係によって実現している。ただし、このような NGO が取り組むような活動は予算面では不安定な状況にある。活動をするために、常に予算をいかにして獲得するのかが、事業の継続性や新規事業の可否を左右する。そういった意味では、SFT の予算が様々な団体にとって一事業の資金源となったことは間違いない。

　他に目を移してみても、学習指導要領といった国レベルを動かす大規模な取り組だけでなく、様々な形で海外に日本の体育やスポーツが SFT や JICA によって輸出され、現地の人々の豊かなスポーツライフに寄与していることは報告書からみてとれる。では、様々な取り組みは、日本の何を輸出していることになるのであろうか。先の学習指導要領の作成に関わっては、どのようなプログラム内容を公共的に子ども達へ提供するのかと言ったコンテンツサービスの内容を提供していることになる。また、SFT の取り組みには、運動会やスポーツ大会を行った事例も多い。これらの内容はイベントサービスのあり方や方法を海外に提供していることになるし、実際にサッカーボールなどのスポーツ用品やウェアといった物資を提供するような、スポーツ環境を提供するといったエリアサービス、部活動などの自主的な集まりで行っている団体同士の交流事業を通してクラブサービスを提供していることになろう。学校体育だけでなく様々なスポーツ機会を創出するためには、コンテンツサービス、イベントサービス、エリアサービス、クラブサービスといった日本型のサービスのあり方を意図的であれ非意図的であれ、すでに日本人がサービスとして提供された経験のあるものが輸出されているのである。

　では、このような取り組みが日本の学校体育をどのように変えうるのであろうか。日本の場合は、戦後長期間かけて現在のシステムを構築してしまっているため、様々なインフラや内容、教員の経験があることが前提になっている。しかし、開発途上国においては、すべてのものが経験も含めて無い場合が多い。そのよう

な場面において、日本の教育関係者は自国の豊かさに気づくことになる。ほとんどすべての学校において、グラウンド、体育館、プールに格技場やダンス場など様々な場が提供されている。地域に出ればこれらはエリアサービスとして保証されるような内容である。また、学校体育では、年間を通して様々なスポーツ種目に取り組むことが可能となっている。このようなコンテンツサービスを、どの学校でも教師が教えることを可能にしているのは、少なからず教師にも学校体育を受けてきた経験や知識を含めたハビトゥスがあるからである。このようなイメージのないカンボジアなどの開発途上国においては、これだけでも驚異的なことに映る。また、日本は運動会や体育大会、スポーツ大会などイベントサービスも盛んに行われている。さらには、ブラック部活という指摘がさなれるが、クラブサービスまでもが学校教育の中に位置づけられている。もちろん、これらの内容をサービスとして捉えて実践されているわけではないが、東京2020オリパラ大会を観た子ども達は、このイベントが様々なサービスによって成立していることを顕在的にも潜在的にも学ぶことになる。学校の中で、まずはこれらのサービスをいかに充実させれば、豊かなスポーツライフにつながるのかを学習内容にしていく取り組みを今後生み出していかなければならない。スポーツの価値とは何かを明示的に示すオリパラ教育も重要であるが、クーベルタンが示したように、その時代時代に応じた形で、スポーツの価値を高め、他者とともにwell-beingに向かうこのプロセスそのものが、レガシーとして残されていくことが求められている。

　そうした際に、地域スポーツも補助金や行政頼みではなく、主体的な参画によるサービスの充実を図る自立した市民を育成することにつながるのではなかろうか。

5. 2020年、その後へ

　本稿では、時間軸から学校体育と東京オリンピックとの関連について検討することと、オリパラ教育とSFTによって日本のスポーツをめぐる知見が世界に輸出されるという空間軸の広がりから検討することを通して、東京2020オリパラ大会によって学校体育と地域がどのように変容しうるのかについてみてきた。

　幻の東京オリンピックを誘致した1940年代、学校体育の目的は軍国主義政策のもと、強靭な身体を形成すること目的としていた点で、オリンピズムとは乖離

していたが、ナショナリズムと戦争に巻き込まれたという点では、共通する部分が多い。このことから改めて東京 2020 オリパラ大会においても、戦争や紛争と距離を置き、平和の祭典としていかにオリパラを総合的に位置づける［内海, 2012］のかを、教育によって具現化する契機にしなければならい。また 1964 東京五輪を受けて、学校体育政策は体力重視の方向へ舵を切ったが、子ども達の主体性を奪ったことや体力向上を重視し選抜システムの中に体育を位置づけたことによって、体育嫌いを生み出した。1964 東京五輪を契機に、地域の中にスポーツ少年団やクラブができスポーツが体育会から民営化されたことによって、体力重視の学校体育とプレイとしてのスポーツにギャップが生じた。このような反省を受けて、日本の学校体育は、生涯スポーツ論を展開し運動スポーツの教育に方向転換したのである。プレイ論を中核とした現在の学習指導要領へと展開してきたなかで、いよいよ東京 2020 オリパラ大会を迎えることになる。

　オリパラ教育が新たに位置づけられた新学習指導要領ではあるが、その具体については東京都や組織委員会が情報提供する資料に頼らざるをえない。また、このオリパラ教育は、体育授業のみならず他の教科とも連動させるカリキュラム・マネジメントが必要な内容として位置づけられている。ただし、このようにすべての教育を東京 2020 オリパラ大会に関連づけてしまうと、大会への機運を失う 2020 年以降の教育がいかに実施されていくのかといった点で不安を覚える。また、フェアプレイなど美しい物語のみに焦点が当てられすぎると、子ども達にはかえってその本意が伝わらなくなってしまう可能性もある。ただでさえ、1964 年以上に様々な情報が SNS も含めて氾濫しているため、建前の論理だけでは教育は成立しなくなる。単に規範意識としてではなく、オリパラが、その時代時代でドーピングの問題や、差別問題、商業主義的な問題など様々な問題を抱え、それを乗り越える形で理念や価値を高めてきたという負の側面からの脱却すべく努力がなされてきたプロセスを学ぶことによって子ども達には、なぜフェアプレイやノーサイドなどの精神が必要なのか、人類はどこで失敗しそれをどのように乗り越えてきたのかについての本質を学ぶことが可能になろう。このような歴史から学ぶことで、次の社会においてスポーツがどのようにあれば良いのかを思考する市民を育てていくことにつながるであろう。我々がオリパラもしくはスポーツから学んできた負の側面を覆い隠さず子ども達に教えることから、その価値が創造されていくと考えられる。この点においては、クーベルタンがオリンピック教育という用語を用いなかったこととつながっているのかもしれない。なぜなら、

それはオリンピックのみならず、スポーツをよりよく営むというもっと大きな概念だからである。

　さらに空間軸の広がりとして、オリパラ教育やSFTによる日本の学校体育や運動会、スポーツシステムを輸出することの意味について検討を行ってきた。日本も開発途上国と同様に、スポーツを輸入してきた国である。先の歴史的な経緯から現代の学校教育システムやスポーツ環境を構築してきたプロセスを輸出することができれば、まさに現地の生きた文化になっていくと考えられる。しかし、日本のシステムをそのまま輸出しようとしたり、日本人のための取り組みになっていたりすることが少なからずある。現地の人々がこのSFT政策によって真の受益者になるには、まさに「教育」のありようを問うことに尽きるのではないかと思われる。開発途上国へ行けば、当たり前となっている様々なスポーツサービスが日本でいかに充実しているのかがよくわかる。もちろん、サービスの質や過剰サービスによる教育機会の消失につながっている側面もあるが、それでも非常に充実している。このようなサービスが様々なアクターによって形成されてきたのは言うまでもないが、その背景にはやはりスポーツの良さを共有する機会が存在したと思われる。東京2020オリパラ大会は、そういった意味でも「新たなスポーツ」イメージを国民全体で共有する機会になろう。間野［2013］はレガシーとして「二一世紀の国際社会において、東京・日本がリーダーシップを発揮すること」［間野，2013：7］であるとし、世界最先端のテクノロジーをオリンピックを通じて世界に認知してもらい、新たに建設する施設に最先端の技術を搭載し、披露していくことであるという。また、ソフト面では、日本ならではの「おもてなし」や、少子化問題と絡めながら健康づくりのあり方を提示する機会であるともいう。そして、運動部活動の新たなモデルの提示の重要性を説く。しかし、教育という側面からすれば、もっと重要なことがあると思われる。

　東京2020オリパラ大会において、これから様々な形でメディアによってそのスポーツの面白さや、見所が伝えられるようになる。多様なスポーツのコトとしての面白さが人種、国籍、性別、身体を超えて共有されているのを目の当たりにする。結果的に、多様なスポーツへの志向の広がりと、スポーツの楽しみ方の多様性を学んでいくことにつながる。それは、単に「する」「みる」「支える」「知る」「創る」といったスポーツへの関わり方だけでなく、楽しみ方そのものの広がりに映るであろう。学校・地域・社会の結びつきをスポーツという文化が結節点になって、子ども達にとっては、顕在的であれ潜在的であれ多様性について考える機会

になる。しかし、現在の学校体育で行っている「みんな同じことをする」という教育観を有し続けるとするならば、子ども達は学校から離れていくことになる。1964 東京五輪での学校体育の変容を踏まえれば、同じ失敗を繰り返すわけにはいかない。

　これからの学校体育は、あるスポーツの「出来事」である何に挑戦しているのかといった課題を共有し、その上で様々な関わり方をしていくという方向へ進むことになろう。結局は、個人と集団の well-being に向かうために、何をすべきなのかを問いつづけることでしかない。学習内容は、従来のような技能だけではなく、いかにプレイフルな態度でスポーツに関わることができるのかといったコンピテンシーやエリアサービス、プログラムサービス、イベントサービス、クラブサービスを地域の人々も含めた、ともにスポーツをする集団単位でより良いものにしていくという学びに変わっていかなければならない。さらには、同質集団で学ぶ学校体育から、多様な他者とともにスポーツを共創していくような時代へ突入してくと考えられる。つまり、学校でスポーツという文化を学ぶという時代から、スポーツという文化を中心に学校と地域という枠組みを超えて学びが拡がっていくようなスポーツ（教科名は、なくなるかもしれないが…）が志向されてくのではなかろうか。

【文献】
De クーベルタン, P.：カール・ディーム編, 大島鎌吉訳, 1962, 『オリンピックの回想』, ベースボール・マガジン社, 201-207.
橋本一夫, 2014, 『幻の東京オリンピック　1940 年大会　招致から返上まで』, 講談社学術文庫.
I'mPOSSIBLE 日本版事務局, 2019, 「『I'mPOSSIBLE』日本版とは？」, 2019 年 10 月 30 日取得, https://www.parasapo.tokyo/iampossible/
公益財団法人日本オリンピック委員会, 2014, 「冊子『JOC の進めるオリンピック・ムーブメント』」, 2019 年 10 月 30 日取得, https://www.joc.or.jp/about/movementbook.pdf.
公益財団法人日本オリンピック委員会, 2018, 「オリンピック価値教育の基礎」, 2019 年 10 月 30 日取得, https://www.joc.or.jp/olympism/ovep2017.pdf.
公益財団法人東京オリンピック・パラリンピック競技大会組織委員会, 2019a, 「『ようい、ドン！スクール』とは（東京 2020 教育プログラム学校事業認証）」, 2019 年 10 月 30 日取得, https://education.tokyo2020.org/jp/about/yoi-don-school/
公益財団法人東京オリンピック・パラリンピック競技大会組織委員会, 2019b, 「東京 2020 参画プログラム」, 2019 年 10 月 30 日取得, https://participation.tokyo2020.jp/jp/
間野義之, 2013, 『オリンピック・レガシー　2020 年東京をこう変える！』, ポプラ社.
文部科学省, 2015, オリンピック・パラリンピック教育に関する有識者会議, 「オリンピック・パラリンピック教育の推進に向けて（中間まとめ）」, 2019 年 10 月 30 日取得,

http://www.mext.go.jp/component/b_menu/shingi/toushin/__icsFiles/
afieldfile/2015/07/23/1360149_02.pdf
文部科学省，2018a，『小学校学習指導要領解説体育編』.
文部科学省，2018b，『中学校学習指導要領解説保健体育編』.
文部科学省，2019，『高等学校学習指導要領解説保健体育編』.
中村哲夫，1989，「第 12 回オリンピック東京大会研究序説（II）―その招致から返上まで―」，
『三重大学教育学部研究紀要人文・社会科学』，40，129-138.
スポーツ庁，2016，オリンピック・パラリンピック教育に関する有識者会議，「オリン
ピック・パラリンピック教育の推進に向けて（最終報告）」，2019 年 10 月 30 日取
得，http://www.mext.go.jp/sports/b_menu/shingi/004_index/toushin/__icsFiles/
afieldfile/2016/07/29/1375094_01.pdf
真田久，2015a，「オリンピック・ムーブメントとオリンピック教育」，日本スポーツ教育学
会編『スポーツ教育学研究』，34，29-33.
真田久，2015b，「第 12 回オリンピック競技大会（1940 年）の東京招致に関わる嘉納治五
郎の理念と活動」，日本マス・コミュニケーション学会編『マス・コミュニケーション
研究』，86，63-80.
関根正美，2016，「近代オリンピックの理念から新たな哲学へ」，オリンピックスポーツ文
化研究所編『オリンピックスポーツ文化研究』，3，5-16.
スポーツ・フォー・トゥモロー・コンソーシアム，2019，「活動レポート」，2019 年 10 月
30 日取得，https://www.sport4tomorrow.jp/jp/report/
東京市役所，1939，『第 12 回オリンピック東京大会東京市報告書』，4.
東京都教育委員会，2018,『『オリンピック・パラリンピック教育実践事例集』平成 30 年
年度版」，2019 年 10 月 30 日取得，https://www.o.p.edu.metro.tokyo.jp/opedu/static/
page/open/pdf/teaching-materials/11_article_h30.pdf
東京都教育委員会，2019，「東京都オリンピック・パラリンピック教育―補助教材関連―」，
2019 年 10 月 30 日取得，https://www.o.p.edu.metro.tokyo.jp/teaching-materials
東京都教育庁，2018,「東京都オリンピック・パラリンピック教育―実施方針概要版―」，
2019 年 10 月 30 日取得，https://www.o.p.edu.metro.tokyo.jp/opedu/static/page/open/
permanent_pdf/implementationpolicy.pdf
東京都財務局，「平成 31 年度予算要求概要　平成 30 年 11 月教育庁」，2019 年 10 月 30 日取得，
http://www.zaimu.metro.tokyo.jp/syukei1/zaisei/31yosanyokyujokyou/21.pdf
内海和雄，2012，『オリンピックと平和―課題と方法―』，不昧堂出版.

被災地から見た「復興五輪」
：地方紙の記事分析から

笹生心太

1. 東日本大震災からの復興と東京 2020 オリパラ大会

　ギリシアで採火された東京 2020 オリパラ大会の聖火は、東日本大震災の際に津波で多くの航空機が流された航空自衛隊松島基地（宮城県東松島市）に到着し、福島第一原子力発電所事故対応の前線基地だった J ヴィレッジ（福島県双葉郡楢葉町）から聖火リレーがスタートする。また、被災地でいくつかの競技が実施されたり、いくつかの被災自治体がホストタウンとして各国の選手団を受け入れるなど、東京 2020 オリパラ大会は東日本大震災と強く関連づけられ、震災からの復興を世界中にアピールする機会としての役割が期待されている。

　こうした東日本大震災からの復興と東京 2020 オリパラ大会の関係性をめぐっては、様々な意見が飛び交っている。新聞や雑誌を開けば、「五輪は東北の復興を加速させる好機」[根本, 2013]、「『復興』世界へ 聖火 121 日間リレー 東京五輪」[読売新聞 1), 2018.7.13] のようにこれを歓迎する見出しの一方で、「現実の遠い彼方にある幻夢―東北の被災地からみた " 復興五輪 "―」[寺島, 2016]、「『復興五輪なんてネーミングの問題だ』翻弄された被災地」[朝日新聞, 2019.3.13] といった、これを否定的に見る見出しも並ぶ。このように東日本大震災からの復興と東京 2020 オリパラ大会の関係性には様々な見方があるが、スポーツ社会学という学問領域はこの問題にどのように取り組むべきだろうか。

2.「復興五輪」はいかに論じられてきたか

　まず、東日本大震災からの復興と東京 2020 オリパラ大会の結びつきについて、ごく簡単に事実関係をまとめる。東日本大震災発生から 1 ヶ月後の 2011 年 4 月 11 日に東京都知事選で 4 選を果たした石原慎太郎都知事は、2020 年大会の招致を目指し、2012 年 2 月提出の申請ファイルにて開催テーマの 1 つに「震災復興」を掲げた。だが、それから約 1 年後の 2013 年 1 月に猪瀬直樹都政下で提出された立候補ファイルでは復興関連の言葉が後景に退き、代わりに「コンパクトな大会」が主要テーマとされた。しかしその後、大会招致委員会は開催を勝ち取るための決定的な理由づけを発見できず、大会開催地決定直前で方針を転換し、「震災復興」を再び前面に押し出すようになった［朝日新聞, 2013.8.9］。そして 2013 年 9 月に東京での 2020 年大会開催が決定した後には、大会開催基本計画の 5 本柱の 1 つに「復興・オールジャパン・世界への発信」が掲げられ、上述のように競技の実施、ホストタウン、聖火リレーなどの形で、震災からの復興とのつながりが意識された事業が計画されている。

　こうした状況に対して、スポーツ社会学領域の諸研究は総じて批判的な眼差しを向けてきた。例えば佐伯年詩雄は、「復興五輪」というキーワードこそが大会招致のオールジャパン体制を作り出したとする。すなわち、失敗に終わった 2016 年大会招致の際に掲げた「環境オリンピック」では国内の人々の支持を得ることができなかったため、2020 年大会招致では震災から復興した姿を世界に示すことが支援への返礼になるという理屈によって各界を上げた招致体制を整えると同時に、「震災復興」という反対しにくいコンセプトを掲げることで大会招致への反対意見を封じ込めたと指摘する［佐伯, 2015］。

　また、被災地が東京にとっての「他者」として位置づけられてきたことも指摘されてきた。2020 年大会開催決定前後のテレビ番組の内容を分析した水出幸輝は、当時のテレビ番組が、東京での開催決定の喜びに「冷や水」をかける存在として被災地の人々を位置づけてきたことを指摘した［水出, 2016］。すなわち、「日本中が祝賀ムードに染まる一方、被災地では批判的な声も上がっている」のように、被災地が東京にとっての「他者」として利用されてきたのである。また高峰修は、首都圏における安定的な電力供給のために原子力発電所が設置された福島県を「国内植民地」と位置づけ、東日本大震災に伴う福島第一原子力発電所事故

によって両者の関係性が一度破綻したものの、「復興五輪」というキーワードを掲げることによって両者の関係性が再構築されようとしているのではないかと論じた［高峰，2018］。

　以上のような東日本大震災からの復興と東京 2020 オリパラ大会の結びつきに関する事実関係や先行研究の指摘を踏まえると、東京とその「他者」たる被災地を結びつけるために、「復興五輪」という言葉が一種のマジックワードとして扱われてきたことが分かる。この言葉はどのように作られ、人々によってどのように意味づけられてきたのか。これこそまさに、佐伯が指摘するように、スポーツ社会学という学問領域が取り組むべき現代的テーマである［佐伯，2015］。そこで本章では、「復興五輪」が人々によってどのように受け止められてきたのかを考察したい。なお、本章では「復興五輪」という言葉そのものよりも幅を広く取り、この言葉に代表される東日本大震災からの復興と東京 2020 オリパラ大会を結びつけるような理念や出来事全般を分析の射程とする。

3.　被災地の人々にとっての「復興五輪」

　先行研究は、大会招致委員会や政治家たちにとっての「復興五輪」の意味づけ［佐伯，2015；亀山，2017］や、近畿地方におけるテレビ報道［水出，2016］および全国紙［高峰，2018］に見られる人々の「復興五輪」の受け止めを分析してきた。もちろん、こうした目線から「復興五輪」を論じることにも意義はあるだろう。しかしこのテーマを分析するうえでは、震災復興の当事者たる被災地の人々が、「復興五輪」をどのようなものとして受け止めているのかを明らかにすることもまたきわめて重要ではないか。それは、この言葉が震災復興の当事者たちから発信されたのではなく、大会招致委員会や政治家たちによって構築されたものだからである。大会招致委員会や政治家たちの意図と震災復興の当事者たちの受け止め方のずれを描くことは、スポーツ社会学という学問領域が取り組むべき重要な課題の 1 つであろう。そこで本章では、復興の当事者たる被災地の人々が東日本大震災からの復興と東京 2020 オリパラ大会の結びつきをどのように捉えているかを検討し、被災地と中央の間の認識のずれや、被災地の人々の中の多様な意見などについて論及していきたい。

　水出は、1964 年 6 月に発生した新潟地震からの復興と東京 1964 オリンピック競技大会（以下、1964 東京五輪）の関係性について考察している［水出，

2018]。当時は、全国紙にも新潟県の地方紙にも、震災復興と1964東京五輪を結びつけた言説はほとんど存在しなかった。その理由について同研究は、佐藤卓己による「輿論（public opinion）＝公論」と「世論（popular sentiments）＝私情」の違い［佐藤，2008］を用いて説明を試みている。この二分法を用いると、当時は1964東京五輪に対する好意的ムードという「オリンピック世論」が世間を支配しており、震災後の苦しい生活の中で震災からの復興を求める被災者の「復興輿論」が忘却された。こうした当時の「オリンピック世論」と「復興輿論」の分裂を踏まえて同研究は、東京2020オリパラ大会について、それが復興の象徴として語られる際に見落とされる「復興輿論」にこそ目を向けるべきと指摘する。こうした指摘を踏まえるならば、本章は東日本大震災の被災地の人々の「復興輿論」を掬い取ろうとする試みである。

　当然、被災地の人々による「復興五輪」の受け止め方は一様ではない[2]。同じ被災地でも被害状況に応じて「復興五輪」の受け止め方は異なるだろうし、地元で大会関連事業が行われるかどうかや、個々の生活状況などによっても異なるだろう。さらに、関係者と一般住民の間にも意見の差異があるはずである。本章では、「復興五輪」について多様な受け止め方があり得ることを前提にしたうえで、被災地の人々の意見が表明される1つの場として、被災地の地方紙の記事に現れた「復興五輪」言説[3]を分析する。

4.　分析の方法

　本章では、被災地の地方紙として河北新報を、そして比較対象として全国紙の朝日新聞を取り上げ、「復興五輪」に関する記事の分析を行う。河北新報はしばしば東北全体のブロック紙と誤解されるほど東北地方で影響力が強いものの、あくまで宮城県に本社を置く地方紙である。そのため、宮城県に関連する記事が比較的多く取り上げられていた可能性が高い。被災地の人々全体の意見を吸い上げるためには他県の地方紙も分析する必要があるが、本章ではあくまで1つの事例として河北新報に着目する。

　河北新報と朝日新聞[4]の記事データベースを用いて、東日本大震災の起こった2011年3月11日から2018年12月31日までの記事の中から、「復興」と「オリンピック（五輪）」が含まれる記事をすべて蒐集した。蒐集された記事の内容を確認し、①「復興」が東日本大震災からの復興を意味していないもの（第二

次世界大戦など）、②「オリンピック」が東京 2020 オリパラ大会を意味していないもの（1964 東京五輪など）、③偶然「復興」と「オリンピック」が同一記事に収まっているもの（閣僚名簿の肩書など）、④記事の主旨からして両者を直接的に結びつけているわけではないもの（「復興需要やオリンピック開催需要によって建築資材が高騰している」など）、⑤震災復興と東京 2020 オリパラ大会の関係を含むアンケート調査結果のみの記事、を除外した。その結果、地方紙で 359、全国紙で 202 の記事が抽出された。こうして抽出された記事のそれぞれに対して、その扱っているトピックごとにトピックコード（表 1）を割り当てた。

　次に、上記の記事中に現れる「復興五輪」に対する意見をすべて抽出し、その意見発信者の立場ごとに立場コード（表 2）を割り当てると同時に、意見内容ごとに意見コード（表 3）を割り当てた。その際、「復興五輪」に対する該当者の意見が明確に読み取れないものは分析の対象外とした。また、賛否を併記している場合には基本的に文脈から賛否いずれかを判断したが、賛否が対等に併記されているものは「懐疑」に含めた。以上の方針で意見内容を蒐集した結果、意見の発信者は地方紙で延べ 302 人、全国紙で延べ 218 人となり、その立場と意見の内訳は表の通りとなった。

　以上のような手続きのもとで抽出された記事と意見をもとに、以下では大きく 2 つの作業を行う。まず、地方紙の報道の傾向を明らかにするために、地方紙と全国紙に見られる記事内容および意見の傾向の比較を行う。そして次に、「復興五輪」の象徴的な出来事として長沼ボート場（宮城県登米市）へのカヌー（スプリント）競技とボート競技（以下、カヌー・ボート競技）の会場変更問題を取り上げ、それに関する地方紙の報道を詳細に分析していく [5]。

5.　地方紙の報道の傾向

記事内容の傾向

　図 1 は、両紙の記事数とそのトピックの内訳の推移である。これを見ると、「復興五輪」に関する両紙の報道の傾向に差があることが分かる [6]。

　大会開催決定前、全国紙では震災復興と大会招致を関わらせることへの意見を中心とした多くの記事が掲載されていたが、地方紙ではほとんど記事が見られなかった。そして大会開催が決定した 2013 年には、両紙とも記事数が大幅に増加した。だが 2014 年と 2015 年には大会開催決定の「熱」が去り、全体として記

第3部　オリンピック・パラリンピックが変える地域

表1　トピックコード

コード	例	地方紙計		全国紙計	
招致・開催	大会を招致・開催することそれ自体	82	22.8%	125	61.9%
組織	被災地で大会関連事業を実施するための組織編成、関係者の会合	36	10.0%	14	6.9%
被災地開催	被災地で大会関連事業を実施することそれ自体、複数の具体案	31	8.6%	5	2.5%
イベント	大会機運を盛り上げるためのイベント	17	4.7%	4	2.0%
競技実施	被災地での競技実施（誘致に失敗したものを含む）	86	24.0%	23	11.4%
ホストタウン	被災自治体によるホストタウンとして受け入れ	35	9.7%	5	2.5%
聖火リレー	聖火リレーの被災地への誘致・実施	47	13.1%	20	9.9%
東北産品活用	食材や木材等の東北産品の活用、開会式での東北の祭りの披露	20	5.6%	2	1.0%
その他	カウントダウンボードの掲出、PR用映像の作成など	5	1.4%	4	2.0%

表2　立場コード

コード	例	地方紙計		全国紙計	
被災地住民	被災3県の一般住民	66	21.9%	61	28.0%
被災地関係者	被災3県のスポーツ関係者、商工関係者	42	13.9%	7	3.2%
被災地行政官	被災3県の知事、市区町村長、議員、官僚	98	32.5%	24	11.0%
記者	新聞記者	30	9.9%	10	4.6%
他地域住民	被災3県以外の一般住民	4	1.3%	56	25.7%
他地域関係者	被災3県以外のスポーツ関係者、大会招致・大会組織委員会関係者	18	6.0%	25	11.5%
他地域行政官	被災3県以外の政治家、官僚、東京都知事	41	13.6%	20	9.2%
その他	専門家、著名人など	3	1.0%	15	6.9%

表3　意見コード

コード	例	地方紙計		全国紙計	
肯定	理念としても現実としても「復興五輪」を肯定するもの（「被災地に夢・勇気・希望を与える」「復興した姿を世界に見てもらえる機会になる」「経済が上向けば被災地にも恩恵がある」など）	182	60.3%	89	40.8%
懐疑	「復興五輪」の理念は否定しないが、現状のあり方の変更を求めるもの、「肯定」と「否定」が併記されたもの（「被災地で競技を実施すべきだ」「オリンピックは復興に役立つが生活再建も重要だ」など）	76	25.2%	56	25.7%
否定	理念としても現実としても「復興五輪」を否定するもの（「オリンピックどころではない」「被災地を利用しないでほしい」「被災地が切り捨てられる」「資材・人材が復興に回らなくなる」など）	44	14.6%	73	33.5%

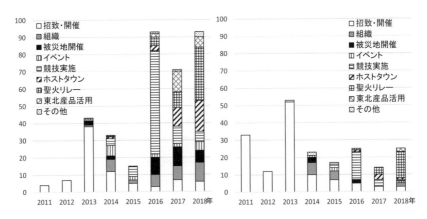

図1　地方紙（左）と全国紙（右）における記事数とそのトピックの内訳の推移

事数が減少した。2015年までのトピックの内訳を見ると、この頃にはまだ具体的な事業計画がほとんど定まっておらず、大会招致や大会開催そのものに対する意見や、大会運営に向けた組織編成などについての記事が中心であった。

　こうした状況は、2016年から一変する。2016年には、福島県へのサッカー競技および野球・ソフトボール競技の誘致に加えて、カヌー・ボート競技の長沼ボート場への会場変更問題が取り沙汰された。両紙ともこれらのトピックを多く取り扱ったが、とりわけ地方紙ではカヌー・ボート競技の実施をめぐって連日多くの記事が報道された。

　2017年に入ると、全国紙では福島県における野球・ソフトボール競技の実施、被災自治体による各国選手団のホストタウンとしての受け入れ、聖火リレーの出発地に関するトピック以外はほとんど報道されなくなった。一方で、地方紙では実に多様なトピックが報道されるようになった。全国紙にほとんど見られなかったトピックとしては、大会機運醸成イベントに関するものや、東北の食材をオリンピック村で活用したり東北産の木材を新国立競技場に活用するといった、東北産品に関するトピックが多く見られた。こうした両紙の扱うトピックの種類の差は2018年でも同様だったが、この期間には聖火リレーの出発地が福島県に決まったこともあり、両紙ともこのトピックに多くの紙面を割いていた。

　以上のように、全国紙は大会開催決定前後に「復興五輪」にかなりの関心を割いていたが、次第に関心を失っていった。一方地方紙は、大会開催決定前にはほとんど「復興五輪」に関心がなかったものの、大会概要が具体化するにつれて関

心を高めていった。

意見の傾向

　次に、「復興五輪」に対する意見の傾向を見てみたい。

　図 2 は、両紙における意見発信者数とその内容の内訳の推移を示したものである。全体的な傾向として特徴的なのは、全国紙よりも地方紙のほうが「復興五輪」に肯定的な意見の割合が高いということである。全国紙では、そもそも意見発信者数自体が少ないため、多様な意見をバランス良く発信するような意図が見て取れる。それに対して地方紙では、ほぼ全期間において肯定的意見が過半数を占めてきた。これは、「復興五輪」の実現に際して影響力の強い被災地の関係者および行政官による肯定的な意見が多く掲載されたことと、大会関連事業が行われる地元の住民が期待を寄せる意見が多かったためと考えられる。

　もう 1 点特徴的なのは、「復興五輪」を肯定しない意見として、地方紙では否定的意見よりも懐疑的意見のほうがかなり多く見られるということである。すなわち、地方紙では被災地で大会関連事業が実施されること自体を否定する意見はあまり見られなかった。その代わり、被災地で大会関連事業が実施されること自体には反対しないが、現状のあり方は改善してほしいという意見が多く見られたのである。こうした地方紙における大会のあり方に対する割り切れない感情は、以下で詳しく見るように、被災地の人々による「復興五輪」の受け止め方として特徴的なものである。

　次に、地方紙に見られる意見に限定し、その立場ごとの傾向を分析する。図 3 は、地方紙における意見発信者の立場別の意見の内訳である。これを見ると、立場によって「復興五輪」への賛否に大きな差があることが分かる。特に被災地の

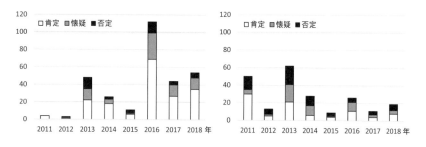

図 2　地方紙（左）と全国紙（右）における意見の内訳の推移

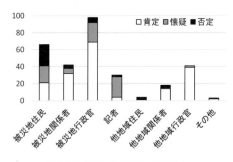

図3　地方紙における立場別の意見

　住民、関係者、行政官、そして記者を比較すると、住民は否定的ないし懐疑的な意見が多かったのに対して、関係者および行政官は肯定的な意見が非常に多かった。また、記者の多くは現状を手放しに肯定も否定もせず、懐疑的な意見を多く発信していた。

　こうした差は、「復興五輪」に期待する観点の差によるものと考えられる。すなわち、「復興五輪」に否定的ないし懐疑的な意見を述べる被災地の住民や記者たちは、主に自治体や住民の負担増大を理由に挙げていた。こうした意見は、現実の出来事としての「復興五輪」を念頭に置いていたといえる。一方で被災地の関係者や行政官たちは、被災地が盛り上がるならばと、「復興五輪」に肯定的な姿勢を見せていた。こちらは、主に理念としての「復興五輪」を念頭に置いていたといえる。このように、同じ被災地に住む人々であってもその念頭に置く「復興五輪」にずれがあり、住民・記者と関係者・行政官の間に温度差が存在したと考えられる。この点は後に再度検討する。

地方紙の報道の特徴

　ここまで、地方紙と全国紙に見られる「復興五輪」に関する記事内容と意見の傾向を概観してきた。以上からいえることは、第1に、全国紙は次第に「復興五輪」から関心を失っていったのに対して、地方紙は近年関心を高めており、また全国紙にはないほど詳細なトピックを取り上げているということである。第2に、地方紙は全国紙に比べて肯定的な意見が多いものの、一方で懐疑的な意見も多いということである。そして第3に、被災地の意見も一枚岩ではなく、地方紙に特徴的な懐疑的な意見は主に住民や記者から発信されたものだったことである。

6. カヌー・ボート競技の会場変更問題

　次に、「復興五輪」の象徴的な出来事だったカヌー・ボート競技の会場変更問題に焦点を絞って、本問題に関する被災地の人々の受け止めをより詳細に分析していきたい。

本問題の経緯

　小池百合子都知事は 2016 年 9 月に都政改革本部調査チームを招集し、大会総経費の検討を指示した。そして 9 月 29 日に提出された 1 次報告書では、総経費が 3 億円を超える可能性が指摘された。これを受け、経費を圧縮するために、カヌー・ボート競技の会場として新設が予定されていた海の森水上競技場（東京都江東区）が見直しの対象となり、同施設が建設中止となった場合の代替会場として長沼ボート場が候補に挙がった。これを受けて、村井義浩宮城県知事は誘致に向けて積極的に動いていった。

　その後、登米市議会にて会場変更を訴える議員連盟が発足し、また地元住民の有志で会場変更を歓迎する市民団体が作られるなど、地元の協力体制が整えられていった。10 月 15 日の小池都知事の登米市訪問の際には、これらの組織が歓迎の意を示して会場変更をアピールし、小池都知事も長沼ボート場での競技実施に前向きな姿勢を見せた。しかしその後、国際オリンピック委員会（以下、IOC）のトーマス・バッハ会長が海の森水上競技場での競技実施を支持する姿勢を見せるようになり、小池都知事はそれを受けて徐々に会場変更のトーンを下げていく。そして 11 月 29 日、長沼ボート場への会場変更を断念し、海の森水上競技場を低コストで建設する案に決着した。

本問題をめぐる駆け引き

　本問題は、「復興五輪」という言葉が多く用いられた象徴的な出来事であったものの、その背景には大会運営コスト削減という別の問題が重要な意味を持っていた。

　確かに「長沼案（の提示）で忘れかけていた復興五輪への関心を呼び起こし、被災地に目が向けられる効果がある」［河北新報，2016.10.15］と述べるなど、小池都知事は会場変更を通じて「復興五輪」を実現したいという意図を持ってい

た。しかし、会場変更の検討は大会総経費が 3 億円を超えるという調査チームの指摘を受けたものであり、海の森水上競技場以外の 2 施設も同時に見直しの対象とされた。このように「復興五輪」の舞台となり得る長沼ボート場だけが問題とされたわけではなかったことからも、あくまで大会運営コスト削減が主目的であり、「復興五輪」はその正当化の方便として位置づけられていたといえる。

　一方の村井県知事は、本問題が立ち上がった際に「東日本大震災の被災地を元気にする明るい話題だ。ぜひ実現させたい」［河北新報，2016.9.30］と述べるなど、「復興五輪」の実現のための絶好の機会として認識していた。だが同時に「何もかも国におんぶに抱っこはできないが宮城は復興途上にある。県が財源を賄うのは難しい」［河北新報，2016.9.30］と、小池都知事が主眼としたコスト面についてはあくまで東京都の負担を求める姿勢であった。しかし、大会組織委員会から会場変更の実現可能性に対する疑義が呈されると、「復興五輪」の実現という焦点がぶれることはなかったが、徐々に低コスト性を訴えかける方向性にシフトしていった。例えば恒久的に使用する施設の整備費は宮城県側が負担するというアイデアや、仮設住宅を選手村として転用するアイデアが示された。前者については仮設住宅修繕や被災者の二重ローン対策などのための財源である東日本大震災復興基金を流用することや宮城県民の寄付を募ることが検討され［河北新報，2016.10.16］、後者については小池都知事の視察に向けて「古い仮設住宅では見栄えが悪い」という理由で宮城県の予算約 500 万円をかけて仮設住宅の一部がリフォームされるなど［朝日新聞宮城県版，2016.11.2］、いずれも住民の生活再建のための予算を圧迫するものだった。

　以上のように、カヌー・ボート競技の会場変更問題は、大会運営コスト削減を主眼とする小池都知事や大会組織委員会と、「復興五輪」の実現を主眼とする村井県知事の間の駆け引きの過程と読むことができる。そして結局、村井県知事は次第に「復興五輪」の実現よりもコスト削減という現実的な問題のほうにより重点を置くようになっていった。こうした姿勢の変化は、「宮城開催案は少しでも都の持ち出しを減らそうという財源論が発端。経費の肩代わりが色濃く漂う話に、うっかり乗っていいものか」［河北新報，2016.10.5］、「復興途上で五輪への多額投資に疑問を抱く被災者も多いだけに、宮城県の負担を減らすことが肝要だ」［河北新報，2016.11.2］などと、地方紙の社説が強い懸念を示すものだった。

地方紙に見られる意見

　それでは、こうした政治的駆け引きという意味合いの強かった本問題を、被災地の人々はどのように受け止めていたのだろうか。以下では、長沼ボート場落選の前後に分け、被災地の人々によってどのような意見が発信されたのかを分析していきたい[7]。

長沼ボート場落選前の意見

　まずカヌー・ボート競技の会場変更問題が立ち上がった直後には、これを歓迎する意見が多く見られた。その中でもっとも多かったのは、長沼ボート場で競技を実施すれば「復興五輪」が実現できるという意見である。こうした意見は、「当初掲げられていた『復興五輪』の実現に向け、市民サイドから機運を高めよう」(地元住民)［河北新報, 2016.10.16］、「五輪が開催になれば、東日本大震災での支援へのお礼をする気持ちでもてなしたい」(登米市議会会場誘致議員連盟代表)［河北新報, 2016.10.16］などと、地元の人々を中心に非常に多く見られた。また地元関係者の間では「経済効果の面で大歓迎。道路網の整備促進も見込まれる」(地元商店会連合会会長)［河北新報, 2016.10.3］と、経済効果の面から期待する声も上がった。

　以上のように、地元の人々は総じてこの問題を好意的に捉えていた一方で、地元外、特に宮城県の住民の多くは、否定的ないし懐疑的にこの問題を捉えていた。その根拠として最も多かったのは、宮城県の金銭的負担が増大することで復興が遅れるというものである。こうした意見は、「県の姿勢はかなり前のめりで、県民の一人として危惧している。［中略］開催には多額の費用がかかり、かなりの地元負担が予想される。村井知事は財源として震災復興基金や起債、さらには県民の寄付まで募るという。震災復興は半ばだというのに、会場を提供する側がそこまで犠牲を払う必要があるのだろうか」(地元外住民)［河北新報, 2016.10.20］、「［復興基金が大会に使われることを：引用者注］今のままでは手放しで喜べない」(地元外住民)［河北新報, 2016.11.2］といったものだった。

　このように、総じて地元の人々は肯定的に、地元外住民は否定的ないし懐疑的に本問題を捉えていたといえる。

長沼ボート場落選後の意見

　結局、長沼ボート場が落選すると、その決定を受け入れがたいという反応がほ

とんどであった。こうした反応を詳細に見ると、そのトーンには大きく 2 種類あった。

1 つは「多くの市民が期待し、盛り上がったのに」（地元住民）［河北新報，2016.11.25］、「ショックだ。頑張って生きてきた私たちの生活が分かる住宅を、世界から来る選手に見てほしかった」（地元住民）［河北新報，2016.11.25］のように、落選をただ嘆くものであった。また村井県知事も「肝心なのは五輪を成功させること。残念だが、東京都などの関係者の決定に従うのが正しい選択」［河北新報，2016.11.30］と、落選を淡々と受け入れていた。

もう 1 つはより踏み込んで、「小池氏が、関係機関と何の調整もなく長沼案を持ち出したことが露呈した。政治的パフォーマンスに振り回された［中略］宮城に対してどう始末をつけるのか」（宮城県議員連盟会長）［河北新報，2016.11.25］、「県民にとっては、踊らされ、期待させられ、尻すぼみになっただけという形だった。しかも、東京都の小池百合子知事からは、県民に対して丁寧な説明がなされていない。怒りを禁じえない」（地元外住民）［河北新報，2016.12.28］のように、ただ落胆するのみでなく、長沼ボート場を落選させた小池都知事や大会組織委員会に対して強い怒りを表明するものである。

以上のように、トーンに差こそあれ、被災地の人々はその立場にかかわらず落選という結果を否定的に捉えていた。こうした状況下でほぼ唯一の例外は、地元外住民からの「県の財政は厳しいのに余裕があるのかと、私は疑問を持っていた。震災復興基金も使うというので、使途が違うのではないかと思った。一日も早い生活再建を望む被災者からは疑問の声も上がっていた。地元登米市の熱い思いはよく分かる。登米市の方々には大変失礼かもしれないが、私は長沼が会場でなくなり、正直ほっとした」［河北新報，2016.12.7］という意見であった。落選以前に見られた、会場変更について否定的ないし懐疑的意見を持つ人々からすれば、この意見のように落選に胸をなでおろすのが当然だろう。しかし、この意見が地元住民から「『登米市の方々には大変失礼かもしれないが、私は長沼が会場でなくなり、正直ほっとした』『県民からすれば振り回されただけ』などと書かれてあった。私はそうは思わない」［河北新報，2016.12.17］と否定されたように、落選後には、立場にかかわらず長沼ボート場で競技を実施してほしかったという意見が支配的となった。

以上のように、本問題をめぐる被災地の人々の意見は、落選後にはほぼそれを受け入れがたいという意見一色に染まっていた。

本問題に見られる被災地の人々の意見

　以上、本問題について被災地の人々の反応を詳細に見てきた。ここから導かれる被災地の人々による「復興五輪」の受け止めについて、2 つの大きな特徴を見ていきたい。

中央への不信感

　第 1 の特徴は、長沼ボート場落選後、中央への不信感が多く表明されたことである。

　上述のように、落選以前には長沼ボート場での競技実施に対して賛否さまざまな意見が見られたが、落選後にはその結果を肯定する意見はほとんど見られなかった。ここに、被災地の人々の「一貫性のない」姿勢が見て取れる。だがこの「一貫性のなさ」を、ただの不合理や地域エゴとして切って捨てることはできない。ここには、中央によって振り回され、見捨てられたことによる、中央への不信感を読み取ることができる。

　そもそもこうした中央への不信感は、このカヌー・ボート競技の会場変更問題によって突然生まれたものではない。「復興五輪」をめぐる中央不信は、すでに2013 年 9 月の大会開催決定時から始まっていたと考えられる。すなわち、2020年大会開催地決定直前の IOC 総会において、安倍晋三首相が放射能漏れの状況はコントロールされていると述べたことに対して、放射能の影響で故郷への帰還が実現できない被災地住民たちの間で「東京さえ良ければ福島は切り捨ててもいいと受け取れる。復興五輪が聞いてあきれる」[河北新報, 2013.9.10]、「福島第1 原発の汚染水流出にしても、招致関係者らは『東京は問題ない』と繰り返した。東京に問題がなければ、福島は危なくとも関係ないと言うのか。福島の人々をばかにしているかのような発言に大きな不信感を抱くと同時に、このような人間に国政・都政を任せておいていいのかと考えさせられた」[河北新報, 2013.9.12]といった不信感が表明されていた。カヌー・ボート競技の会場変更問題を経て起こった中央への否定的ないし懐疑的な意見の増加は、こうした中央不信の「前史」を踏まえねば理解できないだろう[8]。

　そして、カヌー・ボート競技の会場変更問題以降にも、様々な場面で中央への不信感が表明されるようになった。例えば、聖火リレーの出発地が福島県に決まった直後にも、「聖火リレーをはじめる[原文ママ]復興五輪の体裁は整ってきたが、被災地がだしに使われるのはごめん被りたい。宮城県長沼ボート場を巡

る会場選定騒動や実施経費の分担問題などなど、たびたび五輪に振り回された。五輪開会まで 2 年となる。聖火リレーが被災地に活力をもたらすことは否定しない。ただ、復興五輪を旗印にした希望や感動の押し付けがあるのなら残念だ」[河北新報，2018.7.16]という社説が地方紙に掲載された。

　このように、そもそも 2020 年大会開催決定時から被災地の人々の間には中央への不信感が芽生えており、そうした不信感はカヌー・ボート競技の会場変更問題で顕在化し、その後の大会のあり方への懐疑的な意見の増加につながっていったといえる。図 2 で確認した地方紙に多く見られる懐疑的な意見は、こうした中央への不信に端を発するものと考えられる。

「復興」の意味のすれ違い

　被災地の人々による「復興五輪」の受け止めに関する第 2 の特徴は、「復興五輪」を通じて目指された「復興」の含意について、立場によるすれ違いがあったことである。

　長沼ボート場への会場変更を肯定的に捉える人々は、「復興五輪が被災者に身近になり、世界に復興した被災地の姿を発信できる」[河北新報，2016.10.13]とした村井県知事のように、長沼ボート場で競技を実施すれば被災地の復興に役立つと同時に、被災地の復興した姿を世界に見てもらえると期待していた。一方、本問題を否定的ないし懐疑的に捉える人々は、「東北の活気につながるなら歓迎したい。[だが：引用者注]復興が最優先。基金は被災者や被災地の復興を直接進めるために使ってほしい」[河北新報，2016.11.2]のように、競技を実施することで被災地の復興が遅れると認識していた。ここに、「復興」という言葉をめぐる議論の空転が見られる。

　ここで一度立ち止まって考えたいのは、「復興」という言葉の含意である。大矢根淳によれば、かつての「復興」は「被災地および被災者が再生すること」という意味で用いられていたが、この言葉が災害関連法制度の中で運用されるうちに、その意味合いが変化した。すなわち、現行の法制度では私有財産である住宅再建に公費を投入することは認められず[9]、公費はインフラなどの公共的投資に限定されるようになった。その結果、「復興」という言葉から住民の生活再建という意味合いが消失したのである[大矢根，2007：152-153]。さらに宮原浩二郎によれば、1995 年の阪神淡路大震災後の新聞記事や防災関係テキストの中では、「復旧」という言葉が「元通りの状態に直すこと」という意味合いで用いら

れるのに対して、「復興」という言葉は「元以上の状態の状態にし、新しい価値
や質を付加すること」という意味合いで用いられている［宮原，2006：8］。

　こうした「復興」概念の変化が、被災地の人々による「復興五輪」をめぐる議
論の空転の原因と考えられる。すなわち、被災地でのカヌー・ボート競技実施を
肯定する人々に見られる「復興」は新しい意味での「復興」であり、競技が実施
されることで被災地が潤い、また被災地が元以上に復興した姿を世界に発信する
ことを目的に据えていたといえる。一方、競技実施を否定的ないし懐疑的に見た
人々にとっての「復興」は古い意味での「復興」であり、競技実施に伴って自治
体の財政が圧迫され、住民の生活再建が遅れることを懸念していたと考えられる。

　2020 年度は東日本大震災発生からちょうど 10 年目ということもあり、復興庁
の設置期限や福島・国際研究産業都市（イノベーション・コースト）構想の実現
目標期限など、様々な復興関連事業の期限とされている。そのため、被災地住民
の間には、「このところ、新聞やテレビで『復興五輪』という見出しが躍ります。
しかし、具体的に何がどう復興につながるのか、よく分かりません。私の周りでは、
逆に資材の高騰や人手不足が、生活・生業再建の足かせになっているというえん
さの声さえ聞かれます。［中略］施設の建設や改修といった事業が、本当に復興
支援となるのかどうか。復興の在り方も含めて、立ち止まって考える必要がある
のではないでしょうか」［河北新報，2018.7.29］、「五輪終了後に支援体制が一気
に下火になり、中途半端な復興状況のまま停滞することが何より怖い」［政経東北，
2019 年 3 月号：17］のように、まず自らの生活再建を優先してほしいという訴
えが多い。このように、被災地住民の多くは「復興」を生活再建という意味合い
で理解し、その観点からカヌー・ボート競技の会場変更を否定的ないし懐疑的に
見ていたといえる。こうした「復興」の含意のずれに起因する議論の空転は、「復
興五輪」を語るうえで見逃してはならないだろう[10]。

7.　被災地にレガシーを残すために

　本章の最後に、以上の議論を踏まえ、東京 2020 オリパラ大会が被災地にレガ
シーを残すためにどうすべきかを考えたい。

　2020 年大会開催地決定直前の IOC 総会にて安倍首相が被災地を切り捨てるよ
うな発言をしたり、カヌー・ボート競技の会場変更問題で「復興五輪」実現への
期待を持たされた末に落選したりと、被災地の人々の間では「復興五輪」をめぐ

って中央への怒りや不信感が溜まっている。だが、少なくとも被災地の関係者や行政官の多くは東京 2020 オリパラ大会が被災地の復興に役立つと考えており、「復興五輪」への期待感も同時に温存されている。東京 2020 オリパラ大会が被災地にレガシーを残すためには、何よりもまず、「これまで何度も裏切られてきたにもかかわらず、それでも中央に期待してしまう」という被災地の人々の複雑な心性を理解することが必要であろう。

　しかし現状では、中央が被災地の人々の意見を吸い上げることのできる体制が構築されているとはいえない。例えば被災 3 県と国や東京都などが「復興五輪」の取り組みについて話し合う被災地復興支援連絡協議会が 2014 年 7 月から 2019年 2 月まで約 4 年半もの間開かれなかったように［河北新報，2019.2.8］、現状では被災地と中央の対話不足が目立つ。また、東京都による取り組みの中では「スポーツの力で被災地に元気を届け、復興へ歩む姿を世界に発信」［東京都オリンピック・パラリンピック準備局総合調整部調整課，2017：37］することが被災地に残すレガシーとして掲げられているが、そうした情報発信主体の中に被災地の声は含まれないことが多い。例えば、大会開催基本計画の 1 つである「復興・オールジャパン・世界への発信」を担当するのは大会組織委員会内のメディア委員会だが、2019 年 4 月現在の名簿では、38 名の委員の中に被災地に本社を置くメディアの関係者は 1 人もいない［公益財団法人東京オリンピック・パラリンピック競技大会組織委員会，2019］。こうした状況を変え、中央が被災地の人々の声と真摯に向き合い、それを地道に掬い取ることのできる体制を構築することが、被災地に東京 2020 オリパラ大会のレガシーを残すための大前提である [11]。

　今後、聖火リレーが被災地から出発し、被災地においていくつかの競技が行われる。こうした大会関連事業は被災地の盛り上げに寄与するだろう。だが、一時的に盛り上がったところで、被災地住民たちの生活の厳しい状況は変わらない。「復興五輪」を掲げて大会を開催する以上、被災地住民たちにとって長期的に残るレガシーを模索すべきだろう。そのためにも、「復興」という言葉に被災地住民たちの生活再建という意味合いを持たせた形で「復興五輪」を再定義し、それを主眼においた「復興五輪」のあり方を模索していくことが必要ではないか [12]。

【注】
1)　以下、特に断りのないかぎり新聞記事は朝刊からの引用、全国紙については全国版からの引用である。
2)　ネットモニターを対象とした河北新報社とマクロミルによる合同調査［河北新報，

2018.3.11］では、被災 3 県の人々の中で東京 2020 オリパラ大会が復興の「役に立つと思う」と答えた人が 10.5 %、「役に立たないと思う」が 53.9 %、「どちらとも言えない」が 29.2 %、「分からない」が 6.5 % だった。また河北新報社が被災 3 県 42 市町村長を対象に実施した調査［河北新報，2017.3.1］において、東京 2020 オリパラ大会が被災地の復興に「役立つ」と答えた市町村長は 13 名、「役立たない」は 1 名、「何とも言えない」は 23 名、「その他」は 4 名だった。このように被災地には「復興五輪」について明確な賛否の意見を持たない人も相当数存在する。また、ここで言う「どちらとも言えない」や「何とも言えない」には、2 種類の意見が混在していると考えられる。すなわち、「役に立つ面も立たない面もある」という両論併記ないし中立の意見と、「役に立つ／立たない」という問題設定以前にそもそも関心がないという意見である。あくまで筆者によるインフォーマルな聞き取りの結果による印象に過ぎないが、被災地住民には無関心の意見が非常に多いように見受けられる。そしてこうした無関心の意見は、新聞記事などには現れにくい。無関心の意見をどのように拾い上げるかは、「復興興論」の問題を考えるうえで非常に重要だが、新聞記事に着目した本章ではその作業は行うことができなかった。

3)　言説分析にも様々な種類があり、社会学領域では言説と権力の関わりに重点を置く分析手法が一般的である。ミシェル・フーコーは、単純な「そこに書かれたもの／述べられたもの」を言表と呼び、「言表が一定の規則のもとでまとまったもの」を言説と呼んだ。言表の束が特定の意味合いを持つ言説になるとき、そこには特定の方向に諸言表を意味づける権力関係が横たわっている［Foucault, 1969］。こうした言説の背後にある権力関係を暴くというアプローチは、本章の課題を解くにあたっても有効である。しかし本章は紙幅の都合などにより、こうした手法の言説分析ではなく、より素朴に「復興五輪」をめぐる新聞記事に見られる傾向や内容の分析を行う。

4)　全国版および関東圏の地方版のみを蒐集し、被災地を含めたその他の地方版の記事は蒐集の対象外とした。

5)　宮城県の地方紙である河北新報では、宮城県を舞台としたカヌー・ボート競技の会場変更問題がとりわけ多く取り上げられた可能性が高い。そうした事例的偏りはあるものの、一方で大きく扱われたがゆえにほかのトピックに比べて多くの意見を蒐集することができ、多様な意見を分析することが可能となった。

6)　全国紙は地方紙に比べて相対的に扱うべき出来事の範囲が広いことから、「復興五輪」関連の出来事を詳細に報道できなかったと考えられる。そのため、単純に地方紙と全国紙の記事数の大小を比較することに意味はない。しかし一方で、同一新聞内での記事数および扱うトピックの内訳の時系列的な変化には重要な意味がある。すなわち、どのトピックに関心を割くようになったのか／ならなかったのかは、各新聞の特色を表しているといえる。

7)　置かれた立場によって様々な意見があり得ることから、本小節では、人々を以下のように呼び分ける。まず地理的な区分として、長沼ボート場のある登米市の人々を「地元」の人々と呼び、登米市以外の被災地の人々を「地元外」の人々と呼び分けるが、両者を包括する場合には「被災地」の人々と表現する。また立場別の区分として、一般住民を「住民」、スポーツ関係者、商工関係者、行政官らを「関係者」と呼び分け、両者を包括する場合には「人々」という表現を用いる。ただし、村井県知事のみはそのまま固有名詞で呼び示す。

8)　さらにこうした被災地の人々による中央不信は、2020 年大会招致以前から温存されていたとも考えられる。東日本大震災後、復興関連事業の増加によって被災地では一時

的な好況が起こった。それを享受した代表的な場所は、東北随一の歓楽街である国分町（宮城県仙台市）だった。国分町で長年飲食店を経営していた A 氏への聞き取り調査（2019.3.14, 17:00 ～ 17:40）によると、当時、好況に乗じて東京などを本社とする大手飲食系企業が国分町に積極的に出店するようになった。それらの企業は、地元の中小企業では支払えないような給与を提示することで優秀な従業員を引き抜き、大型の店舗を構えた。こうした状況で A 氏の店舗も含めた地元企業は苛烈な競争に巻き込まれ、経営的に疲弊し、収益を減少させていった。こうした状況に身を置いていた A 氏は、東京 2020 オリパラ大会開催が東日本大震災後の状況を再現させるのではないかと危惧する。つまり、大会関連事業が行われることで被災地は一時的に賑わうだろうが、そうした賑わいに目をつけた中央の企業が再度被災地に進出し、地元企業を疲弊させながら自社の利益を確保するのではないか、という危惧が A 氏にはある。このように、東日本大震災後の経験から中央への不信感を持つ被災地住民も一定数いると考えられる。

9) 筆者は東日本大震災直後に被災地の災害ボランティアに参加したが、その際に道路や公共施設などの泥かきを行うことは認められたが、畑や田んぼの泥かきは認められなかった。それは、後者は個人の生産の手段であり、泥かきを行うことが個人の生業を取り戻す手助けとなってしまうからである。

10) 髙橋豪仁は、阪神淡路大震災後のオリックス・ブルーウェーブファンによる以下のような語りを記述している。「はっきり言うて、復興とオリックスの優勝とは関係ないんとちがいますか。……新聞は、優勝は復興に一役買ったと美談にしたがります。まあ、清涼飲料水みたいな一過性のものですがな。球場から出たら、元の生活に戻るんやさかい。球場から出れば、自宅は潰れて跡形もないし、現実はそんなに甘いもんと違います。借金は相変わらず残っとる。女房は入院しとる。正直な話、今日一日を生きるんが精一杯なんや」［髙橋，2000：69］。スポーツが被災地住民に勇気や希望を与えることはあるだろうが、ここに見られるように、一般的にスポーツが被災地住民の生活再建に向けて与える直接的影響は小さいと言わざるを得ない。

11) ただし、大会開催まで 1 年を切った本稿執筆時点で、こうした状況に変化も見られる。被災自治体が復興を支援してくれた国の選手団をホストタウンとして迎え入れる事業として、内閣官房による「復興『ありがとう』ホストタウン」事業がある。同事業に登録している宮城県 B 市職員への聞き取り調査（2019.8.14, 14:00 ～ 15:10）によると、内閣官房は当初、同事業の推進に際して自治体側の自主性に任せる姿勢が強かった。しかし、次第にそうした姿勢が変化し、自治体にアドバイスを行ったり、相手国関係者を紹介するなど、積極的に対話を行うようになってきている。

12) 安倍首相は、2020 年 1 月の第 201 回国会における施政方針演説にて「復興五輪」に言及した。しかし、その内容は被災地のインフラ整備、訪日外国人観光客の増加、各国の支援への感謝の発信といったものであり、住民の生活再建については一切言及しなかった。これに対して河北新報は、「国のリーダーとして、震災から 9 年近くたっても続く復興課題を語るべきではなかったか。首相が示したのは、『復興五輪』という看板をアピールするための成果の列挙の印象が拭えなかった」［河北新報，2020.1.21］と批判的な社説を展開した。2020 年を迎えても、被災地と中央の距離は埋まっていない。

【文献】

Foucault, Michel, 1969, L'Archéologie du Savoir, Gallimard.（慎改康之訳，2012，『知の考古学』，河出書房新社）

亀山有希，2017，「東日本大震災からの復興と 2020 東京オリンピック・パラリンピック」，『オリンピックスポーツ文化研究』，2，57-73.

公益財団法人東京オリンピック・パラリンピック競技大会組織委員会，2019，「メディア委員会」，2019 年 8 月 9 日取得，https://tokyo2020.org/jp/organising-committee/structure/media-commission.

宮原浩二郎，2006，「『復興』とは何か―再生型災害復興と成熟社会―」，『先端社会研究』，5，5-38.

水出幸輝，2016，「2020 年東京オリンピック・パラリンピック開催決定と他者―テレビ報道を事例に―」，『スポーツ社会学研究』，24(1)，79-92.

水出幸輝，2018，「警告する新潟地震―オリンピックを介した二つの『破壊』―」，石坂友司・松林秀樹編著『一九六四年東京オリンピックは何を生んだのか』，青弓社，233-247.

根本匠，2013，「五輪は東北の復興を加速させる好機」，『Voice』，431，84-90.

大矢根淳，2007，「生活再建と復興」，大矢根淳ほか編著『災害社会学入門』，弘文堂，152-158.

佐伯年詩雄，2015，「2020 東京オリンピック競技会―レガシー戦略の虚像と実像―」，『スポーツ社会学研究』，23(2)，25-44.

佐藤卓己，2008，『輿論と世論―日本的民意の系譜学―』，新潮社.

『政経東北』2019 年 3 月号，東邦出版.

髙橋豪仁，2000，「新聞における阪神淡路大震災に関連づけられたオリックス・ブルーウェーブ優勝の物語とあるオリックス・ファンの個人的体験」，『スポーツ社会学研究』，8，60-72.

髙峰修，2018，「東京 2020 招致言説における復興―ポストコロニアル理論に立脚して―」，『日本スポーツ社会学会第 27 回大会 大会プログラム・発表抄録集』，22-23.

寺島英弥，2016，「現実の遠い彼方にある幻夢―東北の被災地からみた "復興五輪"―」，『世界』，878，86-93.

東京都オリンピック・パラリンピック準備局総合調整部調整課，2017，『2020 年に向けた東京都の取組―大会後のレガシーを見据えて―』.

おわりに

　ジャック・ロゲIOC会長の「Tokyo」の声を聞いたのは、2013年9月7日のことでした。あれからおよそ6年半、当時、これまでの出来事を誰も想像することはできなかったでしょうし、開催決定時の雰囲気や熱気がそのまま続いたわけではありませんでした。新国立競技場、大会ロゴ、築地、ボート競技会場、スポーツ界やスポーツ組織の諸問題、マラソン・競歩競技会場の変更、そして新型コロナウイルスへの対応などがあったからです。オリンピック、パラリンピック開催をめぐっては、数々の問題が噴出しては、耳目を集めることになりました。ただもしかしたら、こうした姿はこれまでの開催都市や国にとって常態であったのかもしれません。同大会の開催が都市や社会に与えるインパクトは大きく、人びとの関心事となってきたからです。

　本書は、これまでの国内外のオリンピック、パラリンピックに関する研究をもとに、日本社会やスポーツに関わる人びとが、この東京2020オリパラ大会をどのように受容し経験しつつあるのかを記述してきました。そうすることよって、それらが現代の日本社会に、またスポーツやオリンピックのあり方にどのような影響を及ぼすのかをスポーツ社会学的視点から論じてきました。舞台は、東京大会というアジアのそして日本のなかの東京です。なぜ東京だったのか、そこに賭けられたものは何である（あった）のか、改めて思い起こしてみる必要があるでしょう。そこにはいろんなアクターが登場し、様々な思惑が錯綜することになりました。同時にオリンピック自体も常に変化していることも見えてきました。1964年の前回大会に比べると、今回のオリンピックは巨大化し、種目数と内容、開催時期も異なっています。競技会場も国内各地に分散して行われます。こうしたオリンピック、パラリンピックの開催が、日本のスポーツのあり方にどのような変化をもたらすのか、また日本での開催が今後のオリンピック、パラリンピックという一つの運動にどのようなインパクトを投げ返すのかを確認しておく必要があります。実際、日本のスポーツの制度的側面をみるだけでも大きな変化を垣間見ることができるからです。スポーツ基本法の制定・改正、スポーツ庁の発足、障がい者スポーツの振興と支援体制の整備、大学スポーツの改革（大学スポーツ協会 UNIVAS の設立）などです。また、IOC と大会組織委員会、東京都との各

種課題をめぐるやりとりは、今後のオリンピックのあり方にも一定の影響を与えていくことになるでしょう。その意味で東京2020オリパラ大会は、未来のオリンピックのためのレッスンやテストなのかもしれません。

さて、本書の企画がスタートしたのは、2018年3月のことでした。創文企画より日本スポーツ社会学会に出版企画が提案され、同学会研究委員会がその内容を検討することになりました。その後、学会の審議を経て、本書の出版に際しては編集企画委員会を独自に組織することになりました。研究委員会から、編集企画委員会委員長に杉本厚夫会員をお願いし、当時の研究委員会の倉島哲会員（委員長）、西山哲郎会員、大沼義彦会員が引き続き委員を務め、そこに石坂友司会員、水上博司会員に加わっていただくことになりました。

学会等の合間を縫って、各委員は集まり、内容の検討を行ないました。その中で編集の方針は次の五つに集約されていきました。第一は、東京2020オリパラ大会が惹起する「誰のためのスポーツか？」、「何のためのスポーツか？」といった根本的な問いに対し、スポーツをめぐってどのような社会的地殻変動が起きるのか（または起きないのか）、またそれをどのように見通すのかを考えながら、ジャーナリスティックな関心からではなく、学問的立場から応答していくことです。またその中で、スポーツ文化の変容を探っていくことです。第二は、東京2020オリパラ大会の開催が、またはそれに誘発されるスポーツ文化の変容が、部活動における体罰、スポーツ組織の問題、スポーツビジネスと倫理等、日本におけるスポーツの諸問題とどのように関わり、その解決にどのように貢献できるのか、あるいはわれわれのライフスタイルをどのように変える可能性があるのかを検討していくことです。第三に、これまで国内外で産出されてきたオリパラに関する論考を精査し、現在までに語られていること、語られていないことを明確にしながら、スポーツ社会学（社会学）にしかできない分析を提示することで、スポーツ社会学の魅力を発信することです。第四に、方法的には1964東京五輪という時間軸、ロンドン五輪等の空間軸といった比較の視点を設け、今回の東京2020オリパラ大会の位置と問題の所在を明らかにし、成熟社会におけるスポーツのあり方（量的変化から質的変化へ、振興から推進へ）を見通し、論じていくことです。そして最後に、本書がオリンピックやスポーツメガイベント研究に関心を寄せる大学生や大学院生といった若い人びとの知的好奇心を刺激し、長く参照されていくものになることです。そのため、執筆も学会会員の中堅から若手の会員に依頼することにいたしました。

　企画や編集方針の決定に際し、とくに本書の全体像をどうするかという点で、杉本委員長には大所高所から終始議論を先導していただきました。従来の研究レビューや論点の整理については、スタート時から石坂会員に特別な労を取っていただきました。近年の研究成果への目配りや学会員の研究動向については水上会員に的確な意見をいただきました。西山会員には、編集企画委員会の組織化から運営、内容の具体化という骨の折れる作業をしていただきました。杉本委員長をはじめとする各委員の献身的はたらきのなかで、本書の骨格はつくられていきました。骨格が定まった段階で、執筆候補者への依頼が進められました。ただ各執筆者にとっては、依頼を受けた時点で、原稿提出までの時間が十分あったわけではありませんでした。限られた時間の中でお引き受けいただき、執筆いただいた各会員には、少なくないご負担を強いることとなりました。ご協力、ご尽力いただきましたことに、心よりお礼申し上げます。

　東京2020オリパラ大会は、いろいろな形で今後の社会に影響を及ぼします。本書がオリンピック、パラリンピックに関心を持つ多くの人びとの目にとまり、大会とその行く末について考え、想像力を膨らませる契機となることを願っています。加えて、スポーツを社会学することの面白さに少しでも触れていただければと思います。

　本書が出版されるまでにご協力いただいた多くの方々に、編集企画委員会として厚く御礼申し上げます。また出版に関わっていただいた創文企画の鴨門裕明様には、最後までお世話になりました。この場をお借りして感謝申しあげます。

2020年3月吉日

日本スポーツ社会学会編集企画委員会
大沼義彦

著者紹介 ※以下の内容は第 1 刷発行時（2020 年 4 月）のものです。

杉本厚夫（すぎもと・あつお）──序章
1952 年、大阪市生まれ。京都教育大学・関西大学名誉教授、博士（学術）。専攻分野はスポーツ社会学、教育社会学。著書に『「かくれんぼ」ができない子どもたち』（ミネルヴァ書房）、『映画に学ぶスポーツ社会学』（世界思想社）、編著に『体育教育を学ぶ人のために』（世界思想社）など。

石坂友司（いしざか・ゆうじ）──第 1 章
1976 年、北海道生まれ。奈良女子大学生活環境学部准教授、博士（体育科学）。専攻分野はスポーツ社会学、歴史社会学。著書に『現代オリンピックの発展と危機 1940-2020』（人文書院）、編著に『一九六四年東京オリンピックは何を生んだのか』（青弓社）、『〈オリンピックの遺産〉の社会学』（青弓社）など。

浜田幸絵（はまだ・さちえ）──第 2 章
1983 年、鹿児島県生まれ。島根大学法文学部准教授、博士（コミュニケーション学）。専攻分野はメディア史、メディア論。著書に『日本におけるメディア・オリンピックの誕生』（ミネルヴァ書房）、『〈東京オリンピック〉の誕生』（吉川弘文館）など。

中澤篤史（なかざわ・あつし）──第 3 章
1979 年、大阪府生まれ。早稲田大学スポーツ科学学術院准教授、博士（教育学）。専攻分野はスポーツ社会学、身体教育学、社会福祉学。著書に『運動部活動の戦後と現在』（青弓社）、『そろそろ、部活のこれからを話しませんか』（大月書店）、共著に『「ハッピーな部活」のつくり方』（岩波ジュニア新書）など。

小林　勉（こばやし・つとむ）──第 4 章
1969 年、福島県生まれ。中央大学総合政策学部教授、博士（学術）。専攻分野はスポーツ政策論、国際協力論、スポーツ社会学。著書に『スポーツで挑む社会貢献』（創文企画）、『地域活性化のポリティクス』（中央大学出版）など。

西山哲郎（にしやま・てつお）──第 5 章
1965 年、大阪府生まれ。関西大学人間健康学部教授、博士（人間科学）。専攻分野はスポーツ社会学、文化社会学。著書に『近代スポーツ文化とはなにか』（世界思想社）、編著に『科学化する日常の社会学』（世界思想社）、共編著に『身体化するメディア／メディア化する身体』（風塵社）など。

高峰　修（たかみね・おさむ）──第 6 章
1968 年、千葉県生まれ。明治大学政治経済学部教授、博士（体育学）。専攻分野はスポーツ社会学、スポーツ・ジェンダー論。共著に『よくわかるスポーツとジェンダー』（ミネルヴァ書房）、『オリンピック・パラリンピックを学ぶ』（岩波書店）、『Women, Sport and Exercise in the Asia-Pacific Region: Domination, Resistance, Accommodation』（Routledge）など。

渡　正（わたり・ただし）──第7章
1979年、北海道生まれ。順天堂大学スポーツ健康科学部准教授、博士（学術）。専攻分野はスポーツ社会学・障害者スポーツ論。著書に『障害者スポーツの臨界点』（新評論）、共著に『一九六四年東京オリンピックは何を生んだのか』（青弓社）、『教養としてのアダプテッド体育・スポーツ科学』（大修館書店）など。

金子史弥（かねこ・ふみひろ）──第8章
1981年、東京都生まれ。立命館大学産業社会学部准教授、博士（社会学）。専攻分野はスポーツ社会学、スポーツ政策論。共著に『オリンピックが生み出す愛国心』（かもがわ出版）、『国際スポーツ組織で働こう！』（日経BP社）、論文に「アドヴァンスト・リベラリズムのもとでの地域スポーツの『統治』──イギリス・ニューレイバー政権の地域スポーツ政策─」（『スポーツ社会学研究』20巻1号）など。

水上博司（みずかみ・ひろし）──第9章
1965年、広島市生まれ。日本大学文理学部教授、修士（教育学）。専攻分野はスポーツ社会学、スポーツ政策論。編著に『ジグソーパズルで考える総合型地域スポーツクラブ』（大修館書店）、『スポーツ・コモンズ』（創文企画）など。

小澤考人（おざわ・たかと）──第10章
1975年、東京都生まれ。東海大学観光学部准教授、修士（学術）。専攻分野は文化社会学、観光社会学。共著に『基本観光学』（東海大学出版部）、編著に『オリンピックが生み出す愛国心』（かもがわ出版）など。

原　祐一（はら・ゆういち）──第11章
1981年、兵庫県生まれ。岡山大学教育学部講師、博士（教育学）。専攻分野はスポーツ社会学、体育科教育学。共著に『福祉社会のアミューズメントとスポーツ』（世界思想社）、『子どもが喜ぶ！体育授業レシピ』（教育出版）、『子どもがやる気になる！！スポーツ指導』（学文社）など。

笹生心太（ささお・しんた）──第12章
1981年、埼玉県生まれ。東京女子体育大学体育学部准教授、博士（社会学）。専攻分野はスポーツ社会学、余暇社会学。著書に『ボウリングの社会学』（青弓社）、共著に『スポーツまちづくりの教科書』（青弓社）、論文に「社会的企業によるスポーツを通じた地域課題の解決──社会関係の構築を目指す民間ボウリング場に着目して─」（『スポーツ社会学研究』28巻1号）など。

大沼義彦（おおぬま・よしひこ）──おわりに
1964年、山形県生まれ。日本女子大学人間社会学部教授、修士（体育学）。専攻分野はスポーツ社会学。編著に『サッカーのある風景』（晃洋書房）、共訳書に『現代スポーツの社会学』（南窓社）、共著に『白いスタジアムと「生活の論理」』（東北大学出版会）など。

2020 東京オリンピック・パラリンピックを社会学する
日本のスポーツ文化は変わるのか

2020 年 4 月 20 日　第 1 刷発行　　　2021 年 10 月 25 日　第 2 刷発行

編　者　日本スポーツ社会学会編集企画委員会

発行者　鴨門裕明

発行所　㈲創文企画
　　　　〒 101- 0061　東京都千代田区神田三崎町 3 －10－16　田島ビル 2F
　　　　TEL：03-6261-2855　FAX：03-6261-2856　http://www.soubun-kikaku.co.jp

装　丁　松坂　健（Two Three）

印刷・製本　壮光舎印刷㈱